河南省社会科学界联合会调研课题，项目名称：大数据背景下主流意识形态高校网络圈群传播研究　编号：SKL-2023-1645

融媒体与新闻传播理论探索

赵　巍◎著

吉林文史出版社

图书在版编目（CIP）数据

融媒体与新闻传播理论探索 / 赵巍著 . — 长春：
吉林文史出版社，2024.4
ISBN 978-7-5752-0199-5

Ⅰ．①融… Ⅱ．①赵… Ⅲ．①新闻学－传播学－研究
Ⅳ．① G210

中国国家版本馆 CIP 数据核字（2024）第 090443 号

融媒体与新闻传播理论探索
RONGMEITI YU XINWEN CHUANBO LILUN TANSUO

著　　者：赵　巍
责任编辑：高丹丹
出版发行：吉林文史出版社
电　　话：0431-81629359
地　　址：长春市福祉大路 5788 号
邮　　编：130117
网　　址：www.jlws.com.cn
印　　刷：河北万卷印刷有限公司
开　　本：710mm×1000mm 1/16
印　　张：14
字　　数：220 千字
版　　次：2024 年 4 月第 1 版
印　　次：2024 年 4 月第 1 次印刷
书　　号：ISBN 978-7-5752-0199-5
定　　价：88.00 元

前　言

融媒体作为一种新兴的传播形态，是各种传统媒体与新兴媒体技术在数字化、网络化背景下的有机结合。它打破了传统媒体的界限，融合了文字、声音、图像等多种形式，实现了信息的全面、快速传播。

在融媒体的背景下，新闻传播的面貌也发生了翻天覆地的变化。从单向传播到互动交流，从封闭系统到开放网络，新闻传播的概念、结构、过程、模式和渠道都在不断演进。这种变化不仅体现在技术层面，还深刻地影响了新闻传播的内容、媒介和效果。

本书深入探讨融媒体时代新闻传播的各个方面，从基础理论到伦理理论，从主流业务到新兴技术，再到多维策略和典型案例分析，我们试图为读者提供一个全面、系统的视角，帮助读者理解和应对这个时代的挑战和机遇。

在第一章中，讨论了融媒体时代的到来，各类媒体的发展与变迁，以及融媒体的概念、特征和形成基础。在第二章中，深入新闻传播的基础理论，讨论了新闻传播的概念、结构、过程、功能、模式和渠道。第三章则关注新闻传播的要素理论，包括新闻传播者、受众、内容、媒介和效果。第四章聚焦于新闻传播的伦理理论，涉及伦理范畴、流派和和谐。第五章探讨了融媒体时代新闻传播的主流业务，如新闻采访、编辑、写作和评论。第六章则介绍了融媒体时代的新兴技术，包括数据分析、存储、定位服务等。第七章着眼于融媒体时代新闻传播的多维策略，探讨了理念、技术和机制维度的策略。第八章通过案例分析，展示了融媒体时代新闻传播的实践和应用。

总而言之，本书旨在提供一个全面的视角，帮助读者理解和应对融媒体时代新闻传播的挑战，不仅适合媒体专业人士和学生，也适合所有对新闻传播感兴趣的读者。希望通过对本书的阅读，读者能够获得宝贵的知识，更好地适应和利用这个充满活力的融媒体时代。

Contents 目　录

第一章　融媒体时代的到来

第一节　媒体的发展与变迁

　　从媒介的历史与其演变过程中不难发现，"媒"这一概念的起源和演化体现了其所处时代深刻的社会与文化意义。在古代中国，《诗经·卫风·氓》一文中的"匪我愆期，子无良媒"语句，揭示了"媒"的角色在古代社会的重要性，尤其是在婚姻联姻领域的中介功能。[①] 古时候，人们常说"天无云不雨，地无媒不婚"，强调了"媒"的必要性和中介角色。根据黄宏在2013年出版的《媒介素养教程》中的阐述，传统中的"媒"不限于促成婚姻，象征着沟通与联结，这种在人际交往中传达情感的方式与现代媒体的信息传递功能不谋而合。"媒体"一词源自拉丁语"Medius"，意指处于两者之间的实体或机制，已经成为一个涵盖了广泛领域的术语。媒体作为信息传播的中介，承担着传递消息的职能，包含获取信息的多种方式，涉及多种工具、渠道、载体和技术手段，目的是实现信息从源头到接收方的有效传输。[②] 在现代社会，媒体的形态多样，包括报刊、广播、电视、互联网及智能终端等，这些媒体形态是信息的承载物，还是存储、呈现、处理和传递信息的实体。因此，媒体有着双重含义——既是信息的载体，又是信息传播的手段。

一、印刷媒介：纸媒的发展与变迁

　　在媒介传播历史的延伸轴线上，纸质媒体作为悠久的传统媒介形态，经历了漫长而丰富的成长历程。其在持续的发展旅程中积累了深厚的运营智慧，并

---

① 孔子. 诗经 [M]. 李择非，整理. 沈阳：万卷出版公司，2009：52—53.

② 黄宏. 媒介素养教程［M］. 杭州：浙江大学出版社，2013：55.

在一个相对较长的时期内，稳坐媒体界的霸主位置，甚至在某些时刻独占鳌头。该地位得益于其在人才储备、经营策略、信息传播渠道及品牌影响力等方面的独特优势，这些优势是在互联网技术诞生之前形成的。然而，在传统媒体与数字媒体齐头并进的现代，纸媒面临诸多新的挑战和发展趋势。

"邸抄（邸报）"，作为报纸原型的一个重要历史实例，首次出现是在中国汉朝时期。据史料记载，唐朝时期的《开元杂报》堪称中国官方报刊的鼻祖，其最初记载可追溯至唐人孙樵所著《读开元杂报》一文。值得一提的是，公元887年发布的《敦煌邸报》（现存于英国伦敦的大不列颠图书馆）是中国乃至全球现存最古老的报纸实物。这份于1900年在敦煌莫高窟被发现的报纸，是中国现存最古老的报纸，也是全球范围内最古老的报纸。宋代，以抄录《邸报》谋利的商人群体逐渐形成，这些商人专门复制《邸报》并对外销售。这一时期的官员，出于便利性的考虑，常常愿意花费一定金额购买这些抄录本，从而避免亲自缮抄的烦琐。随着时间的推移，《邸报》的发布逐渐形成了固定模式（图1-1）。到了明代，设立了专门机构——通政司，负责《邸报》的编辑与发行。崇祯时期，《邸报》的印刷技术从手抄或木刻印刷转变为先进的活字印刷，这一变化显著扩大了其发行规模。《邸报》的历史绵延至清朝，直至清朝末代皇帝退位，这一历史悠久的报刊才宣告停止发行。

图1-1 《邸报》（局部）

随着印刷技术的发展，纸媒开始崛起并诞生了一种定期性刊物——周报。例如，德国于 1609 年推出了《报道与新闻报》，紧随其后的是 1615 年的《法兰克福新闻》，而英国于 1622 年发行了《每周新闻》。具有里程碑意义的是 1660 年德国发行的《莱比锡新闻》，被广泛认为是世界上首份印刷日报。印刷术的革新，尤其是现代印刷技术的发展，彻底改变了信息传播的局限性。手抄文本的局限被打破，信息传递的效率显著提升。"即需即印"的现代印刷模式，加速了信息的流通。纸媒因其能够定期发布、公开发行以及刊载新闻的特性，在信息传播领域占据了长期主导地位。

作为最早出现的媒体，纸媒的优势与劣势表现同样突出。

优势表现：一是纸媒在信息深度处理和报道方面的显著优势，使读者得以深入思考和多次审视内容，不仅能够提供保留和消遣的可能性，而且能够跟随时代的步伐，有力地传达主流观点；二是基于印刷技术的进步，纸媒展现了版面设计的灵活性和多样性，从而拥有更大的容量来并置新闻和广告内容，发掘广阔的市场潜力；三是纸张的可塑性与便携性，为读者随时随地的阅读提供了便利，促进了读者主动获取信息，有助于读者培养终身学习的良好习惯；四是纸媒成本低廉，文字耐久，能长期保持不褪色，加之编辑工作的严谨性和高可信度，强化了其作为信息载体的稳定性；五是纸媒的发行和传播覆盖范围广，深入人心的阅读习惯，尤其是在长期学习和研究中对纸媒的依赖，凸显了其相较于其他媒体所无法匹敌的独特地位。

劣势表现：一是纸媒的影响受限于读者的文化水平和识字能力，造成其受众范围的稳定性和选择性较强，进而引发了在不同地区和民族中，纸媒影响力的差异化现象；二是相较于广播、电视和网络媒体的动态呈现，纸媒的表现形式相对静态，缺乏声音、色彩和个性化表达，加之版面设计和内容布局的制约，使得纸媒难以全面满足不同群体的需求，常常面临众多不同的声音和期望；三是纸媒在印刷、运输和销售环节的制约下，与广播、电视及新媒体相比，在时效性方面存在明显劣势；四是纸媒的信息传递方式是单向的，这在沟通交流和互动性方面相较于其他媒体形式显得落后。

纸媒自"邸抄"时期起，经历了逾千年的演变，其强弱之分已毫无疑问地展现出来。专家们普遍认同，纸媒已步入发展的"瓶颈期"。早在 2005 年，京华时报社的主编便预测，"都市报的冬天提前来到了"，这一论断当时并未受到业界的广泛关注。[①] 然而，到了 2012 年，行业内的共识开始转变，尤其是对中国的都市报业进入"瓶颈期"的认识。到了 2014 年，一些昔日辉煌的报纸未能抵御时代变迁的冲击，纷纷倒闭。其中，《新闻晚报》（创刊于 1999 年）的休刊尤为引人注目，该报于 2014 年 1 月 1 日正式停刊。正当《新闻晚报》的停刊激起行业的广泛讨论之际，北京《竞报》于 2014 年 4 月 14 日宣布休刊，并于次日停止发行。《长株潭报》四年的发展历程，恰恰映射了这一转变，而且要观察其他纸媒的趋势。诸如《天天新报》《中国包装报》《房地产时报》等报纸，经历了停刊或休刊的命运。更为关键的是，到了 2022 年，《城市画报》《孤独星球》等也步入了同样的轨迹。专业评论员针对纸媒所面临的挑战提出了见解，认为这些报纸的命运象征着中国报业市场的顶峰与衰落。此外，国际范围内的纸媒转型也值得关注。如《维也纳日报》，其根源可追溯至 1703 年。作为世界上历史最悠久的日报，该报纸已经出版了其终末的纸质版本。《计算机世界》杂志的纸质版在 2022 年宣布休刊，紧接着，《电脑爱好者》杂志（普及版）在 2023 年 1 月停止了发行（而其半月刊版本继续保持常规发行）。这些变革不仅昭示着媒体行业的巨大转变，还代表着数字化浪潮中一种不可逆转的趋势。

对于纸媒的休刊和停刊现象，众多学术界的专家和学者持有不同的见解和理论框架。然而，无论如何深入讨论或研究，一个不争的事实都是，传统媒体，尤其是纸媒，在新媒体的强烈冲击之下，正在经历一场剧烈的考验，或者说，正在步入一个行业转型的关键时期。

在信息化时代的浪潮中，数字技术的蓬勃发展，特别是智能手机和计算机的普及，已经对传统信息获取渠道产生了显著影响。这一趋势在报纸出版业尤为明显，其表现为持续的种类减少。2021 年数据显示，中国的报纸出版种类仅为 1752 种，与 2020 年相比下降了 3.2%（图 1-2）。

---

① 肖武．吴海民：都市报的冬天提前来到了 [J]. 传媒，2005（7）：2.

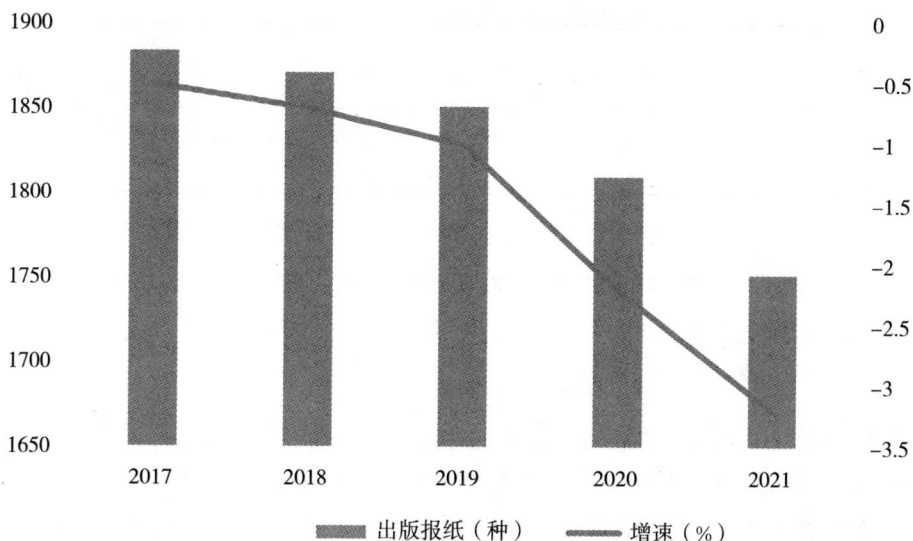

图 1-2 2017—2021 年全国共出版报纸种类及增速
数据来源：国家新闻出版署、共研产业咨询（工研网）。

此外，报纸的印刷量也显示出下降的趋势：2021 年，全国报纸的总印数达 283 亿份，相较于上年减少了 6.1 亿份，降幅度达到了 2.1%。同期，报纸的总印张数为 628.6 亿张，较前一年减少了 26.1 亿张，下降幅度为 4.0%。在经济层面，报纸的定价总金额为 366.1 亿元，比上一年减少了 0.3 亿元，呈现出 0.1% 的同比降低（图 1-3）。

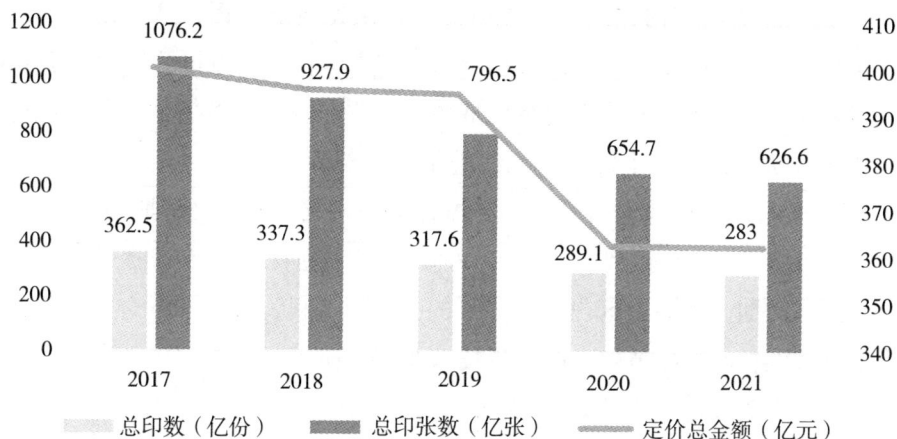

图 1-3 2017—2021 年全国报纸总印数、总印张数及定价总金额
数据来源：国家新闻出版署、共研产业咨询（工研网）。

二、电声媒介：广播的发展与变迁

"口口相传"作为最古老和最基本的传播形式，起初主导着知识和信息的传播。随着人类文明的演进，报纸崛起为一种广泛被人们接受的传播媒介。然而，19世纪后半期，人类步入了电子和电器的时代。这一时期，电子媒介的诞生标志着新闻传播的一个新纪元，而这一时代的象征无疑是"声音广播"（Radio）。声音广播的诞生及其发展有效地解决了传统纸媒在传播上的局限性，使得最新信息能够迅速跨越时空界限，传播至全球各地，极大地缩短了人们感知的时空距离。但在当前的媒介生态中，声音广播正面临着来自电视和网络的强烈挑战，导致广播听众群体的定向化越发显著；同时，普罗大众收听广播的习惯也在不声不响中发生了变化。目前，广播领域与纸媒同样，正面临着一系列新的发展情况与趋势，这些现象引起了高度关注与思考。广播，也就是"Broadcast"，主要是指利用无线电波或电缆线路，向广泛区域传播声音或视觉信号的一种传媒方式。声音广播的历史源远流长，其最早的雏形可追溯至1837年，当时美国发明家塞缪尔·莫尔斯（Samuel Finley Breese Morse）创造了电报技术，因此他被誉为现代通信技术的先驱。1895年，俄国的亚历山大·斯捷潘诺维奇·波波夫（АлександрСтепанович Попов）和意大利科学家古格列模·马可尼（Guglielmo Marconi）各自独立完成了无线电通信技术的研发。1906年，美国物理学家里吉纳尔德·费森登（Reginald Aubrey Fessenden）在实验室内完成了人类历史上首次无线电广播，这一创举标志着人类开始使用无线电技术传输语言和音乐。在中国，无线电报的使用始于1908年清朝末期，由于上海至崇明岛的海底电缆遭受破坏，江苏省便采用无线电报作为替代，从而开启了中国民用无线电报的新纪元。在20世纪初期的广播领域，美国的KDKA广播电台开启了其播音历程，成为全球最早期的广播电台。1923年，美国人在中国的发展轨迹上又添一笔，他们在中国创建了第一家广播电台。这一时期，上海地区出现了最早的一批收音机，超过500台收音机开始接收来自该电台的广播节目，收音机技术在当地初步普及。1926年，中国人自主建立的首个无线电台在哈尔滨展开了其播音业务，彰显了技术自主性，是中国广播历史的重要里程碑。1928年9月26日，美国芝加哥的加尔文制造公司（Galvin Manufacturing Corporation）开始了其制造旅程。两年后，该公司推出了"Motorola"品牌的车载收音机,这不仅仅是无线电技术的一大创新,更是汽车与电子媒体结合的一个显著示例,为后续技术革新铺平了道路。这些发展共同绘制了20世纪初广播技术的蓝图,为现代通信技术的崛起奠定了基础。

随着无线电技术的不断进步与完善,世界范围内的广播电台数量也在增多。像BBC这样的全球性广播机构蓬勃发展,从国家级别到地方层面,如省、市、县、镇、乡、村,广播频道的增长如同春雨春笋般纷纷涌现。广播媒体,以其独特的声音传播方式,传递新闻、音乐、故事等丰富内容,相较于纸媒,具有明显的独特优势,因此得到了迅速发展。

优势表现:一是广播电台在信息传递速率方面具有显著优势,其时效性符合新闻行业的迫切需求,能够做到与事件现场的同步播报,这一点是传统纸媒所无法匹敌的;二是广播的影响力广泛、普及率高且渗透力强,不受语言文字或地理时空的约束,尤其是通过卫星广播技术,实现了对全球的覆盖,极大地扩展了受众群体,使得不同社会阶层都能从中受益;三是广播的接收便捷性和灵活性是其独特优势。听众既可以被动地通过广播媒介接收信息,也可以主动选择通过收音机收听自己偏爱的节目,甚至可以深入参与,这样就能营造积极的宣传环境,有效引导公众舆论。

劣势表现:一是广播的音频内容的易损性,由于声音资料难以长期保存,不仅查询和重复播放过程中遇到困难,还可能因为音质失真而引发误解;二是针对特定广播节目的选择性较差,听众难以筛选并仅倾听他们偏爱的节目;三是广播内容的存储也是一个棘手问题,因为需要依赖专门的设备来实现。

与传统纸媒相比,广播无疑拥有显著的优势。然而,从20世纪90年代起,广播行业便显现出由电视和网络等新兴媒体的冲击所带来的明显劣势。以《中国广播电视年鉴》的数据为依据,我们可以追溯至1996年,当时中国的收音机和录音机总数超过5亿台,有线广播喇叭数量达到8100万。此后,关于广播收听设备的数量便再没有详细统计。值得关注的是,1978年至1994年,我国收音机的拥有量经历了显著变化。具体来看,1978年的拥有量为7546台,到1989年飙升至26226台,而到1994年降至19365台,这一波动反映了广播媒体的初期增长,以及随后由电视等新媒体的出现而导致的下降趋势。

当今社会,随着广播媒体受众的变化与收听习惯的演进,传统广播收听工具（如收音机）的使用率呈现显著下降趋势。这一现象反映出广播行业面临的双重挑战：一方面，广播的受众规模正逐渐缩小；另一方面，广播的收听方式正经历深刻转型。例如，汽车内置收音机、智能手机上的收音应用等现代化收听途径的用户数量正在显著增长。同时，广播的传统受众群体正逐步转向更具针对性的特定收听群体。尤其是在广阔的农村地区及基层社会，广播的传统听众正在被电视等其他媒介形式所吸引。

三、电像媒介：电视的发展与变迁

身体语言作为最古老和最原始的视觉信息传播形式，铺垫了信息传递的历史起点。进而，在人类文明进步的道路上，电视（Television）紧随广播之后，成为一种真正能够跨越时间和空间界限的视觉传播媒介。电视是现代社会获取信息的关键渠道之一，深刻改变了人类的信息接收方式。电视的诞生和演变有效地填补了纸媒和广播在信息传播上的局限性，电视通过声音、文字和图像等多种形式，及时地将最新消息传达到全球的每一个角落，使人们认识到世界的广阔，感受到时空距离的极大缩减。尽管目前电视面临网络和手机等新兴媒体的挑战，但依然是被人们最广泛接触的信息传播平台。特别是在经济欠发达和边远地区，电视已成为人们主要的休闲方式。因此，电视已不仅仅是信息传播的媒介，更是全球人们生活中一个不可或缺的部分。然而，就像纸媒和广播一样，电视也面临许多新的挑战和趋势。这些变化和趋势值得我们用新常态的思维来深入理解和分析。

"电视"（Television）这一概念的构成涵盖两个部分："tele"和"vision"。这个组合精准地描绘了电视技术的核心特性：它是一种高效的传播工具，通过有线或无线的传输手段，将声音、文字和图像等多样信息传送至遥远的地方，以供广泛的观众群体观看。作为电子技术进步的一个显著成果，电视拥有光电转换和图像扫描两个关键要素。1929年，英国的约翰·洛吉·贝尔德（J.L.Baird）开创性地制造出了首台电视机，因此获得了"电视之父"的荣誉称号。1936年，英国广播公司（BBC）在亚历山大宫成立了其首个电视台，并进行了首次公开播出。这次播出以其较高的清晰度为标志，表明电视技术已经步入实用化阶段。

1940年，美国的科技先驱彼得·戈得马斯突破性地开发了首款彩色电视机。1976年，英国电视文库系统诞生，它赋予了观众借助电视设备查询新闻、期刊和杂志的能力。随着20世纪80年代的到来，高清电视技术开始步入实用化的新纪元。至1995年，发达国家的电视普及率已经突破95%的大关。随后，卫星电视和其他电视技术的飞速发展提高了电视的覆盖率和普及度。特别是在中国，到1998年，电视观众人数已占总人口的89.1%。电视作为一种传媒工具，其优缺点在发展过程中也逐渐显现，这在某种程度上与传统的纸媒和广播媒介相似。尽管如此，受到网络和手机等新兴媒体的冲击，电视因其高普及率而成为不可或缺的家庭必备品，其影响力仍然巨大。电视媒介的这些优劣势，可概括如下。

优势表现：一是电视媒介以其图像的直观性和真实性，强化了信息传达的现场感，超越了传统纸媒和广播，因为直观地展现了"见信于眼，胜于耳闻"的效果，增强了观众的沉浸感，提升了信息的真实性和信任度；二是电视媒介在信息综合处理方面的能力不容小觑，它利用图像、声音、视频、动画和对话等多种元素，配合先进的电视技术和制作手段，将信息呈现得生动多样，这是其他媒介难以匹敌的；三是电视观看的便利性和自由度是其显著特点，电视主要在家庭中观看，在宾馆、酒店以及其他公共场所普及，这种观看方式尤其是家庭观看，促进了家庭成员间的情感交流和共同兴趣的培养；四是电视节目的稳定性为观众提供了习惯性的观看体验，人们可以根据自身偏好选择节目或电视台，且现代电视的回看技术为特定群体观看特定节目提供了极大方便。

劣势表现：一是电视媒体的大量信息展示导致观众无法深刻体会或及时理解内容，使电视变成了简单消遣的手段而未能有效传递信息，尤其是在娱乐节目普及和时政节目收视率低迷的背景下，这一现象尤为明显；二是由于录制和播放技术的限制，抽象概念难以通过电视得到充分展现，一些实际存在的重要内容也未能呈现，导致观众经常不能完全"身临其境"，仅是被动接收信息，在传播效果上显得不尽理想；三是受盈利驱动的电视业态影响，许多电视台不仅播放常规节目，还推出了大量含有不健康、不正当或负面竞争内容的节目，催生了诸多电视相关的问题，而且许多观众难以摆脱这些节目带来的"好处"，特别是在经济欠发达地区，电视对人们业余时间的控制越发显著。

尽管电视相对于纸媒和广播来说有很多优点，但缺点也很明显。从21世纪开始，电视受到网络、手机等的冲击越来越明显。2023年，国家广电总局发布《2022年全国广播电视行业统计公报》，其中显示全国地级及以上播出机构经批准开办的高清电视频道1082个，4K超高清电视频道8个，8K超高清电视频道2个。新闻资讯类、综艺益智类电视节目高清超高清制作比例分别达到70.72%和64.99%，分别比去年提高了8.39个和5.56个百分点，电视高清化超高清化进程显著加快。全国有线电视网络整合与广电5G建设一体化发展取得突破性进展，广电5G网络正式开通运营，广电5G用户超过550万户。全国有线电视实际用户2.00亿户，同比下降1.96%；有线电视双向数字实际用户9820万户，同比增长1.23%；高清和超高清用户1.10亿户，与去年基本持平，高清超高清视频点播用户3981万户，占点播用户的比例达94.43%；智能终端用户3745万户，同比增长12.63%。

全国交互式网络电视（IPTV）用户超过3亿户，互联网电视（OTT）平均月度活跃用户数超过2.7亿户，互联网视频年度付费用户超过8亿户，互联网音频年度付费用户1.5亿户，短视频上传用户超过7.5亿户。[①]

四、网络媒介：互联网的发展与变迁

在传统媒体领域竞争激烈的背景下，人们在不经意间已深受一种新型媒体——互联网的影响。这种媒介的诞生紧随计算机和通信技术的发展而来，其核心技术为数字技术（Digital Technology）。此技术通过二进制代码"0"和"1"处理、转换、存储、传输及恢复图像、文本、声音和视频信息，依托于特定的硬件设备。伴随着网络技术的持续进化，人们对网络的依赖日益加深，世界因网络而变得越来越小。通过网络，人们对世界的认识变得越加透明，思维方式日趋全球化。仿佛整个世界的人们既近在咫尺又远在天边，信息的获取也变得简易。1946年2月，ENIAC（Electronic Numerical Integrator and Computer）——标志着现代计算机时代诞生的机器，在美国费城首次亮相。计算机技术的更新换代极大地促进了计算机网络的发展。

最初的互联网由美国国防部在1969年资助创立的"Arpanet"网络构成，涵盖了军事与民间两个领域。到了1989年，其民用部门经更名成为众所周知

---

① 规划财务司.2022年全国广播电视行业统计公报[EB/OL].（2023-04-27）[2023-11-30].https://www.nrta.gov.cn/art/2023/4/27/art_113_64140.html.

的 Internet。在这一时期，网络上连接的计算机数量大约仅有 300 000 台。中国则于 1994 年宣布加入这个全球性网络。

中国互联网络信息中心（CNNIC）在京发布第 52 次《中国互联网络发展状况统计报告》（以下简称《报告》）。《报告》显示，截至 2023 年 6 月，我国网民规模达 10.79 亿人，较 2022 年 12 月增长 1109 万人，互联网普及率达 76.4%。[①]

互联网在其迅猛发展的几十年里取得了显著的成就，并极大地促进了社会进步。如今，"百度"和"谷歌"已晋升为人们寻觅信息的首要工具。网络作为信息获取的常态已深植人心，成为多数人工作和生活的支柱。然而，依据最新的数据分析，互联网的利弊同样显而易见。

优势表现：一是互联网具备了广泛传播多样化内容的能力，涵盖文本、图像、声音、音乐、视频等多种数字媒介形式，只要内容以数字形式存在，便能够通过网络平台进行有效传播；二是信息的发布和传播具有高度的及时性，经过专业加工和整理的信息一旦发布，便可供人们广泛查阅，这在很大程度上优化了信息流通的效率；三是网络平台强化了信息的互动性，从而提升了交流的动态性和参与性；四是对信息资源的获取变得便捷和迅速，网络技术的发展使时空的界限越发模糊，用户能够根据自身需求随时随地获取信息，享受网络所带来的便利。

劣势表现：一是互联网接入依赖于特定的技术设备，短期内难以在全球范围内实现普及，尤其是在发展中国家和经济较落后的地区；二是网络使用通常伴随着一定的费用支出，与传统有线电视相比，这些费用往往更高，从而在一定程度上制约了互联网的广泛接入；三是由于经济和文化条件的限制，网络基础设施的全面铺设在短期内难以实现，特别是在经济文化较为落后的区域；四是文化教育水平的差异导致人们掌握计算机和网络技能的能力存在显著差异，这不仅是网络发展的一个障碍，也是其发展过程中的一个显著劣势，同时安全问题是互联网面临的一个重大挑战，网络攻击事件的频繁发生对互联网的稳定性和信任度构成了威胁；五是网络信息的真实性难以辨别，给社会的稳定和发展带来了诸多挑战和负面影响。

---

① 中国互联网络信息中心. 第 52 次《中国互联网络发展状况统计报告》发布 [EB/OL]. （2023-08-28）[2023-11-30].https://cnnic.cn/n4/2023/0828/c199—10830.html.

在当今信息时代，互联网无疑成了关键的媒介形式之一。与传统的三大媒介相比较，互联网展现出了更加明显的挑战性和机遇性。对于某些观点中提出的"移动网络将取代互联网"的说法，这种判断过于武断，需要深入探讨。值得注意的是，媒体融合的主要趋势是基于数字技术的发展，而数字传播离不开网络技术的支持。

五、移动媒介：手机媒体的发展与变迁

"无线"一词并非现代创造，其应用历史悠久，涵盖无线广播、无线电视以及卫星发射等众多领域。在技术领域中，"无线"常被视作有线技术的对立面，尤其是在网络技术领域，无线网络（Wireless Network）正是作为有线网络的替代而存在的。其核心区别在于传输方式的差异，无线网络依托无线通信技术完成数据的传递。无线网络的范畴广泛，不仅覆盖了支持远程无线连接的全球语音和数据网络，还包括专为近距离无线连接而优化的红外线和射频技术。其功能与有线网络极为相似，但最显著的区别在于传输介质的变化——无线电技术代替了物理网线。无线网络与有线网络可互为补充和备份。进入移动网络时代后，无线网络的普及彻底改变了人们获取信息和了解世界的方式。利用移动设备（主要是手机），人们能够便捷地接触外部世界，减少对电脑等设备的依赖。只要手机功能正常，信息便可轻松获取，这就开启了一个全新的信息时代。

在跨越了从马可尼的初步越洋电报到当代移动通信技术的历史长河中，无线通信技术已经崛起为通信行业的一个关键构成要素。特别是在过去的 20 年里，从第一代至第四代移动通信技术的发展，无线通信成了一个具备全球影响力的主要产业，更是无线网络进步的核心推动力。近期，随着智能手机和平板电脑等设备的迅猛增长，无线网络技术（如 5G、4G、3G 和 GPRS）及无线局域网（Wi-Fi）的融合，已经使得移动设备能够在世界任何一个角落实现无缝的无线互联网接入。在这个快速变化的背景下，智能手机的蓬勃发展导致传统移动上网设备（如 iPad）的市场地位不复以往。相比之下，像笔记本电脑这样的无线上网设备仍然依赖于稳定的网络连接。因此，近年来移动上网的主流模式逐渐发生转变，以智能手机为主要的联网媒介成为趋势。

中国互联网络信息中心（CNNIC）在第 52 次《中国互联网络发展状况统

计报告》中的数据表明：截至 2023 年 6 月，我国手机网民规模达 10.76 亿人，较 2022 年 12 月增长 1109 万人，网民中使用手机上网的比例为 99.8%。图 1-4 为 2021 年 6 月至 2023 年 6 月手机网民规模及其占整体网民比例。

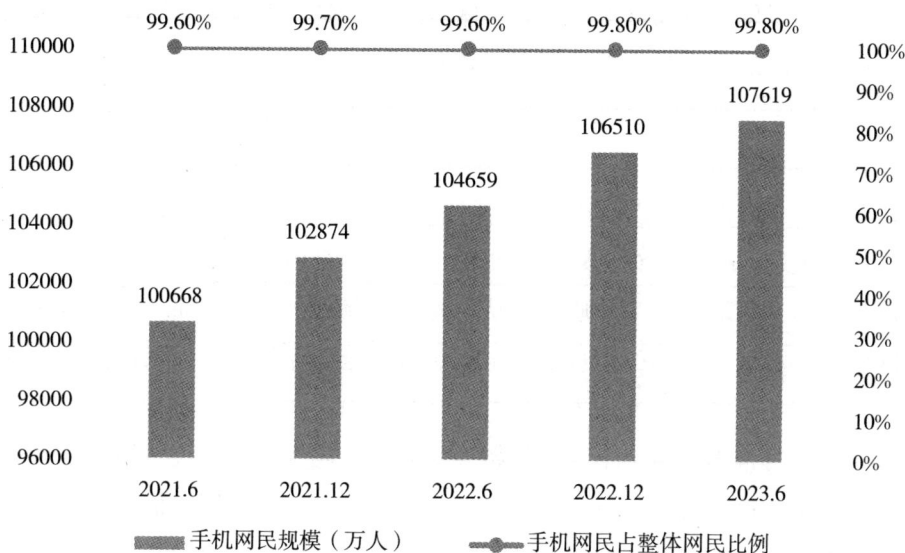

图 1-4　2021 年 6 月至 2023 年 6 月手机网民规模及其占整体网民比例

在 2023 年上半年，中国的互联网服务体验显著提升，使网民的满意度持续上升，促进了互联网普及率的稳健增长。这一进展，一方面体现在电信服务的普及质量有了显著提高，用户体验感受得到不断强化。特别是在第一季度，中国的移动和固定宽带下载速度同比分别增长了 59.9% 和 15.1%，伴随着移动数据流量的费用持续减少。另一方面体现在信息获取的无障碍性能不断增强。伴随着互联网应用的老龄化改造深入实施，在工业和信息化部的指导下，共有 1735 家网站和应用程序完成了适合老年人使用和无障碍的改造，这一行动在全国范围内推广了一系列主流网站和手机应用程序的卓越改造案例，"让智能生活有温度、无障碍"。

尽管移动互联网的优势已经充分显现，却带来了某些不利影响。

优势表现：一是智能手机网络具有广泛的全球覆盖能力，用户几乎可以在全球无缝接入无线网络，无须担忧网络连接问题；二是移动网络的灵活性体现在用户能够实时监控并管理他们的数据流量使用，选择适宜的数据套餐，尤其是在公共场所广泛提供的免费 Wi-Fi 服务的助力下，使用智能手机浏览信息变得既便捷又经济；三是智能手机的普及和移动特性使得更多人能够便利地上网；四是多样化的自媒体和应用程序均在智能手机平台上开发，其简洁易操作的界面和强大的交互性大大提高了用户体验；五是智能手机的上网速度不断提升，为用户提供了更加自由和丰富的休闲娱乐体验；六是智能控制系统作为新兴趋势，也渐渐成为智能手机用户的新宠，使得控制电视、空调、汽车、定位等设备便捷；七是智能手机用户可以通过自媒体随时发布信息，保持信息的实时性和快捷性。基于这些，智能手机上网用户数量将持续增加，网络覆盖范围将拓展到第三世界地区以及边远、贫困地区，实现信息传播的全面覆盖。

劳势表现：一是针对自媒体的使用，智能手机用户面临着自律挑战，往往难以控制信息摄取的频率与质量，从而容易接触到虚假或负面信息；二是与传统网络用户相似，他们的信息安全也无法得到全面保障，个人数据泄露事件时有发生；三是智能手机性能不均一，尤其是在山区和广泛的农村地带；四是网络连接速度时常不稳定，不仅与设备性能有关，还受制于无线网络基础设施的不均衡分布和更新换代的不同步进展，这导致在某些地区网络信号与手机功能匹配度不高，影响了网络的流畅使用；五是手机上网成瘾问题日益严重，特别是"手机控"已成为社会热点话题，对青少年造成了影响，使他们成为"低头族"，还带来了许多新的安全隐患。

手机作为一种主流的移动网络媒介，无论如何评价其存在，它都将是以后人们获取信息、与人交往、改变生活习惯的重要工具。相比于前四种媒体，手机媒体更具有普及性和时代性。

第二节　融媒体的发展概况

一、传统媒体逐渐淡出大众视野

在当代媒体领域，"传统媒体"常被用以进行对比，特别是与"新媒体"（如微信公众号、微博等近年来涌现的媒体平台）相对照。"传统媒体"涵盖电视、广播、报纸、杂志等传播方式，乃至路牌、灯箱广告等户外媒体形式，这些媒介的主要职能在于广泛传播社会信息，促进社会各界主体间的互动与沟通，其代表了人类社会发展的一个特定阶段。

（一）电视

在考量电视的历史和技术特性时，必须认识到它是一种借助电子科技来传递动态视觉图像及音频信号的设备，俗称电视接收机。作为一种广播与视频通信的关键工具，电视的诞生可以追溯至1925年，此装置由英国工程师约翰·洛吉·贝尔德（J.L.Baird）发明，其工作原理在于运用电信号来传输连续动态的视觉图像。电视与电影在技术上存在相似性，均通过连续展示一系列静态图像，依靠人眼的视觉残留现象，创造出动态视觉效果。在电视系统的发送端，画面的细微部分被转换成电信号，这一过程涉及亮度和色度的细致调整。信号随后依序传送，并在接收端以相对应的几何位置重现各部分的亮度和色度，以此复原原始图像。科技的快速发展是推动电视机广泛普及的一个核心因素。在全球范围内，电视信号的扫描制式和频道宽带存在差异。根据国际无线电咨询委员会（CCIR）的建议，各国的电视制式和频道宽带用拉丁字母来区分，这一做法有助于在全球范围内统一和协调电视技术标准。

电视融合了广播和报纸的特点，声画结合，是一个直观感很强的平台。但是作为传统媒体，电视仍然无法摆脱传统媒体的通病，即交互性不够强。

（二）广播

广播作为一种通过无线电波或导线进行声音传输的通信方式，具备独特的传播属性。具体来说，通过无线电波进行的传播称为无线广播，通过导线进行的传播称为有线广播。广播的独特之处在于其所覆盖的受众范围广、信息传递速度快、功能多元化且具有强烈的情感感染力。然而，广播也存在一些不足，如信息的短暂性、收听顺序的固定性、缺乏选择性，以及仅包含语音信息，没有文字辅助，这对于语言理解能力较弱的群体来说，可能会构成一定障碍。广播的魅力在于其声音传播的特性，声音不仅携带信息，还能将传播者的观点和认知融入其中，从而在帮助和引导听众理解与接受信息方面发挥重要作用。此外，广播内容不受读写能力的限制，使其成为适合所有人群的传播媒介。广播的可移动性和便携性也是其显著优势，使人们能够在任何时间、任何地点方便地获取最新信息。在经济效益方面，无论是广播本身的运营成本，还是受众的接收成本，广播都属于成本较低的媒介，在信息传播领域中具有重要的地位。

（三）报纸

报纸作为大众传播的重要媒介，定期刊载新闻和时事评论，具有引导社会舆论的重要职能。有些学者认为，可以将1615年创刊的《法兰克福新闻》视为首张真正的报纸。这一观点被支持的关键在于该报拥有固定的名称，以每周定期出版一次为特征，并在每张纸上刊载多条新闻而非单一新闻。此外，该报还采用单面印刷技术。

对于报纸，一般可以从三个不同的角度进行分类。首先，按照内容的不同，报纸可以分为综合性报纸和专业性报纸。综合性报纸通常涵盖广泛的主题，包括政治、经济、文化等各个领域的新闻报道和评论。专业性报纸侧重于特定领域或行业的深入报道和分析，如财经报纸、科技报纸等。其次，按照出版时间的不同，报纸可以分为日报、晚报等不同类型。日报以每天出版一次为特点，通常在早上或白天分发；晚报在晚间发布，报道当天的新闻事件。最后，根据发行范围的不同，报纸可分为全国性报纸和地方性报纸。全国性报纸覆盖整个国家，报道国内外的重大新闻；地方性报纸主要关注特定地区的新闻和事件。

报纸的读者群体广泛，主要包括不同收入水平、受教育程度、年龄和民族背景的人。

报纸呈现多元化的版面内容，覆盖广泛的传播渠道，而且阅读时间相对灵活。然而，报纸存在一些劣势，如受制于截稿时间和印刷出版的时间节点，无法及时提供最新的信息和修正错误。此外，报纸的携带和传阅均都不太便利，与电视和广播相比，图文呈现的冲击力和感染力较低。

（四）杂志

杂志是一种经常性或不定期连载的印刷出版物，通常具有固定的刊名和期数标识，如期、卷、号或年、月。这种媒体形式的起源可追溯至1665年1月，法国学者萨罗在阿姆斯特丹创办了《学者杂志》，被认为是世界上最早的杂志。杂志最初的形式可追溯到罢工、罢课或战争期间的宣传小册子，手册类似于报纸，旨在满足人们对信息和评论的双重需求，既提供新闻报道，又包含时事评论，在其发展过程中不断演化，逐渐形成了独特的风格和内容，以适应不同读者群体的需求。

杂志可根据不同的标准进行分类，包括内容、学科、出版周期和读者对象等方面。以下是五种分类方式：

1. 按内容划分

杂志可以根据其内容分为两大类：综合性期刊和专业性期刊。综合性期刊涵盖各种主题和领域，提供多样化的文章和信息。专业性期刊则着重于特定领域或学科，提供深度和专业的知识。

2. 按学科划分

杂志可以按照其所涵盖的学科领域进行分类，包括社会科学期刊、科技期刊、普及性期刊等。社会科学期刊关注社会、文化和人文领域的研究，科技期刊则专注于科学和技术相关的内容，而普及性期刊旨在向大众传递通用知识。

3. 按出版周期划分

按照杂志的出版周期分类，包括半月刊、月刊、季刊等。半月刊是指每半个月出版一次，月刊是指每月出版一次，季刊是指每季度出版一次，这些周期可适应不同读者的需求和时间安排。

4. 按读者对象划分

根据杂志的读者对象不同，可以分为青年杂志、高校杂志、妇女杂志、工人杂志、干部杂志、知识分子杂志、军人杂志等。每种杂志都针对特定群体的兴趣和需求，以满足他们的信息获取和娱乐需求。

5. 按杂志性质划分

按照杂志性质进行分类，包括学术性期刊、教育性期刊、启蒙性期刊、娱乐性期刊等。

这些分类方式有助于读者找到符合他们兴趣和需求的杂志，并有助于出版商和编辑更好地定位和推广他们的杂志。

杂志的优势源于其独特的特点，这包括读者群体的聚焦和稳定性，内容的高度针对性，以及其可持续的阅读价值。杂志的有效期远超其他媒体，且其信息传递效果显著，这得益于印刷技术的不断讲究和用纸的高质量。杂志的发行量巨大，并覆盖广泛的读者群体，许多杂志更是具有全球性的影响力。然而，杂志也存在劣势：其出版周期较长，因此时效性相对不足，无法像电子媒体那样快速更新。此外，部分杂志具有较强的专业性，这可能限制了其阅读范围，使得只有特定领域的读者受益。相对于电子媒体，杂志在感染力上可能稍显不足。

与新兴媒体相比，传统媒体具备广泛的受众群体，有着坚实的市场基础，表现出相对成熟和稳定的特点。它能够有针对性地向特定读者提供精确的信息，实时发布准确的新闻报道，方便公众进行储存和检索。然而，传统媒体也面临着信息传播方式过于刻板和程式过于固定的挑战，因此难以跟上当今科技发展的步伐。

二、信息时代与新媒体：进步的引擎

"新媒体"这一术语的起源可追溯至1967年。当时，美国哥伦比亚电视网技术研究所的负责人戈尔德马克提出了一个涉及电子录像产品开发的计划。在其计划书中，他首次将电子录像定义为"新媒体"，由此，"新媒体"概念应运而生。随后，该词语的推广和普及归功于美国传播政策总统特别委员会主席E.罗斯托。1969年，罗斯托在向尼克松总统递交的报告中频繁使用"新媒体"概念，使其在美国社会迅速流行。此后不久，"新媒体"概念便在全球范围内广为传播。21世纪初，这一概念开始在中国得到广泛的认知和使用。

新媒体，一种借助数字化技术，通过诸如计算机网络、无线通信网络、卫星等多种渠道进行信息与服务传递的现代传播模式，主要运用电脑、智能手机、数字电视等多种终端设备。从广义上讲，这种媒体形式特别指代当前与传统媒介相比较的、以数字数据压缩及无线网络技术作为基础，依靠其高容量、即时性和互动性特点，突破地理限制，最终促成全球化传播的现象。

广义上，新媒体可分为两大类别：一是那些由技术革新所催生的媒体形态，主要是指依托于无线通信和网络技术的媒体类型。例如，数字电视IPTV（交互式网络电视）和手机终端等均属于此类。二是随着人们日常生活方式的转变，某些原本已存在的媒体现在开始用于信息传播，如楼宇电视、车载电视等。狭义上，新媒体专指那些由技术发展直接衍生的媒体形态。

在当代媒体领域，新媒体可被认定为新兴技术的直接产物。其中，数字化、多媒体技术以及网络平台的发展是其出现的关键驱动因素。随着新媒体的诞生，媒介传播的格局经历了根本性转变。例如，地铁中的广告显示屏、写字楼内的巨型屏幕等均代表了从传统媒体到新型传播媒介的内容迁移。此变革涵盖两方面关键技术要素：一方面，数字化技术的涌现促使众多传统媒体加入新媒体行列，这一趋势主要表现为媒体技术的革新，无论是在内容储存还是传播方式上的数字化，皆显著提升了媒介的传播效能。另一方面，媒介的形态因新技术的涌现而展现出多元化的特征，传统媒体的内容现已转移到诸如网络电视、网络广播、电子阅读器等新媒体平台上。

（一）手机媒体

移动媒体利用手机作为传播渠道，实现信息的广泛传播。这一领域的崛起伴随着通信和计算机技术的进步，手机转型为集通信功能于一身的紧凑型电脑。作为网络媒体的一种扩展，移动媒体继承了网络媒体的优势，同时具备易于携带的特性。它的显著特点在于打破了地理和传统计算机平台的界限。通过声音和震动提醒，用户的接收模式从静态向动态转变，从而提高了受众的参与度。用户得以主动筛选和发布内容，实现信息的即时互动或暂时性存储，有效融合了大众传播与个体间的沟通。

（二）数字电视

数字电视技术涉及从制作室到信号发射、传输、接收各个阶段，全部采用数字格式信号或完全通过由数字"0"和"1"组成的数据流来实现信号的传播。数字电视技术的特点是数字信号的传播速度达到每秒 19.39 兆字节。这样高速的数据传输量为数字电视提供了超高清晰度的画面，有效地解决了传统模拟电视技术所面临的多种局限性和缺点。

（三）互联网新媒体

在当今数字化时代，互联网新媒体已成为信息传播的重要渠道，此领域涵盖多种形式，如网络电视、博客、播客、视频和电子杂志等。其中，网络电视是一种独特的视讯服务，它依赖于宽带网络基础设施。此服务通过专用的电视服务器，对传统卫星电视节目进行重新编码，将其转换为流媒体格式，并通过网络传输至终端用户。网络电视的主要特征包括其互动性和个性化体验、节目内容的多元化以及观看的便捷性。

网络日志，通常称为博客，是一种用于个人信息传播的平台，其特点是集成了丰富知识的链接。在这个虚拟空间里，"发博客"这一行为涉及发布文章和其他形式的内容。博客的三大核心功能是个人的自由表达、知识的筛选与积累，以及深入的交流与沟通。播客则通常是指个人制作并通过网络发布的广播节目。

视频技术以一系列将静态图像转换为电信号的过程，涵盖捕捉、记录、处理、存储、传输和再现等多个方面。当图像连续变换的速度超过每秒24帧时，基于视觉暂留的原理，人眼将无法区分单独的静态帧，从而产生了流畅和连续的视觉体验，这种现象被称为"视频"。此外，"视频"一词指代一种新兴的交流手段，用户通过它能够观看图像并听到声音，它被视为可视电话技术的早期形态。视频技术最初是为电视系统设计的，但现今已发展出多种不同的视频格式，以满足人们的需求。随着网络技术的不断进步，视频以串流媒体的形式存在于网络中，能够被电脑等设备接收和播放。

电子杂志，一种融合了音频、视频、图片、文字以及动画的新媒体形态，主要通过 Flash 技术实现其内容的集成展示。此媒体的展现形式与传统纸质杂志相似，特别是模拟翻页效果很好，因而得名"电子杂志"。它们通常具有较大的文件尺寸，小的在几兆字节，而大的可达数十乃至上百兆字节。在发行模式上，电子杂志普遍采用网络平台，其中不乏专门的网站提供应用程序（App）客户端，以便用户下载及订阅这些杂志。这些订阅器通常利用流行的点对点（P2P）技术，旨在提升下载效率。作为 Web2.0 时代的典型应用之一，电子杂志展现了其便捷的发行方式、庞大的发行量，以及针对特定受众群体的分众化特征。

（四）户外新媒体

作为一种创新型的户外传播平台，显著区别于广告牌、灯箱及车体广告等传统形式。户外新媒体采用液晶电视作为主要展示媒介，广泛应用于各种场合，包括楼宇、公交、地铁、列车以及航空领域，涉及种类繁多的 LED 屏等设备，核心在于融合先进的材料和技术，通过与传统媒体的结合，显著提升户外广告的展示效果和传播效率。户外新媒体的应用，不仅仅是技术上的革新，更是户外广告领域中一种质的飞跃。

数字化技术作为新兴媒体的核心，其显著特性在于消弭了不同媒介间的隔阂，模糊了媒体载体、区域性、行政分界以及参与个体之间的界限。此类媒体的交互性较为显著，其网络化的介质质变了信息发送者与接收者的动态，实现了双方的对等交流。因此，观众不再只是被动的接受者，而是能够通过互动参与扩大其对信息传播过程的影响力。新媒体呈现出如下特点：

1. 受众体验互动化

在当代媒体领域，互动性构成了传统媒体与新兴媒体之间的显著分水岭。在传统媒体环境中，观众的主动性在表达观点和看法方面受到显著限制，且这种媒介形态几乎不支持任何形式的互动。相反，新媒体的出现开启了一个新纪元，观众在其中可以通过各种数字接收设备进行实时互动，这种互动不限于选择符合个人偏好的信息内容，还包括下载和转发等操作，从而在很大程度上满足了用户的个性化需求。特别是在网络媒体和移动媒体的领域，互动性的展现尤为显著。用户能够针对新闻事件提供反馈，表达个人见解，并且在多样的社区和论坛平台上，观众与媒体、观众与观众之间的相互作用持续加强。

2. 受众选择多样化

从技术的角度出发，新媒体赋予了每个个体获取与传递信息的能力。换言之，每个用户既是信息的接收者，也是信息的发布者，他们能够同时观看电视节目、播放音乐，并且参与节目的在线投票和信息查询。新媒体破坏了传统上仅由新闻机构持有发布新闻的垄断性，从而极大地满足了消费者对信息多样性的需求。不同于以往的传统媒体，新媒体以受众为中心，提供了广泛的选择空间，让受众能够主导自己的媒体消费体验。

3. 媒体形式个性化

技术进步引领了媒体发展的新纪元，传统媒体的大众化特征正在逐渐被新媒体的个性化和细分化所取代。新媒体赋予了受众更多的主动权，使他们能够根据自己的兴趣和需求，实现信息内容的"定制"。这使得新媒体用户接收到的信息可能存在一致性，也可能表现出显著的差异性。这与传统媒体在信息传播上的一致性和被动性形成了鲜明对比，标志着信息传播方式的重大转变。

4.传播方式多样化

在传统媒体领域，信息传播呈现出单向和线性的特征。具体而言，新闻纸张展现的内容，便是读者所阅读之物；广播中传递的信息，正是听众所接收之声；电视所播放的节目，也正是观众所观看之景。这种传播模式可概括为"一点对多点"的形式。然而，传统广播存在一个显著的弱点，即信息的瞬时性和难以长期保存。与此相对，新媒体运用推送技术，实现了内容的一次性传输至各种接收端，为用户提供了暂停、回放、快进等多种自定义操作的可能，增强了互动性。用户不仅能在用户群体内部就节目内容进行交流，还能上传和分享自己制作的数字媒体内容。在移动媒体领域，其属于通信式传播，展现出"点对点、多点对多点、多点对点"的传播特性，其非线性的传播方式是显而易见的。

5.表现形式多样化

新媒体呈现出丰富多样的表现形式，能够将文字、音频和视觉元素无缝融合，从而在即时和无限的维度上拓展其内容。这种多元化的内容呈现，使信息传递变得生动与富有吸引力。新媒体不仅拥有巨大的存储容量，还具备高效检索的特性，使得用户能够轻松地访问和检索存储的信息，给用户带来极大的便捷性。

6.信息发布实时化

与广播、电视相比，新媒体没有时间限制，可以随时进行加工、发布。新媒体用软件和网页来呈现内容，可以轻松实现全天候 7×24 小时在线。

三、媒体融合的大整顿：5G 时代，换一种思考的传播方式

5G 技术，即"第五代移动通信技术"，是当今信息通信技术领域的革命性进展。5G 技术的全面商业化应用似乎已迫在眉睫，其对各个社会生活领域的潜在影响也正受到社会各界的广泛关注与探讨。

5G 技术的出现、演进及其应用，预示着人类生产及生活方式的根本性转变，它是推动信息时代全新变革的关键力量。在这场由 5G 引领的信息技术革命中，媒体行业无疑面临着前所未有的深刻变革。回顾 2014 年，媒体融合战略的确立，在学术界引起广泛讨论，在行业内部引发深刻关注。2019 年作为

"5G 元年"，标志着媒体融合历程的一个重要转折点。5G 技术与媒体融合的相遇，开启了人们对媒体融合未来走向的无限想象，为人们展现了更加丰富的可能性。

（一）媒体融合需要运用跨界思维

在当代媒体融合的进程中，"跨界"成为一种不可或缺的战略需求。若缺少此种策略，媒体融合将仅仅局限于现存媒介平台或传播渠道的表面扩张，而在媒体形态与业务领域难觅显著变革或创新产品的踪迹。因此，采纳跨界的思维方式对媒体融合具有重要意义。跨界的种类繁多，主要涵盖"主动跨界""合作跨界""有机生态跨界""跨界混搭""跨界关联策略"等多个维度。随着媒体融合的不断深化，跨界融合的尝试与努力将日益增多，这一趋势至少在以下三个方面得到了明显体现：

第一，多类型媒体形态的跨界将增多。在现代传播学的范畴内，传统媒体的定义并不局限于报纸、杂志、广播和电视的简单组合。这一领域正逐步扩展至广泛的媒体形态。据人民网研究院公布的《2018 中国媒体融合传播指数报告》，各种自有媒体平台，如报纸、电视网站、自主开发的 App 客户端，其覆盖率已显著提升。特别是在微博、微信、新闻聚合 App、音频聚合 App、视频聚合 App 等第三方平台上，其入驻率均超过 90%。值得注意的是，报纸和广播在第三方平台的观众数量平均总和已超越其自有渠道。

第二，多方向业务延伸的跨界将增多。随着媒体融合的不断深化，传统媒体业务的生态环境正在经历一场快速扩张，延伸至众多先前被边缘化的业务领域，开拓并进入一些全新的业务领域。在这一趋势下，传统行业媒体在其原有业务领域的优势基础上，有能力承办相关行业的研讨会议，发布具有深度的行业研究报告，乃至组织该行业的专题研究和未来趋势分析，进而领导建立行业相关的智库或研究机构。以南方报业传媒集团为例，近年来该集团积极构建了包括南方经济智库、南方法治智库、南方城市智库、南方教育智库、南方党建智库、南方数字政府研究院、广东乡村振兴服务中心、南方周末研究院、南都大数据研究院、南方舆情数据研究院等在内的一系列智库和研究机构，这在过去是不敢想象的，彰显了媒体融合在推动传统媒体业务模式转型与创新方面的重要作用，体现了媒体行业对适应新时代要求的积极响应和探索。

第三，多行业创新产品的跨界将增多。在当今媒体行业的多元化发展过程中，决定性因素在于媒体机构内部的人力资源优势和跨界合作的广度与深度。以河南日报报业集团为例，该集团近年展现了卓越的创新能力，通过跨界尝试，成功打造了河南省的在线教育课程平台。同时，该集团大幅推进青少年培训产业的发展，与美术教育培训产业的合作开发，并涉猎幼儿教育领域，甚至建立了幼儿园。另外，昆明报业传媒集团旗下的《都市时报》摄影部也展现出显著的转型成果。其原本是一个单一功能的业务部门，现已成功地转型为一个具有经营和服务功能的综合性创收机构。它不仅仅对省内业务进行了深耕，更成功拓展到与新加坡旅游局等境外机构的合作。显然，这种类型的创新，相比于传统的业务延伸，难度要大得多。

（二）媒体融合集约化传播通道

在当今全媒体的时代背景下，新媒体相对于传统媒体展现出了明显的优越性，主要表现在信息传播的广泛性、获取信息的及时性和便捷性、信息互动性的优良，以及传播成本较低等多个方面。为了充分利用新媒体的这些优势并推动传统媒体的发展，必须积极探索两者间的合作，建立一个融合新媒体与传统媒体的数字技术平台。我们可以将传统媒体制作的各类媒体资源集成到新媒体平台上，从而为广大受众提供各类新闻内容的便捷查询。同时，可以利用微信、微博等新型社交媒体平台进行传统媒体的宣传，这不仅能降低传播成本，还能扩大目标受众的覆盖范围。新媒体与传统媒体的融合主要体现在拓展原有媒体内容的传播渠道上，以实现用最小的成本达到最佳的传播效果。

为了确保高质量内容的有效传播，重要的是采用合适的传播途径。尽管传统媒体拥有丰富的内容资源，但它们在吸引稳定的读者群体方面仍面临挑战。因此，传统媒体必须在利用新媒体扩展其传播渠道时，努力实现以下目标：首先，优化传播渠道，以确保传达的信息真实可靠；其次，拓展传播渠道，以便信息传播迅速、广泛且多样化；最后，整合传播渠道，以实现传播的无缝衔接和信息流的畅通无阻。此外，通过技术创新，比如在网站建设中集成 RSS 等订阅系统，可以无缝连接多种平台资源，实现信息内容生产链的集成和信息产品传播链的多元化，促进图书、报纸、期刊、网站、电视等多种媒体传播渠道资源的共享，从而真正实现针对特定受众群体的高效、精准化传播。

在考察了用户行为的多个维度后，便可根据所得资料，为用户提供量身定做的服务，从而促进传统媒体与新兴媒体渠道的融合。通过跟踪用户的网络活动和运用社交网络分析的方法，对用户需求进行深层次的剖析与领悟。建立在个性化用户信息需求的基础之上，用户便可享受到定制化的信息服务体验。国际科学期刊界对此极为重视，例如 Elsevier、Science、BMC 等杂志网站均要求用户使用有效电子邮箱注册，以便在规定时间内（通常为 7～10 天）通过电邮进行用户筛选。用户若有任何反馈或建议，也可以通过电子邮件与网站工作人员进行交流。此外，网站系统会自动记录用户的偏好和习惯。在渠道融合的策略中，移动客户端也扮演着重要角色。借助其移动性和社交性等特性，移动客户端能够更好地匹配用户及其所属社交圈。伴随着互联网科技的持续进步，加大在移动客户端上的投入将有助于实现不同渠道间的互动和协同。

（三）媒体融合立体化传播方式

当代社会，媒体领域经历了显著的变革。先前，传统媒体如报纸、广播和录音机等，构成了信息传播的主流渠道，特点在于向一般大众提供信息，而大众通常处于被动接收的状态。然而，传统媒体的手段在技术进步的背景下显得相对落后，从而削弱了其在实际应用中的有效性，加剧了这一行业所面临的挑战与危机。伴随着互联网，尤其是无线移动网络的迅猛发展，媒体领域已经迈入了一个普遍信息化的新时代。在这个时代，诸如微信、微博等平台已不只是信息传递的工具，更成为众多网民的信息发布阵地，人人都能扮演"记者"的角色。与此同时，信息的传播方式也由传统的文字、图片和视频，转变为更加多元和丰富的表现形式。

应用新一代传播技术，特别是 AR、VR 等先进技术，催生了信息生产与展示方式的革新。这些技术的融入，促进了媒介组织的信息展示从传统的文本和视觉模式向更加注重用户体验的模式转变。这一趋势恰当地体现了麦克卢汉的理论——"媒介即人的延伸"。在国际层面，YouTube 等主流媒体平台已开始支持 360 度视频的展示，BBC、ABC News 等权威媒体探索了"VR+新闻"这种创新的呈现形式。在国内，多家媒体全面采纳 VR 技术进行新闻报道，通过3D 虚拟技术创造移动端视频直播的互动体验。例如爱奇艺、芒果 TV 等视频网站，已成功创建 VR 频道，为用户提供可以通过 VR 设备观看的特色内容。展望未来，预计将有更多尖端技术设备被引入传媒行业，继续推动这一领域的发展与变革。

在媒体融合的时代背景下，移动客户端的地位在媒体领域显得尤为重要，其对消费者产生的影响既广泛又深刻。在中国，如"微博""微信""知乎""QQ"等应用程序，由于其巨大的市场份额和庞大的用户群体，已成为最具影响力的移动平台。面对媒体融合的趋势，传统电台不能停滞不前，而应主动与这些主流移动应用相结合，发挥其独有的优势，有效地满足消费者对资讯的需求。例如，在"知乎 App"中，电台作为其核心组成部分之一，对用户产生了诸多积极影响。

（四）媒体融合提高舆论引导力

近年来，国内广大地区的传媒机构纷纷着手开发新型平台，这一进程涉及从传统媒介的电子化转型（如电子版报刊）到网络交互和多媒体的深度整合，此举旨在增强媒介的传播力和对公众意见的引导能力。这种传播网络的构建和整合主要表现在以下两个层面：

一是媒体机构间的横向融合，即通过成立传媒集团来实现。这主要包括诸如媒体间的合资、特许经营、联合研发和研究、相互持股等多种形式。例如，南方报业集团对南方网的控股就是一种横向融合。

二是纵向融合的不断加强，即在运营机制的整合上，同一媒体集团旗下的多元化平台共同协作，致力于实现一个统一的战略目标，各类媒介资源得以高效整合。例如，人民日报社就是这种融合的生动实践。人民日报社已从最初的单一报纸媒体形态，演变成包括报纸、杂志、电视、广播、网站、手机报、电子屏、微博、微信等在内的多媒体"人民媒体方阵"。这种全媒体模式被形象地称为"百宝箱"，包括十余种不同载体及数百个终端，显著扩大了其在舆论引导方面的影响力和覆盖范围。

华龙网，隶属于重庆日报报业集团，通过纵横交错的整合策略，构建了一个网络问政平台，旨在为官方与民间的信息交流提供新的渠道，从而显著提升信息传播的效率及舆论的引导能力。与此同时，四川省达州新闻网，由达州市广播电影电视局负责运营。该网站汇聚了达州电视台、达州人民广播电台、达州广播电视报及达州手持电视等多个媒体资源，共同构建了一个集广播与视听于一身的新闻网站,在推动市级主流新闻网站的网络文化建设上发挥了重要作用。编辑部在推动网站机制和体制的创新上不遗余力,不仅确保了正确的舆论导向,还有力促进了新型管理机制的活力,从而形成了一个健康的循环系统。

通过这些举措,这些平台都在信息传播和舆论引导方面作出了创新和贡献,体现了官方与民间信息交流的新模式与策略。

(五)媒体融合可视化监测传播成效

为了优化网络舆论监管机制,包括舆情的发现、分析、处理和反馈环节,本书提出了一个综合框架。该框架强调依法对各类网站进行严格的监督和管理,其中对"三微一端"等重要网络平台的监管尤为关键。同时,密切监测网络活跃群体的行为动态也是必要的。在这一过程中,重点是加强对网络上有害信息和网络谣言的清理和整治,需要依法采取措施,严厉打击那些违反网络法规的行为。对那些试图通过散布谣言来扰乱社会秩序的行为必须坚决阻止,包括对那些散布不实信息、煽动社会不安、无端造谣的行为的打击。在网络舆论领域,必须主动发声,秉持合理、有力和有节的原则,进行网上舆论斗争,纠正错误的观念,缩小谎言、谣言和负面舆论的传播空间,将网民的情绪引导至健康、理性的轨道上。针对网络舆论事件,各级领导干部应当亲自介入,及时发布权威信息,从而最大限度地清理不良信息、虚假信息和网络谣言。此外,培养一支能够快速响应的力量,建立和完善网络舆情的监测预警、应急指挥和引导调控体系,也是很重要的,必须注重规律的把握和本领的锻炼,确保反应是及时、迅速和有效的。

四、融媒体的大趋势

(一)新媒体的特征和规律

"新媒体"这一概念的诞生可追溯至1967年,当时由美国哥伦比亚广播公司技术研究所的领导人戈尔德马克首次提出,最初被设定为传统媒体的对立面,其定义是"基于现代数字技术、有别于传统媒体的传播媒介"。

新媒体的出现标志着传媒领域的一次重大变革,具有独特的特性和明显的区别性。其独特性不仅体现在技术层面,而且在传播方式和应用范围上有显著的差异。新媒体的三个主要维度——技术、传播和应用，共同构成了其定义和界限的基础。

1. 新媒体在技术上表现为"数字化"

数字化转型是指一个深刻的转换过程，即完全用数字化方式替换传统的模拟制式。这一过程依赖于计算机技术，将语言、文字、声音和图像等转换为数字格式，以便信息的交流和传播。"新媒体"便是这种转型的直接产物，通过数字化手段有效传播信息。在新媒体领域内，数字化技术扮演着基础角色，它通过数字网络技术赋予信息交流以新的特质；移动终端作为传播媒介的载体，其广泛普及为新媒体的应用提供了坚实基础，成为传递数字信息的实际工具；而现代通信技术是整个体系的支柱，通过滤波、编码、解码等多种手段，以电磁波、声波或光波形式，将信息从发送端传递到一个或多个接收端，从而实现信息的高效传播。

数字化技术以声音、图片、文字、视频等多种形式传播信息，使信息传播超越了时间限制，并在传播过程中实现了高度的互动性。在数字化技术的推动下，新媒体的形态日益丰富，涌现出网络电视、虚拟社区、博客、播客、搜索引擎等多种新型媒体形态，以及"简易聚合"等创新性应用。

2. 新媒体在传播上表现为交互性

新媒体的发展重塑了信息传播的范式，将其塑造成一个动态互动的领域。这种转变得益于新媒体技术的进步，特别是在实现媒介的可逆性方面，改变了信息的流动方式，促进了个体与社群之间的协同创造。与传统媒体的单向传递方式——从信息源至接收者形成鲜明对比的是，新媒体环境中的信息传播不再局限于线性的点对点或点对面的模式。相反，其呈现为一种双向的、非线性的互动流程。在这个互动的框架内，信息的接收者不再只是被动的接收端，而是可以积极参与信息的验证、反馈及再创造过程，这在传统媒介，如报纸阅读中是不可能实现的。在新媒体的多维网络中，各种信息源和接收者共同构建了一个复杂而立体的通信网络，其结构和功能标志着传播领域的一次根本性变革，使信息传播变得开放、互动和多元。

3. 新媒体在应用上表现为社交性

马克思曾深刻指出："人的本质不是单个人所固有的抽象物，在其现实性上，它是一切社会关系的总和。"如果抛开了社会属性或社会存在，谈论人的本质将变得毫无意义。社会交往作为人类社会性的重要组成部分，也是人们实际行动的一个关键方面。然而，随着技术的不断进步，人类之间的交往方式、内容和深度都经历了重大变革。哈贝马斯所提出的观点不同，他认为交往是"独立于技术的外部因素"。然而，事实是技术已经变成了不可或缺的交往要素。从古至今，技术一直在交往中扮演着重要的角色。在历史上，文字和印刷术等技术的发明推动了人类的精神交流和文明传承。而现代交通技术缩短了人与人之间的距离，增加了交往的频率，拓宽了交往的空间。互联网和信息技术的迅猛发展则彻底改变了人与人之间的交往方式，使得虚拟空间中的交往成为现实。新媒体基于互联网技术，彻底颠覆了人际交往的方式和内容，对人类及其生活环境产生了深远的影响。社交性是新媒体的一个重要特征，在新媒体构建的扁平化和个性化世界中，个体的主体性得到了强化，人际联系紧密。人际互动和深度交流在个体与组织之间得以展现，凸显了新媒体的社交性特质。

新媒体的蓬勃发展紧密依赖于大数据的积极推动。大数据的持续、迅猛发展深刻塑造着新媒体领域的面貌，已经被确立为新媒体发展不可或缺的基石。在内容形式上，传统系统缺乏视频和互动设计元素，更不具备深度挖掘内容数据的能力，也无法运用算法技术和专业编辑手段来筛选、分析和处理新闻，从而实现新闻的自动化生产。此外，传统系统在传播能力评估和传播策略调整方面，未能有效利用大数据进行深入分析和研究。展望未来，新媒体及其携带的内容将以数据为核心，通过数据的精心优化组合呈现给受众。新媒体致力于为用户提供个性化、人性化的互动界面，提供海量信息和个性化服务。

（二）互联网舆论格局的变化

新媒体的兴起已导致信息获取途径从传统电视和报纸转向多样的客户端平台。特别是年轻一代对这一信息渠道的依赖日益增强。新媒体之所以备受青睐，是因为它内容丰富、信息传播迅速的特点，也是因为其互动性，通过新媒体人们能够随时随地获取新闻，发表个人观点并积极参与评论互动。

1. 强化全媒体理念，加强互联网管理

秉着将传统媒体与新兴媒体的优势相互补充，实现一体化发展的原则，我们坚定不移地以尖端技术作为内容建设的支撑，以推动传统媒体和新兴媒体在内容创作、传播渠道、平台经营管理等各个层面实现深度融合为根本任务，致力于塑造多样化、技术先进、具备竞争力的新型主流媒体，旨在夺取舆论宣传的制高点。

互联网的影响范围不断扩展，因此监管工作也必须跟进到每一个角落，必须坚定地主张进行依法、科学、有效的管理，切实贯彻执行"两个所有"的原则，所有从事新闻信息服务、具备媒体属性和舆论功能的传播平台，必须被纳入依法管理的范畴。所有从事新闻信息服务以及相关行业的从业人员，应受到准入管理。

2. 争取舆论主导位置，精准判断，权威发声

在融媒体时代，主流媒体必须积极推动媒体融合，坚守发布真实准确信息的原则，实现资源与技术的共享。传统媒体行业经过多年社会考察和国家有效监管，已经积累了强大的品牌影响力，拥有新兴媒体无法替代的权威性和公信力。因此，当面临网络信息真伪难辨的情况时，传统媒体行业应迅速有效地发声，引导公众舆论朝着客观、正确的方向发展，占领舆论制高点，击退虚假信息，净化网络信息环境。

3. 重视自身建设，提高舆论引导能力

（1）提高新闻工作者的素质，适应融媒体的发展需求

在融媒体时代，高质量的内容创作必须依赖于卓越的人才。从业者应积极迎接新技术的挑战，包括H5虚拟现实、微视频、网络直播等，以突破传统纸媒的限制。从业者需要成为多才多艺的通才，运用新技术来打造全新的创作工具和方法。与此同时，从业者应坚守高度的职业道德和素养，对自己的工作负起责任，始终报道客观、真实的新闻，为社会发展营造积极的信息传播环境。

（2）创新新闻内容

在媒体融合时代，传统的电视和广播已经难以满足观众对信息的需求。只有通过生动有趣的新闻形式呈现第一手新闻内容，才能够吸引更多观众，扩大宣传深度，增加影响力，引导舆论发展。与此同时，相关从业人员还应具备融媒意识，不应简单地将传统媒体的新闻内容直接转载到新型媒体平台上。相反，他们需要对内容进行整编，以更具吸引力的方式呈现，使严肃的新闻亲近大众，通俗易懂，更好地满足受众在线获取信息的需求。

（3）突出亮点，强化舆论监督职能

传统媒体一直以来具有自上而下的信息传播特性，导致受众多数时刻沉默无声。然而，社交媒体如微信等平台为人们创造了前所未有的互动交流空间。随着数字化网络的蓬勃发展，个体在时间和空间上均能平等地表达个人见解，这就极大地提升了公众积极参与舆论监督的动力。网络的开放性和互动性使得个人观点在网络上迅速传播到相关政府部门，而这些政府部门对问题的回应方式和速度将直接塑造其形象。整个问题解决过程被置于公众的监督之下，这加强了舆论监督的效果，有助于解决实际问题。在媒体融合时代，主流媒体继续发挥其在舆论影响力方面的作用，积极参与舆论监督工作。与此同时，新兴技术和多元平台为公众提供了便捷的参与舆论监督的途径，从而提升了监管效果，推动了以媒体为核心的标准化舆论监督体系的构建。

（4）提高公众媒介素养，构建公共舆论领域

在当今新媒体迅猛发展的时代背景下，政府和相关机构必须重视提升民众的媒介素养，尤其是公众对舆论的识别与辨析能力。为此，网络舆论教育成为关键，强调对"新闻搭车"等现象的普及与教育工作。媒体机构也应致力于构筑一个开放的公共讨论空间，使得社会对话充分，意见交流顺畅。这样的环境能够促进舆论共识的形成，并确保信息在公共领域的及时透明发布。在个体媒介时代，只有全面、及时地公开信息，才能有效地掌控舆论动向。

（三）占领互联网主阵地

融合媒体的进化，受到了信息技术的进步、宏观经济趋势及媒介机构自身演变等众多元素的影响。随着新媒体的诞生及其扩张，我们迈入了一个划时代的社会阶段。在此背景下，融合媒体的进步不仅是新媒体迅猛增长的一个重要转折点，而且是促进信息科技与人类社会协调发展的关键因素。

1.产业融合驱动

在现代社会的语境中，媒体产业的演变必须与社会资源进行深度整合，以便捕捉更广阔的视野与机会。这一整合过程，特别是行业内部的信息交流和资源共享，构成了媒体行业发展的关键动力。一方面，媒体作为一个跨越多个行业的联结点，要想实现与社会资源的有效融合，就必须突破传统业务分割的壁

垄。这要求构筑一个多维、扁平化的开放式平台生态，利用媒体产业的固有优势，向相关产业的上游和下游扩展，进而形成一种"多元一体化"的媒体发展范式，建立起一个多方向辐射的产业网络。另一方面，产业之间的融合预示着媒体融合的未来趋势。在这一背景下，"中国媒体融合云"项目显得尤为关键。它围绕新闻业务的生产流程，汇集了诸多领先的媒体技术公司。其深远意义在于通过建立一个融合媒体的生态系统和全行业的传播矩阵，有效地加速了媒体融合的步伐，显著提高了我国媒体资源的利用效率。出版产业资源的整合，为塑造新媒体的形态提供了坚实的平台基础和数据支持。在一个以创新和开放为特征的多产业融合背景下，新媒体正在逐步适应当前的社会发展格局，并在此过程中寻找其发展的具体方向。

2. 人力资源支撑

在当今多元化的媒体时代，融合媒体的发展对人力资源的质量与规模提出了更高标准，全面且分层的媒体人才构架成为发展的核心基石，只有当媒体专业的人才积极参与其中时，媒体的融合才能实现更为稳健且充满创新活力的发展。在媒体领域内，具备新媒体技术技能和传媒业务知识的专业人士，如计算机技术人员、数据工程师及媒体从业者等，通过共同努力，实现了人力资源的和谐发展，并推动了媒体的融合。为实现行业的健康长远发展，构建一个创新型的媒体专业人才培养体系是必不可少的。在高校中，媒体人才的培养过程应充分利用行业融合的趋势，为年轻人才提供实践的机遇和发展的平台，确保媒体产业人力资源质量稳定提升。此外，在媒体融合的时代背景下，新闻从业人员的职业素养成为人力资源管理的一个重要考量因素。在这个方面，必须加强对从业人员职业素养的监督和评估，并建立一个长效的考核机制，以确保媒体融合的平稳健康发展。

3. 媒体平台联动

当今社会，传统媒体凭借其庞大的信息资源库，成为新媒体发展的关键资产。通过采用多样化的新闻采访技术与高效的媒体运营策略，大量信息资源得以转化，被用于深度探究社会的各个领域。通过多媒体平台的协同作用，构筑了一个全面的媒体发展策略，实现了媒体发展的价值，促进了媒体产业的整体升级。媒体的多种形态，利用其各自的传播优势，通过大规模的操作模式，促进了不同媒体形式之间的融合，适应了多元化社会经济环境下的创新需求。自媒体平台如微博、微信和短视频平台的流行，促进了传媒行业的整体发展，而且通过整合政府官方传媒信息，传播积极的社会价值观，成为媒体平台互动发展的关键方向。此外，媒体平台的联动发展有助于激发产业发展的活力，促进行业人才的稳定成长和专业技能的提升，从而有效推动媒体行业的创新发展。在确保媒体发展活力的基础上，深化媒体融合程度，提升产业转型效率，已成为融媒体发展的重要途径。

第三节 融媒体的概念与特征

一、融媒体的概念

互联网时代也是一个媒体时代，互联网的出现让媒体进入一个前所未有的时代场景中。许多非新闻工作者摇身一变成了"媒体人"，他们利用互联网平台，打造属于自己的媒体，这种媒体就是人们常说的自媒体。还有一些新闻组织改变了传统媒体传播的方式，利用互联网平台打造新媒体。不管是什么形式的媒体，都具有自己的特点。如今，一种"资源通融、内容兼容、宣传互融、利益共融"的新模式——融媒体模式逐渐形成。

当今时代，"融媒体"这一概念引起了广泛关注。具体而言，融媒体是指将广播、电视、报纸、互联网等多种传媒工具与平台，通过共同之处与各自独有的特征相结合，以此创建一个强大且影响深远的传媒生态系统。

（一）融媒体是资源通融

如何理解"资源通融"呢？当代社会的媒体资源之丰富性，涵盖广播、电视、报纸及网络媒体等众多形态，尽管它们在传播方式上存在差异，在核心"特性"方面却是共通的。若能有效实现这些媒体渠道的整合，即"资源通融"，将极大增强媒体的集体影响力。然而，实现这种资源整合绝非易事，它涉及企业和组织在人力资源配置上的复杂考量。

（二）融媒体是内容兼容

为了确保多媒体平台的"融合"特性得到充分展现，内容的兼容性很重要，只有在内容相互兼容的情况下，才可能实现"1+1>2"的协同效应，否则不仅无法达成此效果，反而可能拖累媒体组织的效率，并提高运营管理的成本。内容的兼容性涉及多个层面。有观点提出疑问："互动型媒体与内容型媒体是否能够实现兼容？它们不是相互对立的吗？"实际上，互动型媒体并非在内容上存在不足，同样，内容型媒体缺乏"互动"特性并不会影响其内容的传播力，两种媒体形式是可以相互结合的。因此，许多媒体从业者成功地将这两种形态的媒体融为一体，发布的内容既有互补性又有兼容性，达到了预期的融合效果。

（三）融媒体是宣传互融

对于企业来说，维护宣传内容的一致性很重要，若在不同类型的传媒平台上发布不同的信息，或者未能将各媒介有效串联，便可能导致宣传效果的分散。以保险公司为例，无论是通过自媒体、电视广播还是纸媒，均需集中资源对特定保险产品进行积极宣传。在当前的融合媒体环境中，必须实现媒体之间的相互融合，并聚焦优势资源，以实现各种媒体的有效链接。只有通过这种媒介融合的宣传策略，才能扩大传播效果，形成所谓的"喇叭"效应。对于企业而言，无论是产品推广、品牌建设，还是口碑营造，都需依赖于融合媒体的力量，以改变公众的观念和思维模式，乃至引领全新的生活方式。

（四）融媒体是利益共融

融合媒体的实质能否催生经济效益？这个问题的答案显然是肯定的。在自媒体的领域内，内容创作者通过策划和发布原创内容，传播其个人观点和态度，能够产生显著的财富增长和经济利益。类似地，在新媒体的范畴中，众多广告公司利用这些平台的传播力量，来提升对其"P（知识产权）"的关注度，并由此获得经济收益。融媒体的特点在于它集合了多种媒体形式的优势，不仅能够实现超过"1+1＞2"的传播效果，而且在经济利益上能达到一种互利共赢的状态。融媒体的运作模式尽管与其他媒体有诸多相似之处，但其核心优势在于其综合效应。当媒体从业者达到一定的专业技术水平，掌握了精湛的运营管理和设计布局技能后，他们就能将不同类型的媒体有效整合，从而产生一种经济利益的共振效应，并实现利益的最大化共融。

媒体融合不仅是一种理念，更体现为一种创新的实践。我们生活在一个不再局限于单一体系的"垂直"结构中，即步入了一个"平行"时代，这个时代的特点是东西方文化的相互渗透影响了所有领域。在这样的背景下，虽然"垂直"结构的媒体具有其专业性，但"平行"结构的媒体强调了资源的高效整合与利用。这种平行结构使媒体力量能够突破传统边界，达到"蓝海"效应，从而有效避免信息孤岛的现象。在全球范围内，约有90%的世界500强企业建立了自己的融媒体中心，提升了企业的宣传效果，为企业带来了显著的经济与社会效益。

二、融媒体的特征

融合媒体的兴起，不仅改变了个体的生活习惯，也重塑了企业在"宣传"领域的新局面。面对困境的企业或机构，常常思索如何实现"破局"。要达到这一目标，寻求外部助力是关键。外部助力形式多样，而融媒体便是其中的一种，能够为企业或组织提供必要的支持，助其突破难关，走出逆境。

融合媒体实现了传统媒体与新媒体特点的融合，并将二者结合起来，形成强大的联合力量，以推动企业和组织的宣传。融合媒体拥有以下几个显著特征：

（一）打破单一的媒体模式

融合媒体展现了多样化的特性，传统纸媒的局限性在于其只能在"纸"这一媒介上展现，而电视媒体被限制在"电视信号"或"电视"范畴内。过去，缺乏报纸意味着人们无法接触其上的新闻内容；如果周围没有电视设备，人们观看电视节目也变得不可能。然而，融媒体通过整合电视、报纸和新媒体（如网络）等多种形式，成功打破了这种"孤岛效应"，并且摒弃了传统的单一媒介模式，实现了对传统界限的突破。

（二）相互渗透、影响

在探讨融媒体的本质时，核心概念在于"融"字的深层内涵。此"融"是指多种媒体形态的交融与融合，它们通过相互渗透和相互影响，共同构建出一种强大的融合动力。实际上，为了高效地传播某项信息，多元化的平台成为必需，这正是融媒体应运而生的关键动因。此外，各个媒介间的相互借助与协同作用，不仅产生了集体的凝聚力，而且对信息传递的"信号"再次进行了扩散和增强。

（三）高效率

在当今信息时代，新闻的传播方式正在经历深刻的变革。传统媒体，如报纸，其信息传递路径经历了从采集、编辑到排版和印刷的多个环节，这一过程无疑是耗时且效率不高的。具体来说，新闻工作者在完成从采集到排版的各个环节后，还需等待印刷与发行。因此，传统媒体在信息传递的速度上显得相对缓慢，导致公众往往无法即时获取最新消息。相比之下，融媒体呈现出截然不同的特性。它利用互联网技术，彻底改变了新闻的传播模式，实现了信息的即时传递，以至于其速度可以用"秒发"来形容。这种媒体平台使得接收者能够迅速接触到第一手资讯，并在此基础上做出及时反应与判断。融媒体的这种高效率和快速响应的特点，正是其在互联网时代最为显著的优势。

（四）个性定义

融媒体具有独特性，既区别于传统媒体的庄重特质，又不同于部分自媒体般轻松。此类媒体融汇了各式媒介的优势，既能展现严肃性，又能提供娱乐内容，并根据企业机构的定制内容进行专属的设计调整。例如，当权威信息通过这种个性化的设计处理后，更有可能被广泛的受众群体所接纳和理解。

（五）消除媒体与群众的边界

传统媒体与大众之间似乎存在一种隐性隔离，仿佛属于两个不同的维度。新闻节目的主持人，似乎永远局限于电视屏幕之内，而我们观众恒久处于屏幕之外，这就恰当地揭示了传统媒体与公众之间的一种疏离感。相对而言，融媒体的出现则打破了这一模式，它不仅消弭了媒体与公众之间的界限，还将内容发布的自由度与个性化推向了新的高度。在融媒体时代，每个人都有机会成为媒体的传播者，媒体工作者不再限于特定的群体。可以说，融媒体宛如一把锋利的铲子，铲除了传统媒体的围栏，使得媒体与公众实现了真正融合。

（六）开放、互动

在当前信息化浪潮下，融媒体成为一种不可逆转的发展趋势，其功能和影响力远远超越了任何一种孤立存在的传统媒体形式。与此形成鲜明对比的是，传统媒体往往陷入一种"半开放"甚至"封闭"的状态，它们与"互动"的概念尚有一段距离。相对而言，融媒体展示出开放和包容的特质，不仅为互动交流提供了广阔空间，更促使用户积极参与。正是这种开放性和互动性，赋予了融媒体以制造"羊群效应"的能力，使其传播力量持续增强。

第四节 融媒体的形成基础

一、技术基础

（一）技术的提高和更新可以推动媒体形态的发展

1. 传播技术的主要变革

传播技术的变革是媒体融合形成的重要推动力。在过去几十年里，传播技术的主要变革涵盖从模拟到数字、从线性到网络、从单一媒体到多媒体、从单向传播到双向互动等方面的变化（图1-5）。

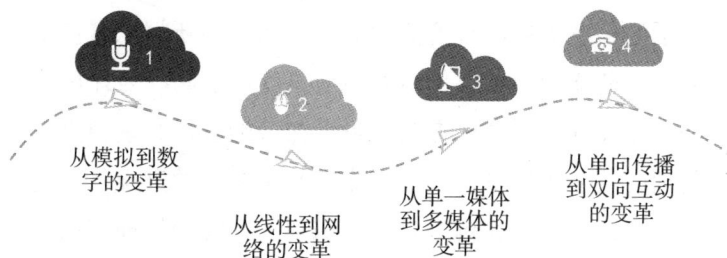

从模拟到数字的变革

从线性到网络的变革

从单一媒体到多媒体的变革

从单向传播到双向互动的变革

图1-5 传播技术的变革路径

从模拟到数字的变革：模拟技术是早期的传播技术，如电视和广播等，它们通过模拟信号传输信息。随着技术的进步，数字化技术应运而生，如数字电视和网络电视等，它们以数字信号传输信息，提供了更高质量的图像和声音，同时也使得信息的存储和传输变得更加便捷①。

从线性到网络的变革：早期的传播方式多为线性模式，即信息源通过媒介传递给接收者，接收者在这个过程中只是被动接收信息。随着互联网的广泛应用，信息的传播方式变得越来越网络化，接收者不仅可以接收信息，还可以反馈信息，甚至参与信息的生产过程，这极大地增强了信息的交互性。

从单一媒体到多媒体的变革：过去，传播通常依赖于单一的媒介，如报纸、电视、电台等。然而，随着计算机技术和网络技术的发展，多媒体技术逐渐成为主流，文字、声音、图像、视频等多种媒介形式可以同时应用于信息的传播，这极大地丰富了信息的表现形式和接收体验。

从单向传播到双向互动的变革：传统的传播方式大多为单向传播，即从信息源到接收者的单向流动。网络时代，信息的传播变得越来越双向互动，接收者可以直接对信息进行反馈，形成丰富的信息交流和分享，这使得信息传播更加快速和广泛。

2. 影响媒体变革的技术创新

（1）信息处理技术

在媒体融合中，信息处理技术包括计算机处理、数据分析、云计算、人工智能（AI）等技术。计算机处理技术的飞速发展使得大量的信息可以快速得到处理和整合。尤其是高速处理器和大容量存储设备的应用，为信息的存储、检索和处理提供了可能，使新闻报道、分析、制作等工作效率大幅提高。大数据分析技术在海量的信息中提取有价值的信息，能帮助新闻工作者发现新闻事件背后的复杂关系，还能为他们提供新的新闻角度和话题。云计算技术解决了信息存储和处理的瓶颈问题，还使得信息可以在云端进行共享和协同处理，从而提高了信息处理的效率和质量。人工智能（AI）技术的进步，尤其是机器学习和深度学习的应用，使得计算机可以自动识别、理解和处理信息，甚至进行创新性的信息生成。例如，AI新闻写作机器人可以自动产生新闻稿件，这大大提高了新闻生产的效率。

---

① 刘宇浩. 新闻传播视域下对技术变革影响的探究 [J]. 新闻研究导刊，2020（2）：2.

（2）信息传输技术

在信息传输技术的发展过程中，尤其是互联网和新兴的通信技术的进步，为信息传输带来了革命性的变化。互联网是信息传输技术的一次巨大飞跃，其基础协议 TCP/IP 提供了在全球范围内传输信息的可能。从宽带到光纤，再到现在的无线网络，互联网的传输速度和容量都在不断提高，使得用户可以在任何地方获取到信息。移动通信技术经历了从 2G、3G 到 4G，再到现在的5G 的发展过程，特别是 5G 技术，其超高的传输速度（峰值速率可达到每秒10Gb）、低延迟（延迟可以低至 1 毫秒）和大连接（可以连接百万级设备）等特性，为新型媒体应用如虚拟现实、增强现实、无人驾驶等提供了可能。光纤通信技术利用光纤的特性，能够在很长的距离内传输大量的数据，且传输速度快、损耗小、干扰少。这些信息传输技术的发展，使得信息可以在瞬间跨越地理空间，传输到全世界的任何一个角落，大大推动了媒体融合的进程。

（3）网络技术

网络技术特别是社交网络、移动网络、云计算等新兴网络技术的发展，使得信息的获取、处理、传播和反馈变得更为便捷，为媒体融合提供了强有力的技术支撑。在社交网络上，每一个用户都可以成为信息的发布者，这打破了传统媒体的信息发布垄断，让信息传播变得广泛和深入。随着 5G 时代的到来，信息的传输速度和质量都得到了极大提升，这使得包括视频、VR/AR 等在内的多媒体内容的传播成为可能，为媒体融合的发展提供了新的方向。云计算技术可以帮助媒体机构实现精准推送，提供个性化的内容，还可以通过用户行为分析和预测，优化媒体的内容生产和服务提供。此外，云计算也使得媒体机构无须自建昂贵的硬件设施，就可以实现全球范围内的内容分发和服务提供，这大大降低了媒体运营的成本。网络技术的创新不仅推动了媒体形态的变迁和媒体融合的发展，也提供了媒体创新和发展的强大动力，并且正塑造着媒体的未来。

（二）传播技术的提高和更新可以产生新的媒体形态

传播技术的提高和更新有助于新的媒体形态的产生，主要体现在从传统广播电视向数字广播电视的转变、从报纸杂志向在线阅读的转变两方面。一方面，随着数字化和网络化的发展，传统广播电视正逐步向数字广播电视转变。数字广播电视采用数字信号传输，比传统的模拟信号传输方式具有更高的传输效率和画质，而且可以通过互联网进行传输，实现全球范围内的无线覆盖。数字广播电视的接收设备也从传统的电视机转变为可以接收数字信号的电视机、电脑、手机等设备，极大地扩大了用户群体和使用场景①。另一方面，网络技术的发展和普及使得报纸和杂志的阅读方式在发生改变。在线阅读，无论是通过网页浏览器，还是通过专门的新闻阅读 App，都为人们提供了方便和快捷的获取信息的途径。这种转变也使得新闻内容可以实时更新，满足了人们对实时信息的需求。从某种程度上看，互联网还为报纸和杂志的内容形式提供了更大的发展空间，如音频、视频、交互图表等多媒体内容的添加，使得新闻内容更加丰富和立体。可见，新的媒体形态不仅在提高信息传播的效率和效果上发挥了积极作用，而且在满足人们日益多样化的信息需求上起到了关键的推动作用。

二、经济基础

（一）规模化生产促进内部整合，降低经营成本

规模化生产是通过整合媒体资源和平台，实现媒体内容生产和分发的规模扩大，以达到降低单位成本的目的。传统报纸、电视、广播和网络媒体等不同媒体类型，通常分别进行内容生产和分发。但在媒体融合趋势下，为了实现内部资源的优化配置和效率提升，要求各类媒体共享内容资源，共同进行新闻采编和传播。例如，一则新闻报道可以在报纸上刊登，也可以在电视、广播和网络媒体上播发，这就降低了重复生产的成本。并且媒体企业在规模化生产背景下，可以将固定成本分摊到更多的产品上，从而降低单位产品的成本。例如，一台高昂的摄影设备的成本，如果只用来拍摄一部作品，则其单位成本极高；但如果用来拍摄多部作品，那么每部作品所分摊的设备成本就会大大降低。从某种程度看，规模化生产的媒体企业可以提供丰富和全面的内容，满足不同受众群体的需求，增强自身在市场上的竞争力，从而吸引更多的广告商和合作伙伴，提升经济效益。

（二）专业化发展，提高信息产品质量

在媒体融合的形成过程中，专业化发展在提高信息产品质量方面发挥了关

---

① 赖浩锋 . 数字移动电视的传播优势与市场前景 [J]. 广播电视信息，2005（4）：3.

键作用，展现了极大技术性价值。专业化发展的主要思路是将媒体生产过程分解成若干个独立的环节，每个环节都由专门的团队或个人来完成，以确保每个环节都得到充分的关注和专业的处理，从而提高信息产品的整体质量。专业化发展的特点是，媒体机构会专注于一个或几个特定的领域，如科技、经济、文化或者体育等，提供深度的、专业的内容。这种转变可以更好地服务于特定的受众群体，也能够帮助媒体机构在激烈的市场竞争中找到自己的立足点，形成独特的竞争优势。除此之外，由于专注于特定的领域，媒体机构可以投入更多的资源和精力进行深度报道和研究，从而产生高质量的新闻和信息产品，也能提升媒体机构的品牌影响力和市场地位。

三、受众基础

（一）受众信息密集化的需求，要求传媒企业大规模生产

在信息爆炸的时代，每一个角落充满了各种信息，如新闻报道、科技进展、社会事件、娱乐资讯等。信息对于人们来说是认知世界、开展工作、娱乐休闲的重要来源，因此。人们对信息的需求呈现出一种空前密集态势。受众信息密集化的需求是指现代受众对信息的需求越来越高，对信息的获取、处理、理解和利用的要求越来越密集。这种需求源自社会的发展以及科技的进步，使得受众可以通过各种手段获取各类信息，也使得受众对信息的需求多样、密集。在信息密集化的趋势下，传媒企业必须借助现代科技，利用大数据、人工智能等技术提高生产效率，实现大规模生产。与此同时，在信息密集化的需求下，只有能提供高质量、多元化内容的传媒企业才能在竞争中脱颖而出。这就要求传媒企业不断提高生产效率和内容质量，以满足受众信息密集化的需求。受众信息密集化的需求是媒体融合的重要驱动力，而媒体融合也正是对这种需求的一种响应。

（二）受众分众化的需求，要求传媒企业提供特色信息服务

受众分众化的需求是指受众群体在兴趣爱好、生活方式、消费习惯、社会认知等方面的差异化趋势。由于社会的发展和科技的进步，受众的信息需求和接受能力都发生了显著变化，不同的受众群体对信息的需求越来越具有特色和个性。这就要求传媒企业提供更具针对性和特色化的信息服务，因为只有这

样，才能有效满足分众化的受众需求。换言之，传媒企业不能再像以前那样一刀切，只提供一种形式的信息服务，而是需要深入研究各类受众群体，理解其需求和偏好，然后根据这些需求和偏好提供定制化的信息服务。以数字媒体为例，不同年龄段、不同社会阶层、不同兴趣爱好的人群，对信息的需求有着显著不同，比如年轻人可能对时尚、娱乐、科技等信息有更高的需求，而中老年人可能对健康、教育、生活服务等信息有更高的需求。对此，数字媒体需要提供多元化的内容，以满足不同受众群体的需求。

（三）受众多样化的需求，要求传媒企业提供全媒体信息服务

全媒体信息服务是指传媒企业需要在不同的媒体平台，包括传统的电视、广播、报纸，以及互联网、社交媒体、移动应用等上提供内容和服务，以适应受众在不同场合、不同设备上获取信息的需求[①]。每个人都有自己的兴趣点和信息需求，有的人可能对政治新闻感兴趣，有的人可能喜欢了解最新的科技发展，还有的人可能关注娱乐和生活方式的新闻。这就要求传媒企业必须拥有广泛的新闻来源，且必须拥有各种类型的新闻报道技术，以便能够对不同类型的新闻进行深度的挖掘和精准的报道，以满足这些不同的需求。随着社会和科技的发展，人们的信息需求也在不断变化。例如，十年前大多数人可能还不了解区块链和人工智能，而现在这些已经成为很多人关注的焦点，受众的这种变化意味着传媒企业需要不断跟踪新的发展趋势，并能够快速对新的话题进行报道。除此之外，受众获取信息的场合也正在发生变化[②]。在传统的媒体环境下，受众获取信息主要在特定的时间和地点，比如在家中看电视新闻、在公司阅读报纸等。然而，在现代的媒体环境下，由于移动设备的普及和移动网络的发展，受众可以在任何时间、任何地点获取信息，比如在公交车上通过手机阅读新闻、在咖啡店通过平板电脑看电影、在公园通过智能手表听广播等。新的获取信息的场合使得受众可以在满足信息需求的同时，更好地享受生活。

---

① 何新华. 受众取向与分众化电视媒体的品牌经营 [D]. 厦门：厦门大学，2006：12.

② 李瑞，李文晋. 电视媒体发展趋势的探讨 [J]. 新闻前哨，2014（10）：2.

第二章 新闻传播的基础理论

第一节 新闻传播的概念与结构

一、新闻传播的概念

（一）新闻

1. 古代新闻用语考辨

在中国古代文献中，"新闻"一词最早见于《新唐书》。在这部作品中，唐朝文学家孙处玄曾经阐述："尝恨天下无书以广新闻。"①孙处玄所说的"新闻"在这里泛指当时社会发生的诸多事件及其传闻和谣言的记载。《全唐诗》中多次提到了"新闻"这一概念。以李咸的作品为例，也在《春日喜逢乡人刘松》中写道："旧业久抛耕钓侣，新闻多说战争劝。"在《冬夕喜友生至》中，李咸表述道："天涯行欲遍，此夜故人情。乡国别来久，干戈还未平，灯残偏有焰，雪甚却无声。多少新闻见，应须语到明。"②这些诗作中的"新闻"是指当时战乱中人们口耳相传的消息和谣言，代表了新闻在广义上的原始形态。

在探究古代文献对"新闻"这一术语的内涵时，可以观察到，其含义远远超出现代对新闻的理解，涵盖了广泛的领域。例如，古代文献中"新闻"的应用通常包含民间故事、宫廷秘闻等元素，其核心特征是强调信息的"新奇性"。唐代学者尉迟枢在著作《南楚新闻》中，将"新闻"定义为作者收集的各类

---

① 欧阳修，宋祁. 新唐书 [M]. 长春：吉林人民出版社，1975：654.

② 彭定求，等. 全唐诗 [M]. 扬州诗局刻本，1705—1707：12—32.

传说与故事，基本以奇闻怪事的形式呈现，其中"新"是指"奇异"。[①]此外，宋代学者赵升在《朝野类要》一书中也提及了"新闻"一词。他在书中描述："有所谓内探、省探、衙探之类，其信息多属私下小道消息，往往被严格禁止泄露，因此被暗地里称为'新闻'。"[②]在这种语境下，所谓的"新闻"实际上是指宫廷及其相关机构内的流言蜚语。

随着历史的发展，特别是在明清时期，"新闻"在知识分子和官员的日常用语中逐渐流行起来。例如，在曹雪芹创作的杰出文学作品《红楼梦》中，角色们经常会在对话中提到"新闻"，这里的"新闻"通常是指在社会中广泛传播的新奇或罕见的事件。

2. 西方新闻概念溯源

《牛津词典》将"新闻"定义为"关于最近发生的事情的新信息"，强调了新闻信息的时效性和新颖性。在英语语境下，"新闻"这个词源于14世纪，最初作为"new"（新的）的复数形式使用。19世纪90年代，杰西卡·加雷特森·芬奇在巴纳德学院教学时创造了"current events"（当前事件）这个短语。在广泛的西方语境下，新闻和新闻业的概念拥有丰富的历史。新闻业被定义为新闻及相关评论和特色材料的收集、准备和分发，这一定义随着时间的推移而显著演变。最初，"新闻业"仅应用于印刷形式，尤其是报纸上的当前事件报道，但随着20世纪广播、电视和互联网的出现，这个术语的使用范围扩大到包括所有与时事相关的印刷和电子传播形式。最早已知的新闻产品是在古罗马流传的"Acta Diurna"（日常公告），可追溯至公元前59年，记录了重要的日常事件，如公共演讲。自1609年起，在德国城市和安特卫普出现了第一批定期出版的报纸。1622年，第一份英文报纸新闻周刊出版。1702年，第一份日报每日新闻出现。

历史上，新闻报道受到政府审查、税收和其他限制的影响。到了18世纪，报纸开始享有更多的报道自由，这一趋势一直延续到今天。报纸需求之所以增长，部分原因是识字率的提高和印刷技术的进步。自17世纪起，杂志开始刊登关于时事的观点并形成文章，这标志着新闻业的另一重要演变。19世纪和20世纪见证了新闻业专业化意识的增长，这一趋势受到工作记者的组织、专业

① 尉迟枢. 南楚新闻 [M]. 北京：文学古籍刊行社，1956：1.

② 赵升. 朝野类要 [M]. 王瑞来，校. 北京：中华书局，2007：156.

教育、大众传播历史、问题和技术的文献，以及记者的社会责任感的影响。这种专业化随着专业培训和新闻报道及报纸运营的复杂性加强，就要求记者需要在特定领域（如政治事务、商业、经济和科学等方面）受过教育。19 世纪末 20 世纪初，新闻业对社会责任的关注显著增长。

（二）传播

1. 共享说

共享说是传播理论的一个重要方面，其核心在于传播是信息在传递者与接收者之间的共享过程，这个观点在传播学的发展史上占有重要地位，特别是亚历山大·戈德（Alexander Gould）和威尔伯·施拉姆（Wilbur Schramm）在研究中均进行了详细阐述。戈德认为传播是将原本属于个体或少数人的信息转变为两人或更多人共有的过程。在这个视角下，传播的本质是共享，而不是简单的信息传递，涉及信息的开放性和互动性，即信息从一个人转移到另一个人而变得共有。施拉姆则提出了一个更为简洁的定义，他认为传播是对一组告知性符号采取同一意向，强调了传播中符号的作用，即通过语言、文字、图像等符号来实现信息的共享。施拉姆的理论指出，这些符号不仅承载着信息，还包含其背后的文化和社会意义。

在现实生活中，"共享式"传播的例子无处不在。例如，社交媒体是共享式传播的典型案例，在平台（如 Facebook、Twitter 或 Instagram）上，个人和组织共享新闻、观点、经验和感受，这些信息不再局限于个体，而是变成了网络社群的共有资产；维基百科是基于共享知识的在线百科全书。用户可以编辑和贡献内容，将个人知识转化为公共知识库的一部分，实现信息的共享和积累；TED 演讲通过分享观点和故事，演讲通常由专家在特定领域进行，旨在传播创新思想和见解，促进知识和灵感的共享；开源软件项目如 Linux 或 Apache，是基于共享和协作的编程实践，开发者共享他们的代码和技术，以共同改进软件和技术解决方案。

2. 影响（劝服）说

影响（劝服）说认为传播是以信息传递者为中心，强调传播行为本身是传递者对接收者施加影响的一种手段。在影响（劝服）说中，传播不是简单的信息交换，而是一个复杂的过程，旨在影响接收者的态度、信念和行为。传播者利用各种策略和技巧，如情感诉求、理性论证、信誉建立等，来劝服或影响接受者，可以应用于广告、公关、政治宣传、教育和个人交流等多种场合。不同于仅仅传递信息的观点，影响（劝服）说认为传播行为是有目的的，即改变接收者的认知、态度或行为。传播者通过精心设计的信息和策略，试图在接收者心中形成特定的影响，促使其采取某种行动或改变其原有的看法。与此同时，传播行为的效果往往取决于信息的呈现方式、传播者的可信度，以及接收者的接受程度，有效劝服不仅需要逻辑严谨、情感充沛的信息内容，还需要考虑如何通过合适的渠道和方式传达信息，以及如何让信息更容易被接收者接受和理解。此外，虽然传播者试图影响接收者，但接收者并非被动接收信息。他们通过自己的过滤器，如个人信念、价值观、经验和期望，来解释和理解信息。因此，有效劝服通常需要考虑接收者的背景、需求和期望。

3. 符号（信息）说

在中国学术界，符号（信息）说这一理论获得了广泛支持，并且在传播学的范畴内被赋予了深刻而广泛的内涵。根据这一理论，传播可以被广义地定义为系统间的信息传递行为，涵盖了系统本身以及系统之间的相互作用。同时，传播可以被狭义地理解为个人间的信息交流，包括个人自身与个体之间的相互作用。从广义的角度来看，符号（信息）说认为传播是系统间信息交换的行为，这里的"系统"可以是社会结构、组织、文化群体或任何形式的集体实体。在这个层面上，传播涉及的不是简单的信息传递，而是系统内部以及系统间复杂的信息，如文字、语言、图像、声音和行为模式流动与交换过程。在此框架下，信息被视为连接不同系统的纽带，是系统维持和发展的基础。从狭义的角度来看，符号（信息）说将重点放在个人间的信息交流上。在这里，传播被视为个体之间分享、交换和理解信息的过程，包括个人自身的思想表达和与他人的互动交流。符号是表达和理解信息的基本工具，在这个过程中起到关键作用。个人通过使用语言、肢体语言和其他形式的符号来表达自己的想法和情感，并通过解读他人使用的符号来理解对方的信息。

4. 互动说

互动说在传播理论中占据重要的位置，强调信息传达过程中的双向性和相互影响，涵盖信息的相互传播，不仅适用于人类之间的沟通，而且可以扩展到广泛的领域，包括动物、植物乃至微生物之间的交流，甚至涉及机器和人工智能系统的交互。互动说的核心在于信息传递不是单向的，而是一个动态的、双向的过程。在这个过程中，信息的发送者和接收者不断交换角色，通过反馈和调整不断塑造和重塑信息内容，使得传播过程成为一个复杂的系统。其中，每个参与者既是信息的创造者又是消费者。

在人类社会中，互动性体现在日常对话、社交媒体交流、商务会议等多种场合。例如，在社交媒体上，信息的传播不仅仅是从一个用户到另一个用户，更是一个多方参与、互动反馈的过程，用户之间的互动，如评论、分享和点赞，都是信息传播的一部分，共同构成了一个复杂的传播网络。

在广泛的生物层面上，互动性同样可以被视为一种信息传播方式。例如，动物通过各种声音、体态和气味来交流，这些交流方式不仅能传递信息，还能影响其他动物的行为。植物也通过化学信号来与其他植物、动物甚至微生物交流，以获得生存优势。

在人工智能和机器交互领域，互动性发挥着关键作用。机器学习和人工智能系统通过与人类用户的互动学习和适应，来更好地服务于人类。这些系统通过收集用户反馈来改进其算法，使信息传递过程变得高效和个性化。

5.过程说

过程说的核心在于强调信息传播的完整性和连续性，这一理论认为有效的传播不仅需要有一个明确的开始和结束，还要求传播的效果能够显现出来。

在大众传播领域中，专业传媒利用广泛、快速、连续的媒介来传递信息。这种传播过程的目的不仅仅是简单地传递信息，更是要将这些信息与庞大而多元的受众群体的需求与期望相结合。专业传媒旨在以多种方式对受众产生影响，无论是改变他们的看法、影响他们的行为，还是增强他们对某一主题的了解。

然而，若传播过程中缺乏必要的要素，比如准确的信息、有效的媒介渠道，或是受众的积极参与，或是遇到中断和阻碍，技术问题、审查制度，或是受众的抵触情绪，这些因素都可能妨碍正常的传播活动，并阻碍传播发挥其特定功能。在这一情况下，信息可能不会被有效传达，或者其传达的效果会大打折扣。因此，过程说勾画了信息传播的路径，明确了传播研究的核心元素——信息的生成、传递、接收，以及受众的反应，强调了传播不仅仅是信息的单向流动，更是一个涉及多个参与者和因素的复杂过程，参与者和因素共同影响着信息传播的效果。

（三）新闻传播

新闻传播的概念在学术和专业领域中有着广义和狭义之分。在广义上，新闻传播包括所有发表在报刊、广播、互联网和电视等媒介上的信息内容，不局限于传统意义上的新闻报道，扩展了新闻的范围，包括多种不同类型的文本和内容。具体来说，其包括消息、通讯、特写、速写等不同形式的文本。消息是指简明扼要地报道最新发生的重要事实。通讯是对某一事件或主题的详细报道。特写通常聚焦于特定的人物、事件或现象，提供深入的分析和描述。速写则是快速描绘某一新近事件的方式，有时也被视为特写的一种形式。在狭义上，新闻传播更多的是指消息的传播。其强调新闻的基本特性，即迅速及时地报道新近发生的、有价值的事实。消息作为新闻传播的核心，通常采用概括性的叙述方式，用简明扼要的文字来传递信息，确保信息的传播既快速又准确，目的是让一定的人群了解发生的事件，及时获取重要的信息，并对其进行相应的反应或决策。

不论是在广义还是狭义上，新闻传播都承担着向公众传递信息的重要职责，它不是一个简单的信息传递过程，而是涉及信息的选择、处理、呈现和解读，这些过程共同决定了信息对公众的影响和价值。随着媒体形式和技术的发展，新闻传播的方式和手段也在不断演变，但其核心目的——有效地传递有价值的信息给公众，始终没有改变。新闻传播在塑造公众意见、引导社会讨论，以及促进信息的透明和开放等方面，扮演着重要角色。

二、新闻传播的结构

（一）新闻的形态

在新闻学中，"新闻的外在表现与内在含义"是构筑新闻形态的关键要素，该概念涵盖了新闻事件本身的特质。新闻形态的多样性体现在多个维度，如事实的取向、新闻的种类，以及采用的不同视角。这些元素融汇形成新闻报道的立体结构，赋予新闻以两种主要的表现形式：一是标准化新闻，作为一种结构化实体，向受众展示了有序、明确的经过精心编排的事件。这类新闻通常通过层次分明的报道结构，如标题、引言、正文等，将翔实的事实有序地呈现给受众，旨在向受众传递清晰的信息，帮助受众理解事件的起因与进程。二是非标准化新闻，相比之下，它打破了传统新闻的格式框架，不必遵循固定的报道结构，不必拘泥于特定的标题或引言，而是以更灵活的方式呈现事实，信息的展示形式随机且自由，围绕一个主题或观点展开，其报道往往将事实陈述与深度分析交织在一起，以揭示新闻事件的深层含义，比如深度报道等形式。

新闻报道呈现出多种不同的模式，这些模式影响着信息的传达和观众的理解。以下是几种新闻形态形成的模式的描述：

1."时序展示主题"模式

在该模式下，无论新闻的类型如何多样，其核心均建立在记者对事件实质的阐述之上。"时序展示主题"模式从最近的时间节点起始，逐步追溯事件的发展脉络，凸显了时间的连续性，使得受众能以清晰的视角，理解和把握事件的逐步演进。

2."材料比较积累"模式

"材料比较积累"模式着重于采用丰富的材料搜集，以强化主题阐述。在新闻报道的框架内，记者汇聚众多事实与信息，围绕核心主题展开材料的积聚及对照，目的是以一种客观的手法展现主题的重要性与复杂性。

3."话语突显"模式

在"话语突显"模式下，媒体报道采用一种策略性的强调机制，借由精心挑选关键词语来凸显事件的独特属性并阐释核心议题。记者运用强有力的语汇来阐述关键信息，其目的在于吸引读者的注意力，促使其深入探究主题。

4."线性事实展示"模式

"线性事实展示"模式重点在于阐述事实是如何逐步演进的。它从一个特定的时空坐标开始逐步展开，逐个剖析事实如何相互连接、演化，深入分析这些事实之间的深层次相互作用。此外，"线性事实展示"模式着重考察导致这些事态形成的各种因素及其前提条件。

（二）新闻的建构方式

新闻建构是记者的一项关键任务，涉及协调、整合各种元素和事实，以赋予新闻真实的面貌，并清晰呈现其内在联系与外部结构，这样才能使新闻具备实体性，与人们对事实认知的习惯高度契合。为了更好地理解这个过程，下面将新闻建构划分为四个关键步骤。

1.确定事实选材的出发点

确定事实选材的出发点是新闻建构的基础，记者需要确定新闻报道的核心内容和角度，这通常涉及对事件的初步了解和研究。在这个阶段，记者会收集相关的事实、数据和证据，评估这些信息的可靠性和相关性。选择哪些事实予以报道不仅会影响新闻的内容，还会影响受众对报道的理解和反应。

2.基础新闻编排体系

在明确了事实选材的起点后，新闻建构面临的挑战是如何将这些新闻元素与现实事件有机融合，以满足客观需求，清晰揭示新闻事件发展的脉络。

在确定了报道的主要内容和角度后，接下来的任务是建立一个有效的编排体系。这一步骤涉及如何逻辑地组织和结构化信息，以确保新闻的连贯性和易读性，通常包括决定新闻故事的开头、中间和结尾，以及如何将不同的信息点串联起来。除此之外，在新闻建构中还要合理组织和使用"五W"（Who，What，When，Where，Why）或者"5W1H"（Who，When，Where，What，Why，How）的原则。

谁（Who）：涉及新闻事件中的主要人物或参与者。了解事件的主要行动者或影响者对理解整个新闻故事很重要，包括个人、团体、组织或政府等。

何时（When）：事件发生的具体时间。When不仅包括日期，还可能涉及一天中的具体时间或时间段。时间的准确有助于为受众提供事件的背景和上下文。

何地（Where）：事件发生的地点。地点的详细描述可以帮助受众更好地在心理上定位事件，并理解其背景。

何事（What）：描述事件的具体情况，包括发生了什么、事件的性质和规模怎样等，是新闻故事的核心，直接关系报道的主题和重点。

何因（Why）：探讨事件发生的原因或背后的动机，可以帮助观众理解事件的起因，以及可能的影响因素。

结果如何（How）：说明事件发展的过程及最终的结果，有助于描绘事件的全貌，包括事件的发展过程和影响。

将这些要素综合起来，就可以形成一条完整的新闻故事线。用一句话概括："某人（Who）在某时（When）于某地（Where）做了某事（What），原因是什么（Why），结果如何（How）。"

3. 新闻结构的规划

新闻结构的规划是对整个报道的框架进行综合安排，以确保信息的流畅性和逻辑性。一般来说，新闻报道的结构包括以下几个关键部分：

（1）标题

标题是新闻报道的第一印象，其目的是吸引读者的注意力，并简要概述新闻主题。一个有效的标题应该既具有吸引力，又能准确反映新闻内容的核心。

（2）引言

引言是新闻报道的开头部分，旨在概括最重要的信息点，通常包括"五W1H"的关键要素。一个好的引言应该简洁、明了，能够快速抓住受众的兴趣，并引导他们继续阅读全文。

（3）主体

这是新闻报道的核心部分，详细叙述事件的具体情况。主体部分应该按照逻辑顺序展开，从最重要的信息开始，逐步过渡到次要信息。这里包括详细的描述、证据、证人陈述、专家意见等。

（4）背景信息

背景信息有助于读者更好地理解新闻事件的上下文和重要性。这里包括历史背景、相关事件、数据分析或任何有助于深化对事件理解的信息。

（5）结尾

新闻报道的结尾应当总结主要信息点，有时也会提供未来展望或额外的思考点。结尾应该给受众留下深刻印象，也应该为整个报道画上一个合适的句号。

将这些元素有机地连接起来，就能构建出一个清晰、连贯且全面的新闻报道。这不仅有助于传达事实和信息，还能确保受众轻松地跟随报道的思路，理解报道的核心内容。

4. 不同类型事实的编排

在新闻建构中，不同类型事实的编排是确保报道质量和吸引力的关键。具体来说，一般性事实与新闻性事实的有机组合，以及硬性事实与软性事实的衔接，都是构建高质量报道的重要部分。

（1）一般性事实与新闻性事实的结合

一般性事实是指普遍性的、常识性的事实，如历史背景、普遍规律、基础数据等。这些事实为新闻提供了基础的参考框架和背景。新闻性事实是指与新闻事件直接相关的特定事实，如事件发生的时间、地点、涉及人物、事件的经过等。在新闻报道中，应将一般性事实与新闻性事实有机结合，使报道既有深度又有针对性。一般性事实提供背景和上下文，新闻性事实则突出报道的即时性和重要性。

（2）硬性事实与软性事实的衔接

硬性事实是指客观、确凿的事实，如统计数据、官方声明、眼见所及的事件等，通常是不容置疑的，为新闻提供了可靠性和权威性。软性事实通常涉及个人见解、感受、推测或描述，虽然可能缺乏硬性证据，但提供了丰富的情感色彩和深度，使报道更具人性化和生动性。在新闻报道过程中，硬性事实与软性事实应自然、流畅地结合在一起。硬性事实提供基础和框架，软性事实则增添色彩和深度。例如，在报道事故的硬性数据时，加入目击者的描述和感受，可以使报道生动。通过这样的结合，新闻报道能够传递准确、可靠的信息，吸引和维持受众的兴趣，激发受众的情感共鸣。各元素相互之间的平衡是新闻建构的艺术，在某种程度上可使报道既充满活力又具有深度，从而成为完美的新闻作品。

（三）事实的分类与新闻的意义

1. 事实的分类

在新闻传播过程中，事实的分类是根据其在信息中的重要程度进行的。以下是事实在新闻中的主要分类：

（1）核心事实（Core Facts）

核心事实直接与新闻事件的主题相关，是构成新闻报道主体中最重要的事实，是报道不可或缺的部分，包括事件的基本要素，如时间、地点、参与者、经过等。核心事实对于理解整个新闻故事很重要，通常在报道的引言或开头部分被提及。

（2）背景事实（Background Facts）

背景事实提供了有关新闻事件的上下文信息，可以帮助读者更好地理解事件的背景，包括历史信息、相关事件、长期趋势或社会环境等。虽然背景事实可能不直接涉及事件本身，但它对于构建完整的故事框架和加深受众对事件的理解很重要。

（3）支持事实（Supporting Facts）

支持事实用于增强报道的可信度和深度，包括统计数据、专家意见、研究结果、证人陈述等。它为报道提供了额外的证据，有助于证实核心事实，并为受众提供全面的视角。

（4）说明性事实（Explanatory Facts）

说明性事实旨在解释和阐述新闻事件的各个方面，如对复杂概念的解释、事件发展的分析、影响评估等。说明性事实有助于深化报道，使受众能够全面地理解事件及其可能的影响。

（5）附加事实（Ancillary Facts）

附加事实虽然对于报道的核心主题来说不是必要的，但可以增加额外的信息或细节，使报道更加丰富和有趣。例如，有关事件地点的描述、历史趣闻或相关小故事等。

通过对这些不同类型的事实进行恰当的分类和有序的组织，新闻报道可以在确保准确性和客观性的同时，提供深度和广度，吸引并保持受众的兴趣。

2. 新闻的意义

新闻建构是基于一系列新闻事实的，其目的在于形成新闻的意义。意义是影响人们观点的原发动力。新闻建构中的意义传达是通过新闻角度的选择、新闻倾向的表达而逐渐建立起来的。

新闻角度是指新闻事实由一种或几种事象组成的具有某种意义性的特点，包括主要角度和次要角度，每一种特征都表现为事实的某一部分。

新闻倾向主要是指新闻记者及媒介机构的新闻立场。

新闻意义是指新闻事实所蕴含的思想，多表现出客观事实趋势，包括传媒所表现的倾向、记者对事实的评估，以及突出新闻事件的利益动机。新闻意义的形成是通过对事实的选择与组构而实现的。

（四）趋势性事件与构建世界

趋势性事件在构建理解世界的方式中起着关键作用。与偶然事件相比，趋势性事件提供了一个持续连贯的观察视角，使人们能够形成对世界整体性的理解和印象。趋势性事件可以被理解为在新闻构建中反映客观世界必然发生的事件。趋势性事件通常分为主导趋势性事件和次要趋势性事件，在新闻学中，将趋势性事件与非趋势性或偶然性事件区分开来是很重要的，因为它们对受众理解世界的方式有不同的影响。

根据新闻传播内容的不同，新闻可以分为三种主要形式：第一种是事实传播，也称为事件传播，仅仅传递客观事实，不附带任何观点，强调新闻的客观性。第二种是观点传播，通常涉及采访那些持有特定观点的人。第三种是话题传播，涉及广泛讨论的事件，通常是背景式传播，并具备一定的粉丝基础。

事实本身能否表达观点，是一个值得深入探讨的议题。例如，《焦点访谈》节目的口号"用事实说话"至少包含两层含义：其一，事实可以作为无生命的静态材料和案例；其二，事实可以是包含反驳倾向的陈述方式，能够表达观点。后者表明，事实不仅仅是简单的信息或数据，更是一种陈述方式。通过这种方式，事实可以用来支持或反驳某个观点。我们通常说的"摆事实、讲道理""事实胜于雄辩"，就是基于这种能够表达观点的事实类型。

第二节　新闻传播的过程与功能

一、新闻传播的过程

新闻传播是一个有序的过程，包括多个阶段。一条新闻的传播始于客观存在的新闻事实，终于受众接收新闻信息并提供反馈。这个过程可分为选择事实阶段、事实转化阶段、信息接收阶段和信息反馈阶段四个主要阶段。

（一）选择事实阶段

新闻传播中的选择事实阶段是一个关键过程，涉及新闻从业者面对海量信息时的筛选和判断。在选择事实阶段，记者和编辑必须从众多事件、报道、数据和声明中选择最合适的内容来报道。内容的选择要基于事实的新闻价值，如事件的重要性、紧迫性、影响范围和新奇性，还要考虑目标受众的兴趣和需求。此外，新闻从业者必须评估信息的可靠性和来源的权威性，考虑法律和道德层面的因素。从某种角度来看，选择事实阶段对新闻的质量和效果具有决定性影响。

（二）事实转化阶段

新闻传播的事实转化阶段是一个将选定的新闻事实转化为成熟的新闻成品的过程。在这个阶段，记者和编辑的任务是把收集到的信息和数据转换成受众可以轻松理解和吸收的新闻报道。首先，对收集到的信息进行筛选和组织。记者需要从海量信息中挑选出关键和相关的事实，这些事实必须具有新闻价值，能够引起目标受众的兴趣。记者会添加相关的背景和上下文信息，以帮助受众更好地理解新闻事件的全貌，包括历史背景、相关事件、专家分析或统计数据等，这些背景信息对构建一个全面、连贯的故事很重要。其次，撰写和编辑过程。记者需要利用其写作技巧，将事实和背景信息转化为具体的新闻报道，报道过程需要确保语言的清晰、准确和生动。编辑工作也很重要，以确保新闻的质量和一致性，包括语法、风格和事实的准确性。现代新闻传播还大量运用图表、图片、视频和音频等多媒体元素，增强新闻的吸引力和表现力，使复杂的信息更易于消化和理解。最后，所有信息必须经过严格的审查和验证，以确保新闻的准确性和可靠性，防止误导和错误信息的传播。

以 2010 年海地地震的报道为例，记者们迅速搜集了关于地震的基本事实，如震级、震中位置、受影响地区等，并将这些事实嵌入海地的地理位置、历史背景和对当地居民的影响等广泛的背景中，并通过采访目击者、救援人员和专家丰富了报道的内容。同时，利用地震损毁的图片和视频等多媒体元素增强了报道的视觉效果，且所有信息都经过了严格审查和验证。

（三）信息接收阶段

新闻传播的信息接收阶段是整个新闻流程中很重要的一环，涵盖了新闻信息从媒体到受众的传递和受众对信息的接受两个主要环节。一方面，传递环节主要是将新闻内容从生产者（如记者、编辑）传递给受众，包括新闻的发布和分发，可以通过各种媒介进行，如报纸、电视、广播、网络等。在这个过程中，新闻的格式、呈现方式（如文本、图片、视频）以及发布的平台（如传统媒体、社交媒体、新闻网站）都会影响信息的传递效率和受众的接收体验。例如，网络新闻因其即时性和互动性，可能会比传统媒体更有效地传递某些类型的新闻。另一方面，接受环节是指如何理解、处理和反应于收到的新闻信息，这不仅取决于新闻内容本身，还受到受众的个人背景、先入为主的观点、文化和教育水平的影响。受众可能会基于个人的认知框架和经验来解释新闻信息，这会影响他们对新闻事件的理解和反应。此外，受众可能会通过讨论、分享或评论来处理这些信息，这也是新闻影响力的重要体现。

（四）信息反馈阶段

新闻传播的信息反馈阶段在传播学中扮演着很重要的角色，是确保新闻传播质量和有效性的关键环节。在这个阶段，受众将他们对新闻内容的观看、听取和反映传回给传播者，双方的互动性确保了新闻传播，这不仅仅是传播者向受众单向传递信息，更是一个包含反馈和双向互动的完整过程。在新闻传播中，反馈环节是将传播者与受众紧密地联系在一起，使传播活动成为一个双向的互动过程。通过反馈，传播者可以了解他们的报道如何被受众接受、受众的感受和看法是什么，从而对其内容和策略进行调整和优化，增强新闻的影响力和吸引力，提高报道的准确性和相关性。反馈的形式多种多样，包括社交媒体互动、受众调查、读者来信、评论以及收视率和点击量等。通过这些反馈，传播者能够获得宝贵的第一手资料，了解受众的需求和兴趣，从而更好地服务于受众。

举一个例子：国家地理频道经常通过观众调查和社交媒体反馈来评估其纪录片的受欢迎程度和观众兴趣点。如在播出一系列关于野生动物和自然环境的纪录片后，收集观众反馈，了解到观众对保护环境和动物的内容感兴趣。因此，国家地理频道在随后的节目策划中增加了更多关于环保和野生动物保护的内容，提高了节目的收视率，增强了观众对环境保护议题的认识和参与感。

二、新闻传播的功能

（一）新闻传播的基本功能

新闻传播的基本功能在于传递新闻信息，这一功能的重要性和影响力是巨大且多面的。新闻传播每天、每时都在向社会全方位地传递世界各地的各种新闻信息，没有新闻信息的传递，新闻传播的其他社会功能将失去基础和依托。

新闻媒介传递新闻信息的过程基于新闻受众的具体需求。人们之所以愿意投入时间、精力和金钱来接收新闻媒介的信息，是因为他们希望通过这种方式能获取外部世界的各种新信息。新闻信息不仅是简单的事实陈述，还包含对事件的分析和解释，能帮助人们理解复杂的社会现象和国际事件。通过传递新闻信息，新闻媒介帮助人们认识世界，提供了解发生在本国以及世界其他地方的事件和情况的窗口，这种认识是全面的，包括政治、经济、文化、科技等各个方面。同时，新闻传播有助于改造世界。通过报道和讨论社会问题和不公现象，新闻可以引发公众关注，促进社会改革和进步。此外，新闻作为信息的桥梁，连接了不同地区、不同文化和不同群体的人们，促进了相互理解和交流。

（二）新闻传播的直动功能

新闻传播的直动功能是指新闻媒介告知新闻受众某种新闻信息之后，直接对受众的思想和行为产生某种影响。从某种程度上说，新闻传播的直动功能就是新闻传播基本功能的具体体现。具体来说，新闻传播的直动功能主要包括以下几个方面：

1. 政治宣传功能

在现代社会，新闻媒体是信息的传播者，也是政治观点和意识形态的塑造者。政治宣传通过新闻传播实现政党或政治团体的直接宣传，包含对政治议题的报道和解读，可以在某种程度上引导公众对政治事件和政策的理解，间接地影响公众的政治观念和行为。

新闻媒体在政治宣传中的作用可以从以下几个方面来看：首先，新闻媒体通过报道政治事件和政策，为公众提供了理解国家和政府行为的窗口。例如，对政府政策的解释、政治事件的背景分析以及政治人物的行为动机等。其次，新闻媒体通过强调某些议题，忽略或淡化其他议题，在一定程度上影响公众对哪些问题应该被视为重要的认识。此外，新闻传播在政治宣传中传播关于国家发展、成就和挑战的信息，新闻媒体帮助构建了国民对其国家的认同感，在国家面临危机或国际舞台上的重要时刻尤为重要，有助于维护社会稳定和团结。

2. 经济促进功能

新闻传播的经济促进功能体现在多个层面：第一，新闻传播为市场提供关键信息，包括经济数据、行业趋势、政策变化等，对企业决策、投资者行为和消费者选择很重要。通过及时、准确的传播经济信息，新闻媒体帮助市场参与者做出更加明智的决策，从而推动经济活动的有效进行。第二，新闻传播通过报道成功的企业案例、创新技术和行业发展的积极方面，新闻媒体鼓励创新和创业精神，提升社会对经济发展的信心，有助于形成一个支持创新和风险投资的环境，对经济增长具有长远的促进作用。第三，新闻传播通过广告和市场营销活动直接推动经济活动。广告是现代市场经济中不可或缺的一部分，新闻媒体为广告主提供了一个触及广泛受众的平台，帮助他们推广产品和服务，从而刺激消费和促进销售。另外，新闻媒体通过特别报道、专题讨论等形式，也为企业和产品提供曝光机会，增强品牌影响力。

3. 文化娱乐功能

新闻传播通过各种媒介，包括电视、广播、报纸、杂志和互联网等，为公众提供了一个多元化的文化娱乐内容的窗口，促进了文化交流和文化认同的形成。

在文化方面，新闻传播通过报道各种文化活动、节日庆典、艺术展览、音乐会等，为公众提供了了解和参与文化生活的机会，加深了公众对本国文化的认识和了解，促进了公众对其他文化的理解和尊重。在全球化的背景下，新闻传播通过介绍世界各地的文化特色和习俗，帮助构建一个多元文化的全球社会。例如，通过报道不同国家的传统节日和文化活动，新闻传播能够让公众跨越地理和文化的界限，增进对不同文化背景的理解和欣赏。

在娱乐方面，新闻传播作为重要的信息和内容提供者，不断地满足公众对轻松休闲和消遣的需求。通过报道影视娱乐新闻、名人动态、时尚潮流以及休闲旅游等，新闻传播为公众的娱乐生活增添了色彩。这些内容不仅为公众提供了减轻日常生活压力的途径，还在一定程度上影响了公众的生活方式和娱乐选择。

在中国，新闻传播在促进文化娱乐方面有着丰富的实践和积极的案例。例如，中央电视台的春节联欢晚会（春晚）就是一个典型的例子。作为每年春节期间的重要节目，春晚通过电视新闻传播的方式，向全国乃至全球华人传递了中国的传统文化和节日氛围。春晚汇集了各种文艺表演，包括歌曲、舞蹈、小品、相声等，不仅展示了中国丰富的文化艺术，还加深了国内外观众对中国文化的理解，提升了他们的兴趣。此外，春晚通过引入现代元素和国际表演，展现了中国文化的开放性和包容性，加强了文化交流和文化融合。

4. 社会组合功能

新闻传播在社会组合中发挥着重要作用，具体体现在组织功能、协调沟通功能和监督功能上。这些功能共同构建了一个健康、有序、动态的社会结构。

首先，组织功能主要体现在新闻传播对社会结构和活动的组织和引导上。新闻媒体通过报道各类社会事件、政策动向和公共议题，为公众提供了共同的信息资源和讨论平台，共享的信息资源使得社会成员能够就共同关心的议题达成某种程度的共识，从而促进社会的组织和统一。例如，在重大社会事件或危机（如自然灾害、公共卫生事件等）发生时，新闻传播通过迅速、准确地传递信息，帮助组织或动员公众参与应对和救援活动，并且新闻传播也在塑造和维护国家身份、文化价值观以及社会规范方面发挥着关键作用。其次，协调沟通功能是新闻传播在维护社会秩序和促进社会协调方面的表现。新闻传播作为社会各界之间的桥梁，通过提供一个多元、开放的沟通平台，使不同的社会群体能够表达自己的观点和需求，听取并理解他人的立场和想法，有助于减少社会冲突，增进社会成员之间的理解和尊重。最后，监督功能是新闻传播在社会组合中不可或缺的一环。新闻传播通过对政府、企业和其他权力机构的监督，维护了社会的公平和正义。通过揭露腐败、不公和滥用权力的行为，新闻传播促进了权力的透明化和合法化，保障了公众的知情权和参与权。这种监督不限于负面报道，也包括对积极的社会改变和进步的关注，鼓励和推动社会向公正、公平和进步的方向发展。

在中国，新闻传播在社会组合方面的积极案例颇多。以"脱贫攻坚"为例，多年来，中国的新闻媒体通过大量报道脱贫工作的进展、挑战和成就，有效地提升了公众对脱贫工作的认识和支持，展示了政府在脱贫方面的努力和成就，揭示了脱贫工作中存在的问题，同时指出了面临的挑战，促进了政府和社会各界在脱贫工作中的协调和合作。

（三）新闻传播的联动功能

新闻传播的联动功能是指新闻传播在告知新闻受众某种信息后，对受众的思维与行为产生的连锁影响。相对于新闻传播的直动功能来说，新闻传播的联动功能是一种隐性功能，主要体现在长期的效益中。而在众多的新闻传播的联动功能中，社会化功能是主要的。具体来说，新闻传播的社会化功能主要体现在以下几个方面：

1. 社会教育功能

新闻传播的社会教育功能，具体是通过以下几种形式表现出来的：

第一，新闻传播能够传播知识，继而丰富人们的知识、拓展人们的眼界。

第二，新闻传播能够传播新闻文化，从而形成一种无形的社会力量，塑造人们之间的良好关系。

第三，新闻传播能够提供"社会模特"，而人们通过模仿社会模特能够完成自己的社会化。

2. 培养社会角色功能

新闻传播有着非常明显的培养社会角色的功能，具体表现在角色的认知、角色的继续社会化、角色社会地位的授予三个方面。任何单位或个人都希望自身的社会地位能得到承认，希望能拥有一定的社会知名度和影响力，而新闻传播的好评具有使其对象知名度和社会地位提高的"魔力"。

3. 传递社会遗产功能

这里的社会遗产是指社会文化遗产。一个社会传递社会遗产的渠道是多方面的，新闻传播是其中之一。新闻传播传递社会遗产范围广、数量多、系统性强，也比较准确。

当然，新闻传播传递社会遗产也存在不足，那就是比较浅，深层的文化遗产还需采用文学、哲学等形式来传递。

第三节 新闻传播的模式与渠道

一、新闻传播的模式

新闻传播的模式包括线性模式、循环模式和社会系统模式。这三种模式从不同的角度和层次解析了新闻传播的过程，反映了新闻传播的复杂性和动态性。

（一）线性模式

新闻传播的过程在线性模式中是单向流动的，典型代表是"拉斯韦尔模式"和"香农—韦弗模式"，它们都是描述新闻传播线性过程的模型。

1. 拉斯韦尔模式

拉斯韦尔模式是由美国学者哈罗德·拉斯韦尔（Harold Lasswell）提出的一个新闻传播理论模型。这一模型首次出现在他的著作《传播在社会中的结构与功能》中。拉斯韦尔模式的核心是对新闻传播过程中的五个基本要素的系统性描述。Who（谁）：信息的发送者，即传播信息的源头或讲话者。Says What（说了什么）：涉及信息的内容，即传播的消息或观点。In Which Channel（通过什么渠道）：信息传播所使用的媒介或渠道，如电视、广播、互联网等。To Whom（向谁说）：这是信息的接收者，即目标受众或信息的接受方。With What Effect（有什么效果）：关注信息传播后对接收者产生的影响或效果。由于这些要素由"W"开头的疑问词（Who，What，Which，Whom，With What）构成，因此该模型又被称为"5W模型"。后来，英国传播学家D.麦奎尔等人将拉斯韦尔模型进一步发展，通过图示（图2-1）来形象地表示这个理论模型，使得拉斯韦尔模式在传播学领域中的应用广泛和深入。

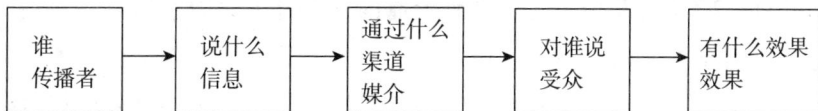

图 2-1 拉斯韦尔模式

拉斯韦尔模式对新闻传播流程的剖析具有开创性意义，将这一过程细致地拆解为五个关键阶段，不仅在当时提供了新的视角，而且对后续在新闻传播领域的深入研究，尤其是涉及"控制研究""内容分析""媒介分析""受众分析""效果分析"的研究领域的发展起到奠基作用（图2-2）。通过这一模型的提出，拉斯韦尔不仅揭示了新闻传播过程的复杂性，也为后续学者在这些领域的探索提供了理论基础和方法论指引。

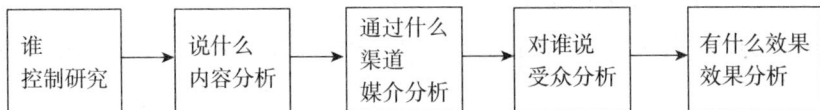

图 2-2　拉斯韦尔模式中的五个环节

2. 香农—韦弗模式

在《传播的数学理论》一篇开创性论文中，信息论之父、数学家香农与同行韦弗共同提出了一种新闻传播模型，即著名的"香农—韦弗模式"。该模式对后续新闻传播过程的理论构建产生了深远影响，促进了人们对技术视角下传播研究的关注和重视。这一模式在论文中以图示（图2-3）形式呈现。

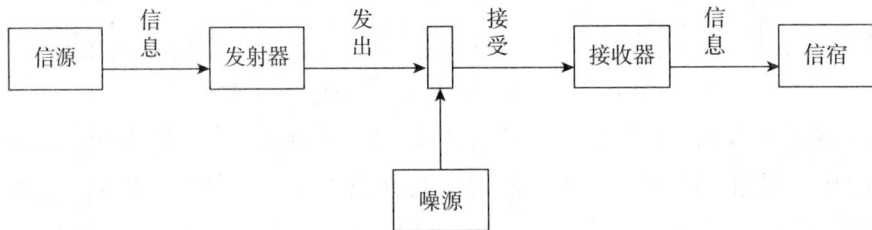

图 2-3　香农—韦弗模式

香农—韦弗模式被广泛认为是新闻传播学领域的一个里程碑，为理解新闻的传播过程提供了独特的视角。香农—韦弗模式深入探讨了在实际传播过程中，信息传递者与接收者之间信息偏差的形象化展示。尽管香农和韦弗将此类偏差主要归咎于"噪音"因素，但他们的论述揭示了一个重要观点：传播并非在孤立的真空环境中发生，而是受到传播内外多种障碍因素的影响，这些因素对信息传递构成了干扰。

总体而言，拉斯韦尔模式和香农—韦弗模式等线性传播过程模型对新闻传播学的研究贡献重大。在新闻传播学的历史上首次以较为详尽和科学的方式，分解了新闻传播的各个环节，构建了一个相对完整且全面的理论框架，为传播学作为一个独立学科的确立提供了可能。然而，这些模型的一个显著局限性是它们将传播过程视为一种从一点出发到另一点结束的直线型、单向型过程。在此框架下，接收者的反馈以及不同元素之间的相互作用并未得到充分考虑。

（二）循环模式

诺伯特·维纳（Norbert Wiener）是 20 世纪杰出的数学家之一，也是控制论的创始人。1948 年，维纳出版了《控制论（或关于在动物和机器中控制和通信的科学）》，提出了"控制论"这一术语。他将控制论定义为研究"控制"和"通信"在动物和机器中的原理，为控制论的概念和理论奠定了基础。学术界吸收了控制论的这一核心概念，从而颠覆了对新闻传播过程传统的线性解读，引领了一种创新的循环模式研究。在众多循环模式中，最为显著的代表有奥斯古德—施拉姆模式和德弗勒模式。

1. 奥斯古德—施拉姆模式

奥斯古德—施拉姆模式由 C.E. 奥斯古德（C.E.Osgood）提出，他的工作主要集中在传播过程的互动性和循环性上。1954 年，现代传播学的开创性人物之一，被广泛认为是"传播研究之父"的威尔伯·施拉姆（Wilbur Schramm），撰写了《传播是怎样运行的》一文，基于奥斯古德的观点，提出了一个完善的循环过程模型（图 2-4）。

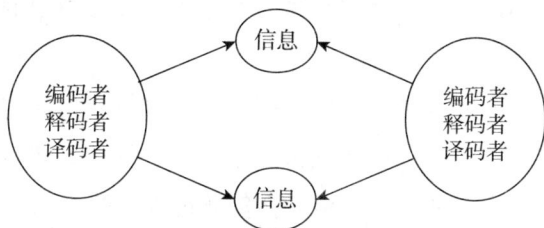

图 2-4　奥斯古德—施拉姆模式

奥斯古德—施拉姆模式的核心特点是其循环性，这一特点表明，传播不仅仅是一个单向的信息传递过程，更是一个包含反馈和互动的循环系统。在这个模式中，反馈被视为传播过程的关键组成部分，允许接收者对信息进行回应，影响后续的传播内容和方式，并且该模式强调信息源和接收者之间的动态关系。

奥斯古德—施拉姆模式的出现颠覆了长久以来盛行的直线单向传播理论。该模式的核心在于强调信息传递的双向互动性，并将新闻传播的双方均视为传播过程的关键主体。毫无疑问，这一观点不仅正确，而且凸显了该模式的革命性、前瞻性。具体而言，其领先性体现在以下两个关键方面。

一方面，奥斯古德—施拉姆模式提出了一个创新的概念，即传播者与接收者之间的角色是可变换的。在这一框架下，不再存在固定不变的"传播者"和"接收者"。传播者在制造和解释符号的同时，也参与符号的还原过程；接收者亦然。在这个过程中，传播双方轮流扮演译码者、释码者和编码者的角色，共同实现功能的平衡。另一方面，奥斯古德—施拉姆模式强调信息在传播、分享和反馈过程中呈现出的往复循环和持续性，表明信息传递不是一个一次性事件，而是一个持续不断、相互作用的过程。

奥斯古德—施拉姆模式与传统的线性模式相比，在多个维度上展现出了进步与创新性。然而，尽管奥斯古德—施拉姆模式的进步不容忽视，该模式仍然存在若干固有的局限性，其主要表现在以下三个关键方面：

第一，关于该模式的适用范围问题。该模式在表征面对面新闻传播特性方面表现出较高的适应性，但在大规模的大众传播过程中，其适用性显著下降，具体表现为在理论广泛适用性方面的不足。

第二，关于理解上的潜在歧义。这一模式有时会被误解为新闻传播在经历一系列循环后又回归起点，这种解读显然忽略了传播过程中的动态演变和信息流的方向性。

第三，该模式未能充分考虑到信息传递者与接收者之间的地位差异，将二者置于一个完全等同或平等的关系框架之中，这种处理方式与社会传播的现实情况存在显著偏差，未能准确反映出社会传播过程中的多元性和层级性。

2. 德弗勒模式

梅尔文·德弗勒（Melvin L. DeFleur）是美国传播学者，因其在传播理论和大众传播研究方面的贡献而闻名。他的理论着重于传播过程中的各个要素，如信息源、信息、媒介、接收者以及反馈机制。他在香农—韦弗模式的基础上发展了自己的传播模式——德弗勒模式，该模式增加了反馈元素，符合实际的人类交流和大众传播过程（图 2-5）。

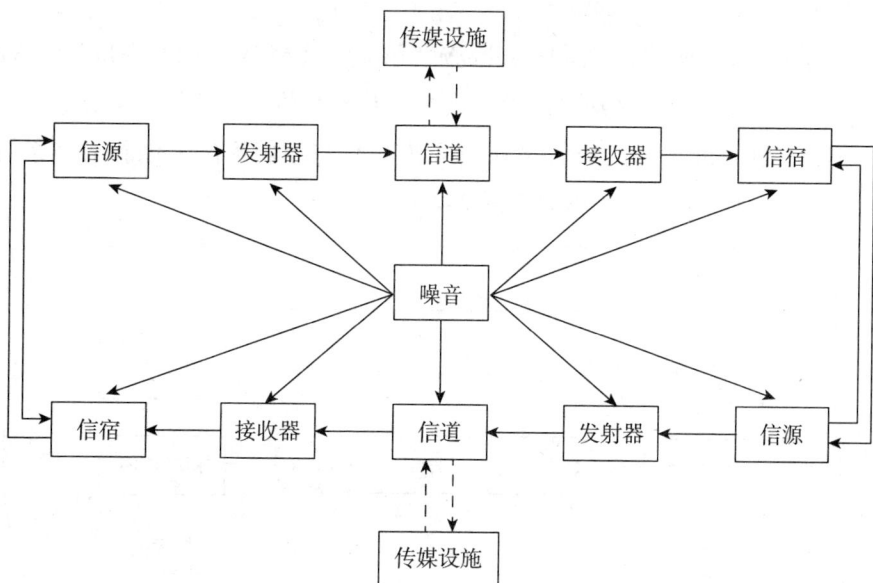

图 2-5 德弗勒模式

通过深入解析德弗勒模式可以发现，德弗勒强调，在传播过程中，信息和反馈环节遭受噪声的干扰是不可避免的，影响着信息流的每个组成部分。更重要的是，德弗勒提出了一个判定标准：若信息的发送者与接收者之间的信息含义保持一致，便达成了有效传播，超越了传统的线性模式，而且通过引入反馈机制，极大地丰富了人们对新闻传播过程的认识。尽管如此，德弗勒这种模式对人类传播的多元复杂性并未做出充分解释。

（三）社会系统模式

在新闻传播领域，"社会系统模式"采纳系统理论的核心概念及方法论，深入分析传播过程。此模式超越了传统的线性模式，后者仅侧重于单向、静态的传播描述，以及循环模式中的双向互动与反馈机制。"社会系统模式"着眼于广阔的社会环境系统，对新闻传播的多维过程进行全面研究，进而揭示出一个广泛、系统化的双向动态传播过程。在众多不同的社会系统模式当中，以赖利夫妇的系统模式和马莱兹克的系统模式显著，它们在该领域内占据重要的地位。

1. 赖利夫妇的系统模式

赖利夫妇，即 J.W. 赖利（John W.Riley）和 M.W. 赖利（Matilda White Riley），是美国社会学界知名的学者夫妇，共同在传播学和社会学领域作出了显著贡献。他们最著名的成就是在新闻传播研究领域提出了创新的"系统模式"，在学术界产生了深远影响（图 2-6）。

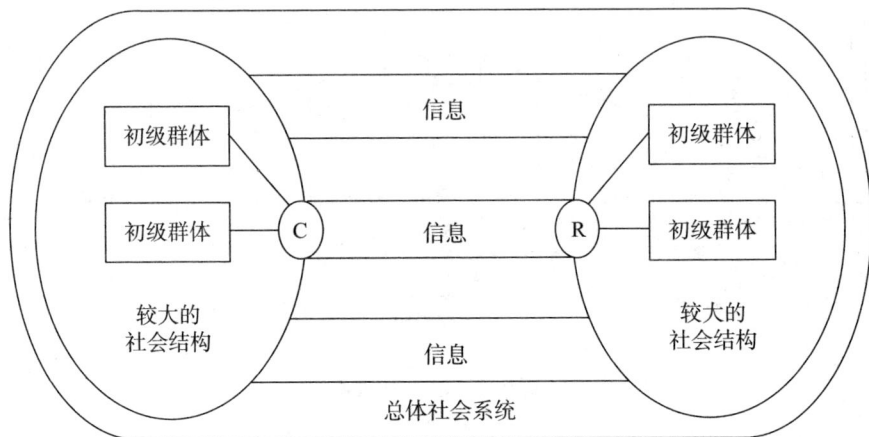

C=传播者　　　　　R=受传者

图 2-6　赖利夫妇的系统模式

J.W. 赖利和 M.W. 赖利在合作研究中，特别关注传播过程与社会系统之间的相互作用。他们提出新闻传播不应仅被视为信息的单向传递过程，而应当被理解为一个复杂的社会系统，在这个系统中，各种社会因素，如文化背景、政治经济结构和技术发展等对传播过程产生着影响。赖利夫妇的这一理论框架首次详细阐述于他们的合著《大众传播与社会系统》中。在这本书里，他们不仅详细地分析了新闻传播系统内部的动态机制，还讨论了新闻传播与社会环境之间的复杂互动。他们认为，新闻传播是一个动态的、多维的社会过程，这个过程中的每个环节都受到社会系统中其他元素的影响。

2. 马莱兹克的系统模式

马莱兹克最为人所知的成就是他对大众传播过程的系统化理解和分析，特别是在其著作《大众传播心理学》中提出的系统模式（图 2-7）。在这一模式中，马莱兹克不是将传播视为信息的简单传递过程，而是将其定义为一个复杂的社会现象，涵盖了广泛的社会、心理和技术因素。

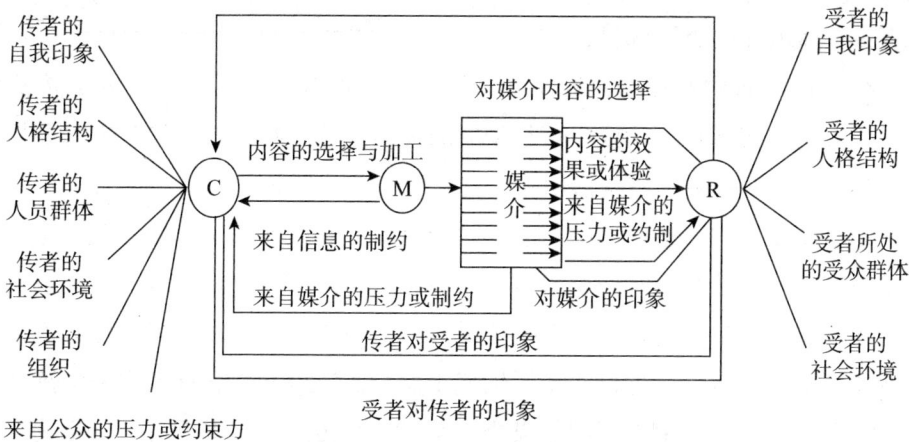

C=传播　M=信息　R=受传

图 2-7　马莱兹克的系统模式

马莱兹克的系统模式基于社会心理学视角探讨大众传播的综合归纳，相较于之前的研究，表现出更高的系统性和全面性。此模式向研究者提出，对于评估任何一种传播行为或解释任何一个传播流程，即便是对单一流程的成果的解读，也必须采用一种综合性和系统性的方法来分析那些涉及特定活动或过程的众多因素及其影响力。

二、新闻传播的渠道

在人类社会互动的过程中，传递的信息构成了生活和发展所必需的知识体系，信息的传输途径是多元化的，随着传播技术的进步和社会结构的演变而不断演化。具体而言，信息的流动模式已经从个体层面的自我传播扩展到更广泛的人际关系网，从有限的集群传播逐渐演进到更加集中和广泛的社会层面传播。在这个过程中，"自我传播""人际传播""组织传播""群体传播""大众传播"等几种关键的传播模式相继形成。

（一）自我传播

自我传播是一个涉及个体在面对社会事件或现象时，从初始的主观感受过渡到深刻理解的过程。在这一过程中，个体通过对事件内涵的解读和反思，探究其深层意义并形成个人见解，最终将所得应用于实际行动中。此过程体现了信息在个体内部的流转机制。

在自我传播的框架内，传播者与接收者合而为一，无须依赖外部传播媒介。个人通过实际行动获取生存与发展的关键经验，在内部对信息进行分析和处理，并将其融入新的实践活动，以此实现传播循环的完整性。

在新闻传播的完整过程中，信息的传递需要有效地达至目标受众。这一过程不完整，直到接收者对信息源传达的内容进行深度个性化的解析，标志着信息传播的成功。在此过程中，自我传播扮演了核心角色，成为每个传播途径不可或缺的最终环节。这种自我传播依赖于受众的知识架构和价值观来解读外界信息。此外，传播渠道中不同的媒介类型对信息传达的效果有着显著影响。例如，"纸媒"以其精确性和逻辑性著称，对接收者的文化素养提出了较高要求，其传播倾向于精英群体。相比之下，广播和电视媒介通过声音与视觉的结合传递信息，对感官刺激全面，易于理解，并且注重情感的传递，吸引了广泛的受众。这两种媒介在自我传播效果上存在显著差异。

（二）人际传播

人际传播的概念涉及信息在个体或者体系间的传递过程。与自我传播相比，人际传播展现了深厚的社交层面。其核心在于促成双方交流，目的明确并寻求回应，凸显个人之间的互动性质；根据象征性社会互动理论，"符号意义的交换"建立在共享意义空间的基础之上。因此，人际交流中的发送者和接收者对所用语言、文字等符号的含义应达成共识，这一整套符号体系的形成与完善依赖于社会化过程的不断发展。

在新媒体时代的背景下，人际传播展现出显著的亲和力和自主性，极大地缩减了传统新闻制作流程的时间。举例来说，网络自媒体以其制作的便捷性、广泛的传播范围、内容的个性化和形式的大众化，构成了对传统主流媒体的有效补充，在扩展话语空间的同时，强调了自媒体在当代传播领域的重要作用。

（三）组织传播

组织传播是指组织内各成员、不同组织之间，以及组织与其外部环境之间的信息交换过程。在此过程中，传递的信息具有决策意义，涉及组织结构和运作的各个层面。

组织传播在本质上是一种微观层面的大众传播形式，其显著特点在于传播目标的明确性和反馈的即时性。在这一领域中，传统的组织传播形式，如公司、机构等，不仅需吸收并适应来自大众新闻传播的外部信息，以便及时调整其内部构架，还需向外界传递特定信息，以便在既定规范下传达特定群体的观点，进而实现既定目标。

与大众传播的自上而下、权威性质相比，组织传播倾向于形成一种非强制性的影响力。这种影响力在考虑受众需求的同时，会制定相应的传播策略。例如，现代企业在品牌营销的理念上，以及名人在粉丝效应上的运用，都是组织传播的典型案例。

（四）群体传播

群体传播涉及位于相同地理区域或出于特定目标而集结的个体之间的信息交换，这种交流形式在遵循群体共识规则的人群中发生。个体在某种群体环境中生活，可能归属于多种不同的群体。这些群体可能在物理现实中真实存在，或者在网络的虚拟领域内形成。然而，不论是实体还是虚拟的群体，其成员均需共享群体意识，并遵循特定的群体行为准则。

在当今自媒体时代，网络群体传播的兴起为信息的流动提供了全新的维度。不再局限于传统的受众角色，个体现在能够以传播者的身份，迅速在互联网上分享和发布新闻，对周遭发生的事件进行实时传播，有时甚至能够引发广泛的舆论关注。

以电子公告牌系统（BBS）为实证，当群体中的一员发现某条新闻并将其上传至论坛时，如果这条新闻内容具有足够的吸引力，就能在极短的时间内吸引众多参与者加入讨论。在某些情况下，这种讨论可能演变成具有显著社会影响力的网络事件。这些事件的发展脉络通常遵循一个固定模式："议题的发布（即发帖）—议题的传播与扩散（跟帖或转帖）—形成社会影响并达成共识—最终解决。"

（五）大众传播

在现代社会中，传播形态的演变从自我传播模式发展为大众传播模式。这一转变主要受到两个方面的推动：第一，社会化进程的加速带来了显著变化，例如交通和经济的快速发展大幅缩小了人与人之间的地理和心理差距。这种变化不仅增加了社会传播的参与者数量，还促使社会形态发生了渐进式的演变，使社会结构变得复杂。在这一背景下，涌现出了多元化的话语体系，不同的社会阶层根据自身的需求，寻求特定的传播渠道。第二，科技进步推动了传播媒介的发展，从最初的语言和图案到后来的文字符号，再发展到声音信息和视频图像。这一系列的媒介形态和功能的演变，极大地丰富了信息的承载形式，满足了各种传播需求的技术条件。如此，我们见证了从"个体到群体"的传播形态的重大转变，这标志着传播领域的一次重大革命。

在考察信息传播领域中的参与者数量时，可以将自我传播与大众传播视作两个对立的极端。在自我传播的场景中，参与者的数量相对较少，这一特点促成了信息的个性化、自由化和互动性，有利于个体真实情感的表达，满足个人对信息交流和情感共鸣的需求。与此相对，大众传播的模式旨在实现群体性的目标，其信息特征为共性化且带有一定的强制性，传播途径往往单一，有利于组织或体系的有效运作，也对确保大范围群体生活的稳定性起到关键作用。

马歇尔·麦克卢汉（Marshall McLuhan）揭示了"地球村"的概念。在当代传播学的框架下，每一种传播路径都呈现出多元并存的特性。对于个人而言，在接收传统主流媒体（如新闻报道和影像资料）的同时，在吸纳来自教育机构、企业、家庭以及社交团体等不同社会集体的信息。在这个信息解码的过程中，接收者并不是机械地按照传播者的预设意图来理解信息，而是依据自己的经验和偏好进行个性化的解读。

从组织的角度来看，内部传播和外部传播分别承担着调节内部结构和塑造外界形象的重要角色。正式的传播渠道确保了组织内部命令和政策的顺畅实施，而非正式渠道主要在于促进人际交流，有效地调和组织内部的潜在矛盾。这些不同的传播类型既独立又相互依存，共同构建了一个庞大而复杂的社会信息传播系统。

第三章　新闻传播的要素理论

第一节　新闻传播者

一、新闻传播者的职业特征

在信息传播的过程中，被称为"传者"或"传方"的人扮演着信息处理和发布的角色，他们就是"传播者"。在人际传播或组织传播的环境中，传播者与接收者之间维持着一种直接、相互依存和双向互动的联系。通常情况下，传播者与接收者通过面对面的方式进行交流，且在这个过程中，"传"与"受"两个角色经常相互转换。特别是在新闻传播领域，传播者一词专指新闻机构及其从业人员，如记者、编辑、节目主持人、校对员、资料员、电讯技术人员及广告和发行部门的管理人员等，统称为新闻传播者。通常，新闻传播者与接收者之间的关系是间接的、确定的和单向的，其中"传"与"受"的角色是固定的。新闻传播者通过新闻机构控制新闻的来源、选择、管理和流通，他们有能力筛选新闻内容，放大或缩减新闻的影响力，成为新闻传播过程中的关键"守门人"。

新闻传播者作为一个职业群体，与社会上其他职业群体相似，具有自己独特的职业特征。具体从以下四个方面来阐述：

（一）责任重大

新闻传播者，特别是新闻记者，常被誉为"无冕之王"。尽管这一比喻可能并非完全恰当，但它深刻地揭示了新闻传播者在社会生活中所担负的重大责任和其所享有的独特地位。与其他职业相比，新闻传播者拥有强烈的使命感。

新闻传播者是公众获取新闻和信息的主要渠道，必须具备高度的专业素养和伦理标准，确保传递的信息真实可靠。特别是在这个信息爆炸的时代，准确的新闻报道对公众形成正确的世界观和价值观非常重要。与此同时，新闻传播者通过调查报道、深度挖掘等方式，揭露社会不公和弊端，对政府和企业的行为进行监督，体现了新闻传播者的社会责任感，展现了新闻传播者在捍卫公平正义方面的使命。新闻传播者通过选择性报道，影响着公众对重大事件的看法和态度，进而影响着公共政策的形成和社会风气的塑造。在这个过程中，新闻传播者不仅传递信息，还在某种程度上引导着公众的思想和观念。除此之外，新闻传播者在追求真相的过程中，可能面临来自不同方面的压力和风险。尽管如此，许多新闻传播者依然坚守职业操守。

（二）工作辛苦

新闻传播者的工作性质既辛苦又复杂。一方面，新闻传播者的工作需要他们身体上的投入，采访工作常常要求他们前往各种地点，有时候这些地点可能是偏远或者危险的，比如自然灾害现场、战区或是其他紧急事件现场。在这些情况下，他们需要具备良好的体力和适应能力，以确保能够及时、准确地获取信息，在采访过程中的长时间站立、携带重型设备等也是对体力的一种考验。另一方面，新闻传播者的智力投入同样重要，他们要快速准确地收集信息，还需要具备分析、判断和处理信息的能力。在编辑室内，编辑需要花费大量时间进行资料整理、新闻编排和内容创作，这些工作往往涉及对大量信息的筛选、核实和编辑，需要深厚的专业知识和敏锐的新闻敏感度。为了保证新闻的准确性和时效性，编辑和记者经常需要熬夜工作，这是对体力的挑战，更是对智力和精神的极大考验。例如，在地震、洪水等自然灾害发生时，新闻记者往往第一时间赶到灾区，不顾自身安全，报道灾情和救援进展，有时甚至在连续数日的不眠不休中完成报道，在恶劣的自然环境中，这对他们身心健康是极大挑战。

（三）环境复杂

新闻传播者的工作环境复杂。以外勤记者为例，他们的工作涉及与各类人物的接触，从国家领导人到普通民众，覆盖社会各阶层和各种背景，不仅要追踪新闻事件，还要深入不同的社会层面进行采访，以确保报道的广度和深度。

外勤记者的工作不局限于常规的新闻采集，而是深入事件的核心，探索事实的多个角度。因此，他们必须具备灵活应对各种情况的能力，具备敏锐的观察力和较强的人际交往能力，特别是在紧张和不确定的环境中工作，有时甚至要面对危险和挑战。内勤编辑的工作同样充满挑战。他们作为新闻内容的"把关人"，负责审查、编辑和决定哪些内容适合发布，这就需要他们具备高度的专业知识和严谨的工作态度，还需要他们对社会、政治和文化等领域有深入的理解。内勤编辑的决策直接影响新闻的呈现方式和公众对事件的理解，因此他们在信息传播过程中扮演着重要角色。新闻传播者通过他们的笔触和键盘操作传递信息，塑造着公众对事件的认知和理解。他们的工作直接关联着社会的每一根神经，影响着公众意识和社会舆论的形成。因此，他们在传递信息的同时，肩负着社会责任和道德义务。

（四）工作风险性大

新闻传播者的职业生涯充满了各种风险和挑战，这一职业的风险性主要来自他们在报道敏感或冲突事件时所面临的潜在危险。在许多情况下，新闻传播者在进行现场报道时，可能会置身于战区或自然灾害现场，这些环境本身就充满了不确定性和危险。

据国际新闻传播者联合会统计，2022年全世界的新闻从业人员殉职人数达86名，这个数字反映了新闻传播者在执行职责时所面临的极端风险，也凸显了新闻自由和新闻从业人员安全的重要性。国际社会、新闻机构和政府机构需要共同努力，以确保新闻工作者能够在安全的环境中履行他们的职责，维护新闻自由，制定和执行保护新闻从业人员的法律和政策，提供安全培训和心理健康支持，以及在必要时为他们提供法律援助。

二、新闻传播者的权利与义务

（一）新闻传播者的权利

1. 采访权

新闻传播者的采访权是指新闻记者通过访问、观察和实地调查等方法合法采集新闻材料的权利。采访权是新闻记者有权接触和查询公共事件和信息，包括接触相关的公共人物、目击者和专家，以及查阅相关的公共记录和报告，以此获取第一手资料，确保报道的准确性和客观性。采访权还涵盖了新闻记者在进行报道时对场景的观察和分析，记者可以直接前往事件现场，亲身体验和观察事件发生的环境和背景，深入地理解事件并在报道中提供翔实的描述。此外，新闻记者可以对事件背后的情况进行深入调查，如追踪相关的文件、数据和证据，或者进行长期的追踪报道。一般来说，新闻记者的采访权在大多数情况下受到法律和社会的保护和尊重。

2. 报道权

新闻传播者的报道权是其职业核心的关键组成部分。报道权赋予了新闻传播者一个独特的社会角色，使他们能够在不同的环境和情况下搜集信息，并将这些信息转换成对公众有意义的新闻报道，其主要过程涉及对原始信息的筛选、校验、整合和解释，确保所发布的内容既准确又具有相关性。新闻传播者在这个过程中扮演着信息的守门人，决定哪些信息值得公众注意，哪些信息需要摒弃。

在报道权的行使过程中，新闻传播者必须遵守法律和道德规范，确保信息的真实性和公正性，避免造成不必要的社会恐慌或误导。此外，要尊重个人隐私和保护知识产权，以及遵守新闻业的职业道德标准。

3. 评论权

新闻传播者的评论权是新闻行业中极为重要的一环，在新闻传播的过程中扮演着关键角色，不仅增强了新闻内容的深度和广度，而且为公众提供了理解和解读新闻事件的多元视角。评论权的核心在于对事实的尊重，新闻传播者在评论时必须基于准确和真实的信息，不能基于虚假或未经证实的信息，这是确保新闻质量和公信力的前提。新闻评论是对事实的再加工，也是对事实的深入解读和分析，旨在揭示事件的深层含义、背景和可能的影响。通过评论权，新闻传播者有机会表达自己的观点和见解，反映社会的不同声音和意见，这鼓励了批判性思维和公开辩论，对社会的健康发展起到积极作用。新闻评论通常包括对政策的分析、对公众事件的批评以及对社会现象的探讨等，这些都是为了促进公众对重要问题的理解和思考。此外，评论权带来了责任和挑战。新闻传播者的评论应遵守职业道德，尊重个人和群体的权利，避免造成误解或冲突。

4. 新闻来源保护权

新闻传播者的新闻来源保护权是一个关键的职业特权，涉及新闻工作者与其新闻来源之间复杂和微妙的关系。通常，新闻来源可能因为各种原因希望保持匿名，包括个人安全、职业风险或其他私人考量。新闻传播者在获得重要信息时，通常需要承诺对这些信息源的匿名性予以保护。他们必须在保护新闻来源的匿名性与遵守法律规定之间找到平衡点。新闻来源保护权的存在和实践不仅关系新闻的独立性和深度，也是评估新闻行业整体健康与自由的重要标准。在当今这个信息时代，这一权利变得尤为重要，因为信息的流动速度和范围都极大地增加了，新闻传播者更加依赖于匿名信息来源。

（二）新闻传播者的义务

新闻传播者在行使其特有权利的同时，承担着一系列重要的社会义务，这些义务是为了保证他们在传播信息时维护国家的利益、公民的权利和法律的尊严。在新闻传播领域，这些义务尤为关键，因为它们直接影响社会的稳定和正义的实现。一般来说，新闻传播者应该履行以下三个方面的义务：

1. 维护国家安全和社会稳定

新闻传播者在行使其职业职责时，首要的义务之一是维护国家安全和社会稳定。这一责任的核心是在报道新闻和信息时，须考量其对国家和社会的影响。新闻传播者的角色不仅是信息的传递者，也是社会和谐与稳定的维护者，应避免传播可能导致社会不安、煽动不利于社会稳定的情绪或行为的内容。在报道涉及国家安全的敏感事件时，新闻传播者应特别谨慎，确保信息的准确性和公正性，避免误导公众或激化矛盾。此外，新闻传播者在报道过程中需要平衡信息的透明度和社会责任感，应当在不损害国家利益和公共秩序的前提下，提供真实、客观的新闻报道，通过这种方式促进信息的自由流动，在维护国家安全和社会稳定的大框架内行使自己的职业职责。

2. 不得侵犯公民的合法权利

新闻传播者在执行其职业责任时，面临着一个重要的约束，即不得侵犯公民的合法权利。新闻传播者在追求新闻真相和进行报道时，必须小心谨慎，避免侵害他人的隐私权、名誉权和其他法律赋予公民的权利。例如，在报道中涉及个人隐私时，新闻传播者需做到不透露无关紧要或敏感的个人信息。同时，应避免发表未经证实的言论或假新闻，以免对公民的名誉造成不必要的伤害。此外，新闻传播者应尊重知识产权，不非法转载或使用他人作品。

3. 维护司法独立和法律尊严

新闻传播者在履行其职责时，维护司法独立和法律尊严是他们很重要的任务。这一职责要求新闻工作者在报道涉及司法案件或法律议题时，必须保持客观和中立的立场，以确保不对法律程序和司法判断产生不当影响。新闻传播者应避免发布任何可能误导公众或预先判断案件结果的信息，从而保证司法过程的公正和透明。此外，应尊重和维护法律的权威，避免在报道中传播任何贬低法律尊严或破坏司法公正的言论，这种做法不仅是对法律专业的尊重，也是对公众信任司法系统的重要维护。通过这种负责任的报道，新闻传播者有助于建立和维护一种法律至上和法治社会的环境，这对任何公正和民主社会的健康运作是很重要的。

三、新闻传播者的职业素质

新闻传播者的上述职业特征和职业权利与义务，要求新闻传播者具有特殊的职业素质。概括地说，新闻传播者应具有以下五个方面的职业素质：

（一）为坚持真理而献身的精神

新闻传播者的职业素质中核心的一点是对新闻传播事业的深厚热爱，以及为宣传和捍卫真理而献身的精神。热爱新闻传播事业意味着新闻传播者在面对各种挑战和压力时，能够坚守职业道德和原则，不被外界因素所动摇。他们要了解并深切认识到自己的工作对社会的意义，知道自己的报道会对公众观念产生重大影响。因此，在报道新闻时，他们要力求准确、公正和全面，以确保信息的真实性和可靠性。

为宣传真理和捍卫真理而献身的精神则体现在新闻传播者对待工作的态度上。他们不仅仅满足于报道表面的事实，更致力于深入挖掘每个故事背后深层次的真相，这种精神促使新闻传播者不断质疑、探索和验证信息，以确保所传递的内容不仅是事实，而且是对公众有重要意义的真理。当然，新闻传播者对真理的追求不是盲目的，而是建立在严谨的调查和分析的基础上的。

新闻传播者对新闻事业的热爱和对真理的坚持，使其成为社会中不可或缺的重要角色，他们不仅是信息传递者，也是社会意识形态的塑造者和公共舆论的引导者。例如，鲍勃·伍德沃德和卡尔·伯恩斯坦是华盛顿邮报的记者，因为揭露了 20 世纪 70 年代的水门事件而闻名。这个案例是新闻传播领域中职业精神和勇气的杰出例证。

（二）政治敏锐性和责任意识

在中国，新闻传播工作者肩负着多重关键职责，包括传达党的政策方针、反映人民的愿望和声音、及时报道改革开放与现代化建设的显著成就、忠实地记录国家飞速发展的每一个阶段、促进改革与发展，以及维护社会的稳定。鉴于此，新闻传播者需遵循以团结稳定激励和积极报道为主导的政策，增强对政治形势的感知和识别能力，尤其是在关键时刻，更需保持政治上的清晰与坚决。他们应当始终从大局考虑，不断提醒自己承担的社会责任，严格审核信息，恪守纪律。此外，新闻传播者应致力于宣传科学理论，传播先进文化，塑造积极向上的心态，弘扬社会正能量，并推广科学精神。

（三）过硬的新闻业务技能

1. 纵横驰骋的社会活动能力

作为社会活动的关键参与者，新闻传播者必须具备出色的社会活动技能。他们的角色要求，一方面密切关注领导层的动态，频繁穿梭于各政府部门之间；另一方面及时掌握民众在工作和生活方面的情况，常在广阔的江河湖海中穿行。通过这样的方式，新闻传播者能够有效地实现信息的双向流通，既将高层的信息传达给基层，又将民众的声音上传至上层，以及在不同群体之间实现信息交流。只有这样，他们才能真正发挥"上情下达、下情上传、左右情互达"的重要职能。

2. 广博的知识

鉴于新闻行业的广泛性，新闻传播者需要掌握丰富的知识，包括对文学和历史的深刻理解、对社会现象的洞察，以及对各类科学和技术基本概念的掌握。这种知识的广度能助力新闻传播者成为博学多才的记者或学者，对促进记者与采访对象之间的有效沟通很重要，为记者在新闻采集与报道过程中的真伪辨别和错误避免提供了必要支持。

3. 良好的新闻敏感能力

在新闻传播领域中，一项关键技能是新闻传播者对社会动态的敏锐洞察，以及对信息新闻价值的评估能力，这种能力被形象地描述为"新闻鼻"或"第六感觉"。当一个具有新闻价值的事件发生时，不同新闻传播者的反应各异。有些人可能对这样的事件毫无察觉，从而错过报道机会；有些人虽然最终意识到这一事件的重要性，但他们的报道由于时效性不强而显得滞后；另一些人能够凭借其出色的洞察力迅速捕捉到这些事件，做出及时报道。这些不同的反应充分展示了新闻传播者在敏感性和时效性方面的差异。

4. 独特的新闻发现能力

新闻的发掘并非单纯地追踪新闻线索，而是一个过程，在这个过程中，新闻工作者洞察并识别出客观现象内在的新闻价值，或是辨识出近期发生事件中引起公众普遍关注的核心要素。这种发现是一个主动而深入的认识过程，涉及"观察到每个人都能看到的，思考到别人未曾思考的"能力。正如法国著名艺术家罗丹所言："美是到处都有的。对于我们的眼睛，不是缺少美，而是缺少发现。"新闻记者通过发现新闻，能够创造出具有原创性的新闻线索，从而在日益激烈的同质化竞争中撰写出具有独特见解的优质新闻。新闻的发掘不仅依赖于记者的视觉观察，更重要的是依赖于记者的心灵洞察。只有基于长期的观察和深思，才能在日常生活中识别出那些具有深远实际意义和美学价值的新闻故事。

5. 扎实的文字、图像和版面时空的表达能力

若将新闻传播者在敏锐地识别和发现新闻方面的能力比喻为其"慧眼"与"慧心"，那么在文字、图像及版面布局的表现力方面，他们则可以被形容为拥有"神笔"。在文字表达的层面上，这种能力涵盖了严谨的逻辑思维、丰富的语言知识库，以及精湛的语法和修辞技巧。毛泽东曾将这些能力总结为"准确""鲜明""生动"。新闻写作不只是遵循标准的新闻撰写规则，更在于灵活选择多样化的视角和表达方式。这包括诸如"由此及彼""由彼及此""由近及

远""由远及近""由内至外""由外至内""由大至小""由小至大"等多种新闻观点，涉及对新闻体裁的持续创新。在图像及版面设计方面，新闻传播者需要娴熟地利用图片框架的多样性和色彩元素，以实现图文间的有机结合，从而达到图文并茂的效果。此外，他们需充分运用各类新闻编辑和编排技巧，以激发受众的阅读兴趣和审美情趣。这些技巧不仅提升了新闻内容的吸引力，也提高了信息的传播效率和影响力。因此，无论是进行文字表达，还是图像及版面设计，新闻传播者都必须具备综合能力，以在快速变化的传播环境中有效地传递信息。

（四）深入实际和吃苦耐劳的精神

在新闻行业中，工作的流动性极高，且工作环境常常极具挑战性。要成为一名新闻工作者，尤其是一名杰出的记者，首要条件是拥有强健的体质和坚韧不拔的精神。另外，新闻是不断发展变化的领域，新闻传播者需要将最新鲜、最生动的信息传递给广泛的受众群体。这就要求他们深入新闻发生的现场，因为只有通过这种方式，新闻传播者才能挖掘出最具有价值和现场感的新闻故事。事实上，许多高质量的新闻作品都是新闻传播者长期实地调查和生活体验的成果。这些名记者之所以能够脱颖而出，在很大程度上得益于他们对实际情况的深入了解和生活的深刻积累。对于新闻传播者而言，拥有健壮的体魄、坚定的毅力、对实际情况的深入了解以及吃苦耐劳的精神是很重要的。

（五）法律保障能力

新闻传播者应培育对法律的学习、遵守及应用的习惯。一方面，新闻传播者需要主动进行法律宣传，指导公众遵循宪法与法律，以构筑社会实施法治的坚固基础。另一方面，新闻传播者应依法进行其职业活动，自觉地保护和维护公民合法权利与社会公共利益，并妥善利用法律来保障自身合法权益。

此外，新闻传播者应自觉维护法律的尊严，利用法律所赋予的权限对各种违法行为进行舆论监督。这样做不仅有助于提升社会的民主和法治水平，也能促进新闻传播事业的稳定改革。

第二节　新闻传播受众

一、新闻受众的含义

"受众"（Audience）这个词源于拉丁语的"audientia"，意为"听力"或"听见的能力"。其原始含义与听觉有关，后来在中世纪早期的英语中演变成"audience"，意指倾听或收听的群体。这个词最初与现场表演、讲座或法庭陈述中的在场听众相关联。随着时间的推移，传媒和娱乐形式变得多样化，"受众"的概念逐渐扩展，不再局限于现场听众，而是泛指接收和响应任何形式信息的群体。"新闻受众"（News Audience）是随着新闻业的发展而产生的。传统上，新闻业起源于公告和宣告的传递，最早的新闻形式是口头传播，如古代的市场公告和传信者。随着印刷术的发明和报纸的出现，新闻开始以文字形式传播。这时，"新闻受众"这个概念开始形成，其最初是指阅读报纸的人群。进入20世纪，随着广播和电视的出现，"新闻受众"的含义拓展，包括收听广播和观看电视新闻的人群。在如今这个数字时代，"新闻受众"泛指通过各种媒介、平台接收新闻的广泛群体。

新闻受众，作为接收新闻内容的个体或群体，其定义因接触媒介的形式而异，通常被归类为读者、听众、观众。[①] 在新闻传播领域内，新闻媒介的所有者、内容制作者和传播者关注的核心问题是究竟有哪些人在阅读、收听或收看他们传播的新闻？这里所提到的"哪些人"，即新闻受众。新闻受众在整个新闻传播流程中，既是信息传递的对象，又是最终的接收者。

新闻受众通过与新闻媒介的互动，获取信息，在此基础上对所接收的信息进行评估，进而向新闻信息的传播者提供反馈。这些反馈可以是多种形式的，反映了受众在认知、态度和行为上的改变，并且已成为衡量新闻媒介传播效果的关键指标。

值得注意的是，新闻受众是一个广泛且复杂的概念，涵盖多样的个体和群体。首先，这一概念应被视为一个集合体，而非单一的个体，这个集合体在数

---

① 程世寿，胡继明.新闻社会学概论 [M] 北京；新华出版社，1997：102.

量上庞大且在质量上多样。其次，习以为常的读者、听众、观众的分类，实际上在现代媒介环境中常常发生重叠。例如，通过多种媒体形式接收新闻的受众，可能同时是读者、听众和观众。因此，将新闻受众简单地归类为读者、听众或观众是不够准确的，需要根据具体情况进行更细致的划分和理解。

二、新闻受众的分类

（一）根据接触媒介的类别进行分类

新闻受众根据他们接触新闻媒介的类别，可分为四个主要群体：报纸读者、广播听众、电视观众，以及现代社会中的网络受众。每种类型的受众在接收信息的方式、互动程度以及信息处理能力上都有所不同，这些差异对新闻传播方式和内容的设计产生了重要影响。报纸读者通常是指那些通过传统的印刷媒介获取新闻的群体。他们倾向于深入地阅读和理解新闻内容，因为阅读可以在自己的节奏下进行，容易深入挖掘和思考报道的内容。报纸读者通常对新闻的深度和质量有较高要求，他们在阅读时能够对信息进行细致的分析和判断。广播听众是通过收音机等音频媒介接收新闻的群体。这类受众更多地依赖于听觉信息，他们接收新闻时可能正在进行其他活动，如开车或做家务。因此，广播新闻的特点是简洁明了，易于理解，能快速传递关键信息。电视观众通过视觉与听觉的结合来接收新闻。这类受众群体能从图像和声音中获得更为丰富和直观的信息。电视新闻通常更注重视觉效果和故事性，能够吸引观众的注意力，快速传达新闻事件的现场感和紧迫感。而网络受众是现代社会中新兴的一大类新闻接受群体。他们通过互联网平台，如社交媒体、新闻网站和移动应用程序等获取新闻。网络受众的特点是信息获取方式多样，互动性强，他们不仅被动接收新闻，还能通过评论、分享等方式参与新闻的传播和讨论。网络新闻以其实时性、多样性和互动性满足了现代受众对信息快速获取和深度参与的需求。

（二）根据主导动机的不同进行分类

1.感性受众

感性受众主要是被情感驱动的受众群体。他们在接收新闻时，更多地受到情绪和感觉的影响，往往对那些能够触动他们情感的新闻内容敏感，通常倾向于寻找与个人经历、兴趣或情感状态相契合的新闻，关注那些讲述人类故事、描绘情感冲突或展示感人情景的报道。感性受众的反应通常较为直接和强烈，新闻消费行为更多的是出于寻求情感共鸣或心理慰藉。

2. 理性受众

与感性受众相对的是理性受众，这类受众在接收新闻信息时注重逻辑、事实和理性分析。理性受众追求的是新闻内容的深度、准确性和有益性。他们倾向于接收那些涉及政治、经济、科技等领域的新闻，这些新闻通常需要具备更多的背景知识和进行深入思考。理性受众在处理新闻信息时表现出较强的批判性思维，既是信息的接收者，又是主动的参与者，经常对所接收的新闻内容进行深度分析和讨论。

（三）根据媒体稳定占有受众的规模进行分类

1. 广众

广众是指拥有 25 万人以上的受众群体，由于其庞大的受众规模，通常会提供广泛和多样化的内容，以满足不同背景和兴趣的受众。这类媒体的内容往往具有普遍的吸引力，旨在覆盖尽可能多的人群，如全国性的电视台和主流的日报。

2. 小众

小众是指那些拥有 25 万人以下的受众群体，旨在提供更专业或更具针对性的内容。例如，专注于特定行业的杂志，针对特定兴趣群体的网络平台，或是服务于特定地理位置的本地媒体，这类媒体虽然受众规模较小，但通常能够深入地与受众互动，为受众提供定制化的内容和服务。以《连线》(*Wired Magazine*) 为例，《连线》主要关注科技、数字文化、新兴技术，以及与之相关的政策和社会影响，是一个针对科技爱好者、行业专业人士和数字文化追随者的专业媒体，提供深入分析、报道和评论。《连线》的受众虽然相对较小，但特定和忠诚，主要是对科技和数字文化深感兴趣的人群。这个杂志提供的内容专业而深入，常常涉及最新的科技趋势、创新思想和前沿科学。它的报道不限于技术本身，还包括技术如何影响社会、经济和文化等广泛领域。

（四）根据接触媒介的确定性进行分类

在新闻传播学领域中，根据人们与媒介的接触程度和稳定性，受众群体通常被划分为现实受众与潜在受众。现实受众是指那些已经持续接触并利用各种新闻传播媒介的人群，而潜在受众是指那些尚未接触或仅接触部分新闻传播媒介的人群。潜在受众尽管目前并未进行明显的受传行为，但在一定程度上具备了转变为媒介受众的潜力。随着社会的不断发展，人们的社会环境和条件经历了显著变化，对新闻传播业提出了新的挑战和机遇。新闻传播机构的一个重要目标是将潜在受众转化为现实受众，以最大限度地扩大其影响范围和受众基础。实现这一目标需要时间和战略性的规划，因为潜在受众变成现实受众的过程可能会因时间、环境和其他社会因素的不同而异。此外，各类传媒机构在确定其潜在受众数量时，需采用因时制宜的策略，以便有效地进行传播工作。这些策略需要考虑到不同时间段内潜在受众的特点和需求，以便有效地吸引他们成为现实受众。当条件成熟时，潜在受众将转化为现实受众，即那些定期接触和使用新闻传播媒介的人群。

（五）根据接触媒介的机会进行分类

1. 随机受众

随机受众是指不固定受阅某个媒体的人，即不固定地、偶尔地选择该媒体。

随机受众并不是特意寻找特定新闻或媒体内容，而是在日常生活中偶然遇到。例如，可能在等待时随手翻阅杂志、在通勤途中无意间听到广播新闻，或者在浏览社交媒体时偶然看到新闻链接。对于这类受众来说，新闻消费更多是非计划性和偶然性的，而不是有意识和持续性的。

2. 目标受众

与随机受众相对的是目标受众，这类受众有明确的媒介消费目的和偏好，他们通常会主动寻找和关注特定类型的新闻内容，如特定主题的新闻报道、专业杂志或者特定领域的网络平台。目标受众的特点是有高度的参与度和对特定信息的强烈需求，对所接触的新闻内容专注和投入。

针对随机受众，新闻传播者需要设计吸引眼球且容易接触的内容，以便在短时间内抓住他们的注意力。而针对目标受众，新闻传播者应提供深入、专业的内容，以满足他们对信息深度和质量的需求。通过准确识别和定位这两类受众，新闻传播机构可以有效地传播信息，扩大其影响力和受众基础，从而在竞争激烈的媒体环境中取得成功。

三、新闻受众的特点

在当今的新闻传播环境中，新闻受众展现出几个显著的特点，包括自由性、隐匿性和众多性。这些特点共同定义了现代新闻受众的特性，并对新闻传播机构的策略和内容产生了重要影响。

（一）自由性

自由性是指新闻受众在选择新闻来源和内容时享有的广泛自由。随着互联网和数字媒体的发展，受众可以从多种渠道获取新闻，而不再局限于传统的报纸、电视或广播。他们可以根据自己的兴趣和需求，自由选择订阅特定的新闻网站、关注社交媒体上的新闻频道，或者下载专门的新闻应用。一个典型的例子：中国的微博用户展示了新闻受众自由性特点。微博是中国流行的社交媒体平台之一，用户可以自由选择关注不同的新闻来源和个人账号。例如，用户可以选择关注官方新闻媒体的微博账号，如新华社、人民日报等，来获取官方的新闻报道。同时，他们也可以关注独立记者、评论员或专业领域的专家，以获取多元化和深度的新闻分析和评论。这种自由性使得微博用户能够根据个人兴趣和需求，定制自己的新闻信息流。

（二）隐匿性

隐匿性涉及新闻受众在接收新闻时的匿名性。在数字时代，人们可以在不暴露自己身份的情况下浏览、阅读和分享新闻，这为受众提供了自由和安全感，使受众能够在不受社会压力或偏见影响的情况下接触各种新闻内容。然而，这给新闻传播者带来了挑战，因为他们很难获取关于受众的具体信息，因此可能会影响新闻内容的个性化和针对性。一个贴近中国背景的新闻受众隐匿性的例子是微信公众号上的新闻阅读。微信作为中国受欢迎的社交媒体平台之一，其公众号功能允许用户订阅各类新闻和内容。用户在阅读这些内容时，通常不会暴露自己的真实身份信息。他们可以在匿名或半匿名的状态下浏览、阅读和分享新闻，无须担心自己的观点或阅读偏好被外界知晓，也不必担心自己的选择会受到社会环境或个人网络的影响。这种隐匿性给中国的新闻受众提供了一定程度的自由和安全感。另外，这种隐匿性给新闻传播者带来挑战，尤其是在了解受众需求和偏好、进行个性化内容推荐方面。然而，这也促使新闻传播者寻找更创新的方式来吸引和维持受众的兴趣，保持新闻内容的相关性和吸引力。

（三）众多性

众多性是指现代新闻受众的规模和多样性。全球化和互联网的普及使得新闻媒体能够触及更广泛的受众，而这些受众在地理位置、文化背景、兴趣爱好等方面存在巨大差异。新闻机构必须认识到这种多样性，努力适应不同受众的需求，这就要求新闻内容不仅要有广泛的吸引力，还要能够满足不同受众群体的特定需求。中央电视台（CCTV）的春节联欢晚会是一个典型的展示新闻受众众多性特点的案例。每年春节期间，CCTV举办的春节联欢晚会吸引着成千上万的观众收看。这个晚会不仅是中国最大的年度电视事件，也是世界上收视人数最多的电视节目，涵盖来自中国各地、不同年龄、性别、职业和文化背景的观众。无论是城市居民还是农村地区的居民，无论是年轻人还是老年人，都会在春节期间观看这一晚会，享受节目带来的娱乐和欢乐。

四、新闻受众的角色

（一）媒介信息的解读者

在信息传播的过程中，传播者首先需要将信息编码，并利用各种符号作为载体进行传递。这些符号到达受众后，受众便开始对其进行解码，以便理解和获取信息。在解读这些符号时，受众不仅能够领会符号所直接表达的明显含义，还能洞察其中隐含的暗示性意义。在某些情况下，受众甚至可能会赋予这些符号以全新的含义。值得注意的是，受众对符号的解读并不总是与传播者的初衷一致。有时候，受众的解释可能完全符合传播者的预期和目的，但在其他情况下，受众的理解可能与传播者的意图存在偏差。

在信息解读的过程中，受众的理解通常会受到多种因素的影响，包括特定的语境、情境背景、社会文化环境，以及个人的心理状态和价值观念。因此，即使是面对同一条信息，不同的受众也可能产生截然不同的解读。以一则关于留守儿童的新闻报道为例，受众的反应和解读可能呈现出显著的差异。一部分受众可能会表现出对留守儿童困境的同情和悲悯，他们的反应更多是停留在对新闻表层的情感共鸣上。另一部分受众可能会深入探究这个问题的更深层面，识别并关注留守儿童现象背后隐藏的广泛的社会和经济问题。不同层次的解读反映了受众对信息的多维度理解和反应。较为表层的解读倾向于对新闻事件的直接反应和情感共鸣，而更深层次的解读涉及对事件背后深层次原因和社会意义的探讨。这表明，同一条新闻信息在不同受众中可能激起不同层次的思考和认知，显示了受众在信息解读上的复杂性和多样性。

为了提升信息传播的效果，确保受众能够对信息进行更全面和准确的解读，信息传播者应当致力于提供多维度、多视角和多元来源的信息。这种信息的丰富性和多样性有助于受众从不同角度理解和分析信息，从而得出深入和客观的结论。与此同时，受众本身也应当注重在日常生活中积累与媒介互动的经验，帮助受众构建全面的视角，以便深入地理解和评估所接收到的信息。通过这种双向努力，即信息传播者提供多维度的内容和受众积极积累经验，提高信息传播的质量和效果，促进公众对信息的全面和客观理解。

（二）新闻媒介产品的消费者

新闻受众在日常生活中主要接触的是具体的新闻媒介产品，如各种报纸、新闻杂志或电视（广播）节目。在众多场合下，这些受众通过需要支付一定金额来获取这些媒介产品，进而实现阅读、收听或观看新闻内容的目的。事实上，这种行为可以视为一种消费活动。因此，在市场经济的视角下，新闻受众实际上扮演着新闻媒介产品消费者的角色。

新闻受众对新闻媒介产品的消费行为受到各种因素的影响，既包括受众个人特点，又包括社会环境因素。从受众个人的角度来看，他们选择特定的新闻媒介产品，可能是基于对即时、准确、深入新闻信息的需求，也可能是为了娱乐放松、舒缓情绪。社会环境因素对受众的消费选择也有显著影响，主要表现在以下几个方面：

第一，受众通过接触和消费某一新闻媒介产品获取信息，是一种社会互动和自我认同的表达，他们因此得以融入特定的社会交往圈子，并在其中加强某些价值观念。例如，通过订阅某个特定的报纸或频繁访问特定的新闻网站，受众可以与具有相似兴趣和观点的人建立联系，从而在社会交往中找到归属感和认同感。

第二，新闻媒介的社会形象、知名度、美誉度和品牌定位在很大程度上影响着受众对媒介产品的选择，包括媒体品牌的整体市场定位，以及对媒体特定产品的宣传和推广策略。例如，报纸的头版设计若具有吸引力，或者某个网站提供独家新闻内容，都可能成为吸引受众注意力的因素，这些细节反映了媒体机构如何通过各种手段来塑造自身形象，并影响受众的消费选择。

第三，特定时期内的社会舆论是影响受众消费媒介产品行为的重要因素。在某些关键时刻，如重大灾难发生或社会结构变动时，人们对新闻媒介的关注度显著增加，以期获得及时的信息和解读。这种"舆论效应"凸显了社会事件对新闻消费行为的直接影响。

当新闻受众被视作"消费者"时，会在一定程度上激励新闻媒体经营者积极投身于激烈的媒体竞争之中，促使他们培养出一种危机意识，从而专注于根据受众需求制作和传播符合期望的新闻产品。然而，新闻媒介经营者在追求市场份额和利润的同时，必须持有一种理性的观念来审视受众的消费行为。他们不能仅仅为了提高市场占有率或盈利而单纯迎合受众的低俗兴趣，因为这样做可能会导致媒介内容质量的下降，误导公共舆论，从而背离媒介的公共服务使命。因此，合理的经营策略应该是在追求经济效益的同时，坚持新闻媒介的社会责任，确保其内容的质量和深度，以免对社会产生负面影响。

（三）新闻传播的积极参与者

在新闻传播过程中，受众的角色并非单纯的被动接受者；相反，他们展现出明显的主动性，成为新闻传播的积极参与者。在这个过程中，受众的参与可以根据其参与方式和程度，划分为几种不同的类型。

1.受众参与新闻传播的类型

（1）支配性参与

支配性参与在新闻传播领域中是指受众在新闻传播过程中扮演决策和控制的关键角色。换言之，受众是新闻信息的接收者，也是影响和指导新闻传播方向与进程的主导力量。在这种情境下，受众对新闻传播活动的影响达到最大化。支配性参与是一种深度参与，突破了传统的被动接受框架，使得受众在新闻传播的整个过程中扮演了积极和主导的角色。

（2）旁观性参与

旁观性参与在新闻传播活动中是指受众以观察者的角色参与其中，既不进行深入的评论与批评，也不提供任何形式的反馈。在新闻受众的参与度层次中，旁观性参与被视为最基础和表层的形式。

（3）合作性参与

合作性参与的概念涉及新闻受众作为传播流程中的一个关键组成部分和独立实体的参与模式。在合作性参与方式下，受众不再是被动的观察者，而是以其独特的身份和视角积极参与新闻传播的过程。由于受众的主动参与和个人表达，新闻传播活动得以获得更深层次和多元化的含义。对于受众而言，合作性参与不是表面的或被动的参与方式，而是一种相对深入的参与方式，影响着新闻传播的过程和效果。

2. 受众参与新闻传播的方式

第一，受众在接收新闻媒体提供的信息之后，通常会利用传统邮件、电话或电子邮件等手段，向媒体反馈自己的观点、意见和建议。

第二，受众有时会直接参与新闻媒介的传播活动，这不仅包括信息的接收，还包括在新闻制作或传播过程中的积极角色，如参与讨论、投票等。

第三，受众可能会向新闻媒体提供新闻线索或素材。这些由受众提供的信息，有时会成为重要的新闻来源，有助于新闻媒介挖掘更深层次的报道内容。

第四，受众可能为新闻媒介提供意见性信息或进行新闻评论。这种反馈形式不仅丰富了媒体内容，还增强了新闻报道的多元性和深度。

第五，受众参与新闻媒介的调查活动，为新闻媒介制定传播策略提供了重要的现实依据。

3. 受众参与新闻传播的特点

（1）贴近性

受众的贴近性表现在他们主动参与新闻传播活动时，关注的话题通常与日常生活密切相关，使新闻传播贴近实际，与受众的兴趣和需求契合。

（2）互动性

随着公众积极参与新闻传播活动，新闻传播媒介与受众之间建立了双向甚至多向的信息交流和反馈机制。尤其是在网络时代，受众能够便捷地参与新闻传播过程，并及时有效地提供他们的反馈意见，进一步关注新闻信息，这不仅拓宽了他们对新闻制作和传播过程的兴趣，还彰显了他们参与新闻传播的互动性。

（3）可读（视）性

长期以来，新闻报道在某些方面可能显得单一、生硬、传统。然而，受众的参与逐渐推动了新闻报道形式的多样化，提高了新闻报道的可读（视）性，使其具有吸引力。

（4）服务性

新闻传播本质上是为了服务广大公众的生产和生活。然而，长期以来，新闻媒介可能过于强调新闻的引导性，而忽略了新闻的实用性和服务性。受众的逐渐参与使得新闻媒介注重为公众提供有用信息，从而赢得公众的信任和支持，进而在激烈的竞争中取得胜利。

第三节　新闻传播内容

一、政治动态报道

政治动态报道作为新闻传播的一个重要领域，承担着向公众传达政府决策、政策发布和执行情况的关键任务，其核心在于为公众提供及时、准确、全面的信息，帮助公众理解和分析政治事件及其对社会的影响，从而提高民主参与度和政治透明度。

（一）政府决策

在政治动态报道中，政府决策的传播尤为重要。这些决策涉及经济政策、社会福利、国防安全、外交关系等多个方面。媒体在报道这些决策时，需要传达决策的内容和目的，深入分析其背后的政治逻辑、影响群体和可能产生的长远效应。对于决策过程的报道，如政府内部讨论、利益相关方的意见、公众反应等，也是不可或缺的部分，有助于提高政策制定的透明度，从而让公众理解决策背后的多元考量。

（二）政策发布

政策发布是政治动态报道的另一个重点。政策发布是传递信息的过程，也是政府与公众沟通的桥梁。媒体在报道政策发布时，需要注重信息的准确性和时效性，确保公众能第一时间获取重要的政策信息。同时，媒体承担着解读政策的责任，通过专家分析、数据支持和案例研究，帮助公众理解政策的具体内容、目的和潜在影响，这对构建公众的政策理解和评估能力很重要。中国共产党第二十次全国代表大会（简称"党的二十大"）的召开是一个极佳的政治动态报道案例，展现了新闻传播在涵盖政治重大事件方面的作用。新闻传播机构通过直播、特写报道、分析评论等形式，全面介绍了党的二十大的召开背景、代表构成、议程安排，以及会议期间的主要讨论内容，为大众提供了关于大会本身的基本信息。政治动态报道特别关注了对新一届领导人的介绍，帮助公众理解了中国政治的最新发展趋势和未来的政策走向。同时，政治动态报道关注了公众对党的二十大的反应和意见，包括社交媒体上的讨论、专家学者的分析和普通民众的观点，为公众参与政治生活提供了渠道，提高了政治过程的透明度和公众的政治参与感。

（三）执行情况

政策执行情况的报道则关注政策从纸面到实际操作的过程。这一环节的报道通常需要深入调查和持续追踪，包括政策实施的进展、效果评估、存在的问题及其解决方案等，能够帮助政府及时了解政策执行中的实际情况，还能够让公众监督政策的执行效果，确保政策真正服务于民众的利益。

在整个政治动态报道过程中，媒体扮演着信息传播者、解读者和监督者的多重角色。一方面，媒体需要保证信息的客观性和准确性，避免误导公众；另一方面，媒体需要承担社会责任，通过深入分析和质疑，推动公共政策的完善和社会的进步。此外，随着科技的发展和社交媒体的兴起，政治动态报道的形式和传播渠道也在不断发生变化。在数字时代，社交媒体成为政治信息传播的重要平台。不同于传统媒体的单向传播模式，社交媒体提供了一个互动性强、反馈迅速的环境。政治领袖、政府机构、新闻机构以及普通公民都可以在这些平台上发布和分享政治相关的内容。同时，社交媒体的崛起改变了新闻报道的风格和内容。为了吸引受众的注意并适应社交媒体的浏览习惯，许多新闻报道开始采用简洁、直观的格式，如使用图表、短视频和动态图像。此外，社交媒体平台上的算法驱动的内容推送机制也对政治动态报道产生了影响。这种机制可能导致信息的回音室效应，即用户将更多地接触到与自己观点一致的信息。

二、经济形势分析

经济形势分析作为新闻传播的重要内容之一，承担着向公众报告经济发展趋势、企业运营状况和市场变化等重要职责。对经济形式的分析，在某种程度上为公众提供了了解经济环境的窗口，也为决策者提供了宝贵的信息资源，对经济政策制定和企业战略规划具有重大影响。

（一）经济发展趋势

在新闻传播领域，对经济发展趋势的分析是通过解读一系列宏观经济指标，如通货膨胀率、失业率、财政赤字和货币政策等，为公众提供关于国家或地区经济状况的视角。

1.通货膨胀率

通货膨胀率作为衡量货币价值和购买力的关键经济指标，在经济报道中占据重要地位。通货膨胀率直接反映着一国货币随时间的贬值程度，以及购买同样数量商品和服务的成本增加。当通货膨胀率较高时，意味着货币价值下降，人们需要更多的货币来购买相同的商品和服务，从而导致生活成本上升。在新闻报道中，对通货膨胀率的分析报道会提供最新的通货膨胀数据，并与过去的数据进行比较，以展示通胀趋势。例如，当前通胀率显著高于前几年的平均水平，这可能表明经济正面临加速的货币贬值和上升的生活成本，并通过图表和数据可视化来帮助公众理解这些趋势。与此同时，新闻报道会深入分析造成通胀的各种因素。其中，供应链问题是常见的通胀原因之一，如全球贸易中断或发现生产瓶颈会减少市场上的商品供应，导致价格上升；能源价格的上涨，尤其是石油和天然气价格的变化，也是影响通胀的关键因素，因为能源成本的增加会影响商品和服务的生产和运输成本，而新闻报道在探讨这些因素时，时常会引入专家分析和行业数据，以提供深入的视角和全面的解读。此外，中央银行对通货膨胀的反应是经济报道中的重要内容。为了控制通胀，中央银行可能会采取紧缩的货币政策，如提高利率，以减少流通中的货币量和抑制借贷。这些政策的实施对经济有着深远的影响，包括影响企业的投资决策和消费者的贷款成本。新闻媒体在报道政策时，不仅会解释其对经济的直接影响，还会探讨其可能的长期后果，如对经济增长和就业市场的影响。

2. 失业率

失业率是衡量劳动力市场健康状况的另一个关键指标，显示了求职人口中无法找到工作的比例。失业率的上升通常被视为经济增长放缓或衰退的信号，而降低的失业率表明经济活动的增强和就业市场的改善。新闻媒体在报道失业率时，通常会综合分析不同行业和地区的就业情况，考察政府及企业采取的应对措施。列举一个典型的报道案例，假设在某个工业重镇，由于自动化技术的发展，传统制造业岗位大量减少，失业率上升。报道将聚焦于这一变化对当地社区的影响，包括工人的生活状态和对未来的不确定性。同时，报道会探讨政府如何通过培训项目帮助这些工人转型，如提供编程或新能源技术的培训课程。除此之外，报道可能关注企业如何适应这一变化，如投资于新技术或在新兴行业创造就业机会。

3. 财政赤字

财政赤字是指政府支出超过其收入的情况。财政赤字的存在可能表明政府为刺激经济增长而增加支出，或者税收收入不足。新闻报道中会分析财政赤字的原因和规模，以及对国家债务水平、信用评级和经济稳定性的潜在影响，以帮助公众了解政府财政政策的影响和国家经济的健康状况。

4. 货币政策

货币政策，特别是中央银行的利率决策，对经济发展有着深远的影响。新闻媒体在报道货币政策时，会关注政策的改变对借贷成本、投资和整体经济活动的影响，以及政策制定者的意图和未来方向，以帮助公众、企业和投资者更好地理解和应对货币政策的影响。

（二）企业运营状况

企业运营状况的报道会关注企业层面的经济活动，包括企业的财务状况、市场表现、管理策略、技术创新等。这类报道通常会深入探讨单个企业或行业的发展趋势，分析其盈利能力、市场份额、成本结构和竞争策略等。企业层面的经济报道不仅对于投资者和市场分析师来说很重要，还能帮助普通公众理解经济新闻背后的商业逻辑，对推动经济知识的普及和提高公众的财经素养具有重要意义。

（三）市场变化

市场变化的报道聚焦于经济活动的"前线"，包括股市动态、商品价格变动、消费趋势、房地产市场情况等。第一，股市报道是市场变化报道的重要组成部分，会关注股市指数的涨跌，深入分析这些变化背后的原因。例如，利率调整、税收政策改革等政策变动，都可能对股市产生重大影响。企业的季度业绩报告、行业发展趋势、市场竞争格局的变化也是影响股市波动的关键因素。新闻报道在这里扮演着解读者的角色，通过专家分析、数据对比和历史背景的梳理，帮助公众理解股市波动的深层原因，使他们做出明智的投资决策。第二，商品价格的变动报道同样重要。这不仅涉及日常消费品的价格变化，还包括原材料、能源和农产品等的价格波动。这些价格变化反映了供需关系、国际贸易状况和全球经济趋势。新闻媒体在报道商品价格变动时，不仅会提供价格数据，还会深入探讨价格变动背后的原因，如天气变化对农产品价格的影响、国际政治局势对能源价格的影响等。第三，在消费趋势的报道中，新闻媒体关注的重点在于消费者行为的演变和新兴消费模式的出现。随着技术的发展和社会的变迁，消费者的购买习惯、消费偏好和购物渠道均在不断发生变化。例如，电子商务的兴起、绿色消费的流行、个性化和定制化服务的增长等，都是消费趋势变化的体现，也是宏观经济走向的重要指标，影响着企业的市场策略。通过对这些消费趋势的及时报道和深入分析，新闻媒体帮助公众和企业把握市场脉动，适应经济环境的变化。第四，房地产市场的报道则关注住房价格、建筑成本、房地产投资和政策调控等方面。房地产市场作为经济中的重要部分，其变化对经济的健康发展具有深远影响。新闻媒体在这方面的报道提供了精准的市场数据，更重要的是分析了房地产市场的趋势、政策影响，以及对经济其他领域的潜在影响。

三、社会热点事件

社会热点事件是新闻传播中关键和吸引人的一个领域，覆盖了从突发事件到社会现象再到文化活动等多个方面。

（一）突发事件

在新闻传播中，对突发事件的报道和传播是一个高度复杂且富有挑战性的过程。这一过程通常始于对事件的快速发现和确认。一旦发生突发事件，如自然灾害、重大事故或其他紧急情况，新闻媒体会迅速动员资源，包括现场记者、摄影师和后勤支持人员，以确保能从第一线获取信息。随着事件的发展，新闻传播进入了信息整合和深度分析阶段。这时候，新闻机构会收集来自不同渠道的信息，包括官方声明、目击者账户和专家意见。这些信息经过筛选和校对，便形成了全面和深入的报道。在这个过程中，新闻机构会努力揭示事件的原因、影响和可能的后果，并提供背景信息，帮助公众理解事件的上下文和复杂性。随着事件的发展，新的信息和数据会不断浮现，新闻报道需要实时更新，以确保公众获取到最新的信息。此外，这一阶段包括对事件的长期影响和后续发展的分析，如政策变化、预防措施的实施等。

（二）社会现象

新闻传播中对社会现象的报道和传播涉及对社会现象的深入挖掘、准确理解和有效传达。在报道社会现象时，新闻媒体首先需要识别和选择那些具有广泛社会影响和公众兴趣的现象。识别之后，新闻传播的下一个步骤是进行全面而深入的调查，收集数据和事实、采访各方利益相关者、访问现场等。在这个阶段，新闻机构会揭示社会现象的多重面貌，理解其背后的原因、动态和可能的影响，为之后的分析和讨论提供坚实的基础。接下来，新闻传播将进入解读和分析阶段。在这个阶段，新闻媒体会利用收集到的信息，结合专家观点和历史背景，对社会现象进行深入分析，使得公众能够全面和深入地理解社会现象。同时，新闻媒体会探讨这些现象对社会、政策和公众生活的潜在影响，从而引发公众的思考和讨论。最后，新闻传播的过程包括将事实和分析简单地呈现给公众，以易于理解且吸引人的方式进行，可以使用图表、信息图、互动内容等多种形式，使得复杂的社会现象能够被不同背景的公众所理解。此外，新闻传播会通过各种渠道，如传统媒体、社交媒体、公共论坛等，广泛传播这些信息，确保它们能够触及广泛的受众。

（三）文化活动

新闻传播中对文化活动的报道和传播首先会关注各种文化活动的类型、规模、参与者和举办背景等基本信息，如艺术展览、音乐会、文学朗诵会、民间节庆等。然后，新闻传播的重点会转向活动背后的文化背景、历史渊源、艺术风格及其在当代社会中的地位和作用的探讨。例如，在报道一个传统节庆时，除了介绍节庆的基本情况外，还会深入其历史渊源，探讨其在现代社会中的演变和意义。此外，新闻媒体在处理文化活动时，会分析文化活动如何反映或影响当前的社会趋势、公众情绪和价值观念。通过这种分析，文化活动不再是孤立的事件，而是与公众的日常生活和社会大环境紧密相连，使文化活动的报道生动，引发共鸣。在传播过程中，新闻媒体会运用各种形式和技术手段来增强报道的吸引力和影响力。例如，使用图像、音频和视频等多媒体元素来丰富报道的感官体验，运用故事叙述技巧来提高信息的传达效果，以及通过社交媒体和网络平台来扩大文化活动的影响范围和受众群体。新闻传播中对文化活动的报道和传播是一个涵盖从信息收集到深入分析再到多样化传播的全过程。通过这样的报道和传播，新闻媒体扩大了文化活动的影响力，也丰富了公众的文化生活和社会认知。

四、教育科技报道

（一）教育改革

教育改革报道通常涉及课程内容的更新、教学方法的革新、教育政策的调整以及教育资源的分配等多个方面。报道不仅会介绍教育系统中的重要变革，如新的教育标准的制定、远程教学技术的应用、教育公平问题的探讨，还会关注教育改革所带来的社会影响，包括对学生能力的培养、教师角色的变化和教育资源的优化配置。近年来，随着科技的快速发展，数字化教学工具和在线学习平台的广泛应用已成为教育改革的一个重要趋势。这些报道能够帮助公众了解教育领域的最新发展，能够为教育政策制定者和实践者提供有价值的信息和启示。

（二）科技创新

科技创新报道通常涉及最新科研成果、技术发明、科研项目和技术应用等内容。报道不仅展示了科技创新的成果和潜力，还探讨了这些创新如何影响我们的日常生活、工作和社会结构。在这个过程中，新闻报道扮演着知识传播者和公众教育者的角色。人工智能、大数据、生物技术等领域的最新进展，不仅仅是科技的突破，更是推动社会进步和改变人们生活方式的重要因素。通过详细报道这些科技创新，可以加深公众对科技进步的理解和认识，激发年轻一代对科学探索的兴趣。

（三）应用成果

应用成果报道是连接教育改革和科技创新的桥梁。报道会集中展示科技创新如何应用于教育实践，以及教育如何促进科技的发展。例如，虚拟现实（VR）和增强现实（AR）技术在教育领域的应用，为学生提供了沉浸式的学习体验，使抽象概念和复杂过程变得直观易懂。同时，教育领域对新技术的需求促进了相关技术的发展和完善。对这些应用成果的报道展示了教育和科技相互促进的关系，也为公众提供了关于如何有效利用科技改进教育的实践案例。

五、国际时事交流

国际时事交流在新闻传播中的核心在于通过新闻媒体搭建起一座多元文化交流的桥梁，让不同国家的人能够更好地理解彼此的文化、政治、经济和社会环境。在全球化日益加深的今天，国际时事交流变得尤为重要。每个国家都在经历着自己独特的变化和发展，而这些变化和发展不仅仅影响着本国，也对其他国家产生着深远的影响。国际新闻报道提供了一个窗口，使人们能够窥见其他国家的社会动态，理解其政策决策背后的动因，以及这些决策如何影响国际社会。例如，当一国发生政治动荡或经济危机时，国际时事交流能够帮助世界各地的人们理解其背后的原因，以及这一事件可能给全球政治经济格局带来的影响。通过比较不同国家媒体对同一事件的报道和看法，人们不仅能够获取信息，还能够学会从多个角度思考问题，这对培养国际视野和批判性思维能力很重要。此外，国际时事交流在促进不同文化之间的理解和融合方面发挥着重要作用。通过报道不同国家的文化活动、传统习俗和社会习惯，新闻媒体能够帮助人们跨越地理和语言的障碍，增进对其他文化的了解和尊重，促进国际的和平与合作。国际时事交流的另一个重要方面是促进全球问题的共同解决。面对气候变化、恐怖主义、跨国犯罪等全球性挑战，不同国家必须协同合作，共同应对。国际新闻报道通过提供这些问题的最新进展和不同国家的应对策略，加深了公众对这些问题的认识，促进了国际社会在解决这些问题时的合作和对话。然而，国际时事交流也面临诸多挑战。不同国家的媒体体系和政治环境差异可能导致信息的偏差和误解。因此，确保报道的客观性和准确性是国际时事交流中不可忽视的一环。

第四节　新闻传播媒介

一、报纸与新闻传播

报纸，作为一种悠久的历史传媒，是以定期散发的方式向公众提供新闻和时事评论为主要内容的出版物。报纸具备独特的传播方式和特征。传播方式是指信息传递的媒介形式，也就是信息的物质表达方式。报纸主要采用文字和图片（包括版面设计）作为其传播方式。文字是语言的书面表达，它具备语言符号系统的基本特征，具体包括以下几点：

第一，符号学中的"任意性"原则强调了符号的"施指"（即声音形象）与其"受指"（即概念）之间缺乏自然或必然的连接，这种联系是基于约定的。

第二，符号的施指性质在其线性展示中得到体现。在语言领域，它是指作为声音的表现形式，其存在和理解依赖于时间序列的展开。当转换为文字形式时，这种线性特征更为突出。由此，语言符号得以准确而深入地表达抽象概念。而非语言符号，如图像，其指代和表达之间存在内在的必然联系。非语言符号的优势在于它们能够通过多种渠道进行非线性传播，从而提供真实和生动的表达形式。

第三，语言符号通过其线性传播特性，能够激发和融入读者的想象力和思维过程。以报纸为例，其传播策略主要依赖语言符号，辅以非语言符号，使得报纸不仅能够传达抽象深奥的观念，也能展现具体事物，为读者提供广阔且深刻的阅读和想象空间，促进传播者与读者之间的有效互动。

上述传播方式决定了报纸具有以下五个方面明显的传播特点：

第一，传播速度相对缓慢。在对比广播电视和报纸出版的过程中，后者显得更为复杂。这种复杂性源于其多环节的操作流程，涵盖从采集、编辑、排版、印刷到发行的各个阶段，每一环节都是不可或缺的。相较于广播电视的快速新闻传播，报纸在这方面显得缓慢。不过，这种"缓慢"也具有相对性。在特定的时间、地区和事件背景下，报纸的信息传播速度甚至可能超过广播电视。由于报纸主要通过文字符号传递信息，这对读者的文化素质提出了一定的要求，使其直接受众范围相对狭小。

然而，报纸在媒体竞争激烈的当代社会，仍需发挥其独特优势，并积极适应科技进步，以弥补其固有缺陷。举例来说，2003年2月1日，美国"哥伦比亚"号航天飞机发生事故时，正在庆祝春节的广州市民，大多是通过《南方日报》最早得知此消息的。这一实例表明，新闻的传播速度不仅与媒介本身的速率相关，还与受众的观看习惯紧密相关。大多数正常工作、学习和生活的人群，他们对报纸的依赖并不亚于对广播电视的偏好。因此，尽管报纸在传播速度上不如广播电视迅捷，但在某些情况下，其影响力和传播效果仍不容忽视。

第二，便于深度报道。报纸媒体通过文字符号的方式传递信息，便于深入分析新闻事件，提供丰富的背景资料和历史知识。报纸媒体主要阐释事件的原因和结果，甚至对新闻动态的未来走向进行预测，进而协助读者对重大新闻有深层次认识。随着广播电视的兴起，报纸的及时性面临巨大挑战，从而导致报纸走向注重深度报道、解释性报道和调查性报道等深层报道的方向。这种变化构成了一个新局面，即广播电视追求速度优势，而报纸专注于深度报道。

例如，广州市民政部网站发布了关于广州市行政区划重大调整的信息，各类媒体迅速进行了报道。由于报纸出版过程的复杂性，报纸无法与电子媒体竞争成为首个报道者。然而，报纸能够利用其独有的优势，在深度报道方面做得很充分。例如，《羊城晚报》就用六个版面的篇幅推出了《广州行政区划调整》的特别报道，从历史背景、现实情况、区域对比以及对民众生活的影响等多个角度，进行了全面且深入的探讨。这类报道与民众的生活紧密相关，因此受到广泛关注。在民主法治社会不断完善、民生新闻日益受到关注的背景下，报纸的深度报道优势显著。

第三，选择性强。在新闻传播领域，选择性的概念主要涉及新闻制作者和新闻消费者在信息传递过程中的多元选择能力。具体来说，对于新闻制作者而言，尤其是在紧迫的新闻事件发生时，他们面临着与电子媒体在传播速度上的不利竞争。为了弥补这一劣势，报纸编辑经常采用丰富新闻内涵和拓展其外延的策略，以此深化新闻报道的质量和广度。这种做法不仅丰富了新闻内容，还有助于全方位满足读者的各种需求。从新闻消费者的视角来看，报纸以版面的形式呈现给读者，为读者提供了一个不受时间、地点和内容限制的阅读平台。时间上，读者可以根据个人生活和工作的节奏灵活安排阅读时间，不论早晚、快慢；空间上，由于报纸的便携性和易保存特性，读者可以在任何地点、任何环境下阅读，不受外界干扰；内容上，读者可以根据个人兴趣详略得当地浏览新闻，无须像接收广播和电视新闻那样受到时间的限制。

第四，便于传播者和受众之间的良性互动。受众对新闻媒体的支持和参与构成了媒体持续生存和发展的核心要素。新闻媒介天生就具备信息传递与反馈的双重功能。以国际互联网为例，其迅猛发展得益于加强了受众与媒介之间的交流，特别是实现了信息传播的双向互动性。与此同时，广播和电视通过现场直播和观众参与等手段，也实现了类似的互动传播效果。报纸作为一种以纸张为载体、以文字为主要传播元素的媒介，实质上拥有与读者进行高质量互动的独特优势。在自由阅读的过程中，读者不仅享受阅读的乐趣，还激发了创造力，并极大地拓展了思维空间。因此，报纸所传递的信息能够在受众心中得到再次创造和深度解读，从而为受众与媒介之间建立良性互动的基础。基于这一点，受众能够通过各种途径将他们对新闻信息的感受和新的发现反馈给媒介，并在新闻传播过程中发挥影响力。

例如，广州市团校青少年研究所针对广州市中学生的一项阅读习惯调查揭示了一个重要趋势：随着时代的变迁，青少年的阅读方式正在发生改变。狭义上，这种改变体现在从传统纸质书到电子书的转变；广义上，阅读已经从被动接收信息的单向过程转变为一种互动性强的双向传播活动。

第五，记录性和保存性强。报纸这一特定形式，即"白纸黑字"，使得其在信息存储和传播方面具有独特优势，不仅易于长期保留，而且能够在广阔的地域和广泛的受众中传播。与光电媒介相比，纸媒具有更长久的信息保持能力，能够在较长时间内维持信息的真实性和完整性。即便是原始载体遭受磨损，依然可以通过同质材料进行高效复制，从而实现信息的持续流传。另外，报纸在记录和保存信息方面的特性，与其受众群体的特点密切相关。通常，报纸读者具备较高的文化水平，不仅会接收和利用信息，还会进一步传播这些信息，成为所谓的"意见领袖"。读者在信息接收、利用和传播的过程中，不限于当下的社会大众，还包括长期的知识分子和社会精英。该群体是人类文明的传承者和发展的推动者，他们记录和诠释着历史。报纸作为记录现实生活和历史研究的珍贵资料，扮演着不可或缺的角色。在这方面，报纸不仅是历史的记录者，也是历史的教科书，体现了"今天的新闻就是明天的历史"的真谛。

二、广播电视与新闻传播

广播媒介被定义为一种通过无线电波或导线技术在广泛区域内传递声音与图像标志的传媒工具，主要分为无线广播和有线广播。其中，"声音广播"（又名"广播"或 radio）专指仅传递声音的形式；而"电视广播"（television）同时传送声音与图像。这两种广播形式的核心传播元素均为声音和图像，均属于非文字型符号系统。

在这一体系中，声音的产生源自物体的振动，通过激发空气产生不同强度和振幅的声波。声波作用于人类的听觉系统，触发感知、联想和想象力的活动，进而在受众心中塑造出具体的形象。值得注意的是，声音在被感知的过程中，带有感知者的主观解读，从而具备了显著的感染力和传播效果。广播电视领域中的声音元素可分为三大类：语言、音响、音乐。广播语言作为承载信息的基础符号系统，介于书面语言与口头语言之间，基于后者构建，强调易于理解且准确，旨在形成一种标准化的口语表达，以满足广大听众的"听""知"的需求。音响在广播中占据了除主播（记者、播音员、主持人）语言之外的所有声音元素，包括新闻广播中的现场音响、文艺广播中的效果音响。

电视图像是指在电视屏幕的界限内捕捉的、具备信息传达能力的动态视觉内容。电视图像涵盖连续的画面序列或镜头串联，共同反映了客观现实中的动态过程。电视镜头展现了二维平面对三维空间的深度和体积感的描绘，体现了连续影像在时间轴上的展开。因此，通过多种镜头技巧，尤其是动态镜头的应用，可以极大地丰富画面内容，增强视觉动感，从而营造出充满表现力的节奏感和氛围。

广播电视与报纸之间，因其传播媒介的差异，表现出了若干显著的特性，可以概括为以下四个主要方面：

第一，迅速及时，时效性强。无线电波的传播速度极快，每秒可达30万公里，而且广播电视节目的制作过程较为简化，加快了信息的传递速率。因此，广播电视尤其是广播，在快速传递新闻信息方面，展现出了无与伦比的优势。

第二，渗透性强，覆盖面广。得益于电波的强大穿透力和简易的接收条件，广播不仅能跨越时空界限，还能覆盖电波可到达的任何地方。此外，广播电视节目的听众和观众群体广泛，不受文化程度、年龄、性别或职业的限制，凡是听力正常的人均可成为其受众。

第三，视听兼备，亲切可信。广播电视以传送声音符号和图像符号而诉诸人们的听觉和视觉，从而提高了信息的可信度。另外，音乐可以娱乐身心、陶冶情操，给人以身临其境的感觉，从而达到以"声"感人和以"情"动人的效果。

第四，广播电视存在一些明显的不足。其一，由于声音符号的无形和短暂特性，信息的传递可能会显得稍纵即逝，难以被深入理解。其二，广播电视内容的线性播放特性，导致观众在节目选择上的灵活性受限，进而影响其主动参与和选择的可能性。其三，电视媒介的直观性虽然为观众提供了对客观事物的直接感知，但限制了其想象力和创造力的发挥，其"表面呈现"的特点降低了观众在形象再创造中的积极性。因此，广播电视媒体在发挥其优势的同时，需克服其局限性，进而更好地满足受众的需求。

三、网络媒体与新闻传播

国际因特网常被称作"因特网"（Internet），代表了继报纸、广播和电视之后的新型媒介形态，被普遍认为是"第四媒体"。其起源可追溯至1969年，当时美国国防部下属的高级研究计划署（Advanced Research Projects Agency）创建了ARPnet（通常称为ARPA网），这是一个初始阶段的实验性计算机网络，起初仅连接了四台计算机。为了克服这种脆弱的连接模式的缺陷，1983年，主要服务于民用目的的美国国家科学基金会（National Science Foundation）的NSFnet被纳入ARPNET网络。关键的转折点是专家们开发了传输控制协议和国际互联协议（TCP/IP），这一举措极大地促进了成千上万个计算机用户的接入，从而奠定了因特网基础架构的基石。

20世纪90年代，伴随着万维网（World Wide Web, WWW）的纳入"因特网"体系，一种具有海量容量且支持超文本链接的浏览服务器应运而生。由此，"因特网"演变为一个具有深远影响、覆盖全社会各层成员的网络传播媒介。依据2000年11月由国务院新闻办公室及国家信息产业部联合发布的《互联网站从事登载新闻业务管理暂行规定》，中国的网络媒体生态可划分为两大类别：中央新闻机构及中央各部委、各省市自治区及其辖区内新闻机构合法设立的官方新闻网站（页）；其他非新闻机构依法成立的综合性互联网站（即非新闻机构的综合性网站）。

新闻网站或传统媒体的网络版均指传统媒体借助其新闻资源及互联网功能，在网络世界中建立的网站，发布其自行采集的新闻报道，还播放自制节目，实质上构成了传统媒体在数字空间的延伸与转型。

综合性网络媒体或由网络自然发展而来的媒体平台，是指通过网络工具如网站和主页，由个人或机构定期创建并发布新闻内容的数字新闻传播渠道。此类数字平台可进一步细分为三种主要类别：首先，商业性网络平台，如新浪、搜狐、网易等，这些平台通过提供广泛的信息内容和搜索引擎功能来进行商业运营，新闻频道仅是其中众多服务之一；其次，专门化网站，特点是提供针对特定领域（如健康、旅游、体育、女性社交等）的专业信息服务；最后，个人网站，这类网站通常由知名人士或网络爱好者创建，目的在于提升个人影响力或推广个人观点及业务。

在当代新闻传播领域，网络媒体以其独特的特质显著区别于传统的主流媒体——广播、电视和印刷媒体。这种差异主要体现在以下四个核心方面：

首先，"多媒体传播"这一概念。多媒体传播是一个综合性的概念，涵盖了"数据、文本声音及各种图像在单一、数字化环境中一体化"的传播模式。这种传播模式打破了传统媒体单一符号或以特定符号为主导的局限，实现了多种符号的融合，使得用户能够根据自己的需求自由选择信息的呈现形式。

其次，网络媒体展现了"非线性传播"的特点。传统媒体传播往往是线性的，具有时间的单向性和空间的固定性。而网络媒体通过超链接的形式打破了时间和空间的限制，使信息在网络空间中处于一种互相渗透与融合的状态，为用户提供广泛的信息选择和探索自由。

再次，"信息传播的个性化和交互性"。在网络环境下，用户不仅是信息的接收者，还可以成为信息的处理者和创造者。通过加工、处理、修改、放大和重组信息，享受个性化的信息服务。通过"用户论坛""电子公告版""时事评论"甚至"电子邮件"等多种渠道，用户能够对网络信息进行及时反馈，与其他用户和网站进行互动和讨论。这种双向交互性改变了传统媒介中信息传递者的角色，使他们从"把关人"转变为"信息服务者"，同时削弱了他们在信息筛选和议程设置方面的作用。

最后，网络媒体的信息容量庞大。得益于计算机的高容量存储能力和多种信息采集手段（如万维网、联网数据库、邮件目录群、新闻讨论组和电子邮件）的综合应用，网络媒体能够存储和处理巨量信息。例如，仅一个 9G 的硬盘就能存储高达 45 亿汉字的信息量；相较之下，一份 100 版的报纸一天最多只能提供 50 万字的信息。

第五节　新闻传播效果

一、新闻传播效果的类型

（一）显性效果

显性效果是指那些直观、明显并能迅速引起社会广泛关注的新闻传播结果，通常表现为受众对新闻内容的强烈反应，以及新闻对社会舆论和公共议题的直接影响。例如，对某个重大事件的报道可能会迅速引起公众的广泛关注，促使社会讨论和行动，甚至影响政策制定。显性效果的特点是其影响速度快、范围广、强度大，通常能够在短时间内产生可观的社会反响。显性效果通常与事件性新闻、问题性新闻、批评性新闻、重大新闻，以及传播力度大的新闻相关。这些类型的新闻因其内容的紧迫性、重要性或争议性，容易引发公众的强烈关注和反馈，从而产生显著的社会影响。例如，2010年的海地地震报道，当地震发生时，全球媒体迅速聚焦于这一灾难，引起了巨大的社会反响和国际关注。新闻报道展示了地震造成的广泛破坏和人道主义危机，引发了全球范围内对海地的同情和援助，迅速引起了国际社会的关注，并激发了大量的救援行动和捐款活动。众多国家和国际组织迅速响应，提供救援物资、医疗支持和重建援助，促使全球公众加深了对地震灾害的认识，提升了对灾难应对和减灾工作的意识。海地地震报道显示了新闻传播在紧急情况下的作用，展现了新闻传播显性效果的典型特点：迅速引发广泛关注、激发社会行动，并对相关事件产生直接和显著的影响。

（二）隐性效果

隐性效果通常不会立即显现，而是通过长期、渐进的过程显现。具体来说，主要涉及新闻对受众知识、态度、价值观和行为模式的潜在影响，并且不易被直接观察和量化，却对个人的思想和认知、社会文化的形成和演变具有深远的影响。一系列关于健康生活方式的报道可能不会立即引起广泛关注，但长期而言，可能会逐渐改变公众的健康观念和生活习惯。除此之外，隐性效果对国家和社会的发展具有不可忽视的影响。尽管隐性效果难以直接测量，但其在塑造公众意识、传播社会价值观、影响政策制定等方面起着关键作用。一个典型的新闻传播隐性效果的例子是环境保护和气候变化的报道。在过去的几十年里，媒体对气候变化和环境保护问题的持续关注并没有立即引发广泛的社会行动或政策变革。然而，这些报道逐渐在公众意识中积累了对环境问题的认知，改变了人们对可持续生活方式的看法。虽然这种变化是渐进的，但长期而言，它潜移默化地影响了人们的生活选择、消费习惯和政策倾向。例如，越来越多的人开始选择环保产品，支持绿色能源政策，参与环保活动。这种长期的认知和态度变化，虽然不如热点事件那样会迅速引发公众关注，但其深远影响正在逐步显现，并推动着社会对可持续发展越来越重视。

二、新闻传播效果的产生

从传播学的视角分析，新闻传播效果的形成依赖于受众与新闻媒体的互动。在此过程中，受众对新闻内容的积极搜寻扮演着关键角色，具体体现在以下两个重要方面：

（一）新闻受众对新闻内容的寻求

新闻受众对新闻内容的寻求，具体来说包括以下两个方面：

1. 受众的选择性注意

所谓选择性注意，是指"人们在接受两条以上的信息的刺激时，不可能平均分配注意力，而总是将注意力指向特定的一个对象，离开其他的对象"[1]。

在接收新闻信息的过程中，受众通常倾向于主动关注或涉猎那些契合其需求、与个人兴趣和看法相契合的报道。相反，不符合其需求、与个人兴趣和观点背道而驰的内容往往会被有意回避，甚至被置于不被重视的边缘位置，或彻底忽视。事实上，这种现象反映了一种深层的选择机制，即"优先考虑所需"原则。此原则不仅体现在受众端，也是新闻传播者在信息传递过程中需要紧密关注的要点。为了实现有效的信息传递，新闻传播者须确保其传播策略中的"优先考虑所需"原则与受众群体的同一原则相匹配，以促成信息的有效接收和理解。

2. 受众的选择性理解

在新闻传播过程中，受众可以根据其独特的价值观、社会环境、思维模式和认知能力，对遇到的新闻内容进行个性化的解读。受众的解读与新闻传播者所预期的意图之间，存在着错综复杂的动态关系，其表现形式多样：有时表现出一致性，有时则呈现出截然相反的态度；在某些情况下，新闻受众可能会顺从传播者的意图，而在其他情况下，他们可能会选择抵抗；有时新闻受众会对新闻内容的主次和重点进行重构，而在某些时候，他们可能关注那些新闻传播者未能充分表达的信息。

受众的选择性理解呈现出一个复杂的新闻接受过程，其中接收并不等同于接受。新闻传播领域的观点指出，一旦受众接触到新闻内容，他们将启动一系

---

[1]　陈霖.新闻传播学概论 [M].4 版.苏州：苏州大学出版社，2013：223.

列认知过程，对所接触的信息进行归纳分析，并作出各种价值评估。在这个阶段，新闻信息的意义不再是固定的，而是基于受众个体的理解重新构建。

在这个认知过程中，受众将动用其储备的各种经验和知识资源，积极参与信息理解的活动，以判断新闻信息的内涵和价值。在这一过程中，受众的理解可能与传播者的意图保持一致，也可能出现不一致，甚至完全相反。如果受众的情感、文化背景、知识水平、价值观等要素与新闻信息的编码方式及其所蕴含的观点相去甚远，甚至相互冲突，那么受众将难以真正接受这一信息。在这种情况下，新闻传播可能会失效，甚至带来负面效果。

因此，从受众接收新闻信息到实现传播效果的过程，被视为传播者与受众之间的互动、协商、共识达成的过程。只有那些能够克服各种障碍、成功进入受众的认知领域，并在那里经过重新编码和解码的新闻信息，才能被视为有效的传播。在这一过程中，受众实现了意义的重构，新闻信息得到受众不同程度的理解和解释，对受众的认知、决策以及行为等实践活动产生潜在影响，或明显，或隐蔽，或远程，或近程。

（二）新闻受众对新闻媒介的寻求

新闻受众对新闻媒介的寻求呈现出多方面的特征，主要涵盖以下两个维度：

1. 受众依据自己的经验选择一种媒介

在面对众多媒介时，受众常常会根据其个人经验和需求，有针对性地选取特定的媒介以满足其独特需求。这反映了受众对特定栏目内容和形式的高度信任和依赖，乃至偏好。

2. 受众依据自己的爱好与意愿选择一种媒介

在面对多样化的媒介形式和传播机构时，受众会主动评估不同媒介的特性，以满足其独特需求。在这种情况下，受众可能会根据自己的爱好，有意识地比较不同的新闻媒介，然后选择最适合自己需求的媒介来获取信息。值得注意的是，媒介的概念既包括不同的物质媒介载体，又包括不同的新闻传播机构，因为受众在选择时会综合考虑媒介的性质和信誉。

第四章 新闻传播的伦理理论

第一节 新闻传播的伦理范畴

一、新闻伦理概述

（一）基本概念

新闻伦理作为新闻传媒领域的核心道德规范，涵盖了整个新闻行业、媒体实体（包括新闻机构、报社、电视台和网站）以及新闻工作者（编辑、记者、播音员和主持人）在新闻传播活动中的价值取向、道德表现和行为规范。新闻伦理概念在中西方文化中有着各自独特的定义和理解。

在西方文化中，新闻伦理强调新闻媒体应超越政府和商业利益的影响，保持编辑和报道的独立性。客观性在西方新闻伦理中占据核心位置，要求新闻工作者在报道时避免个人偏见，努力呈现事实全貌。公正性是西方新闻伦理的另一个重要方面，意味着新闻报道应当平等对待所有受众和报道对象，避免歧视和偏见。此外，西方新闻伦理包括对事实的尊重，这要求新闻工作者核实信息的真实性，避免虚假和误导性报道。在中国，新闻伦理的概念起源于20世纪初，随着近现代新闻事业的兴起和发展，尤其是在新文化运动期间，知识分子开始关注并探讨新闻行业的社会责任和道德准则。这一时期，西方的新闻伦理观念开始传入中国，与中国传统的道德观和社会价值观相结合，逐渐形成了具有中国特色的新闻伦理观。

中国新闻伦理的定义在不同历史时期有所变化，但总体上强调新闻工作者应承担的社会责任和道德义务。在中国，新闻伦理不仅是关于如何做好新闻报道的技术问题，而且是关于如何在报道中体现社会主义核心价值观，促进社会主义文化建设和国家形象塑造的道德问题。这就要求新闻工作者在报道中遵循正确的政治方向，传递积极向上的社会主义文化内容，处理敏感问题时要兼顾国家安全和社会稳定。

在发展过程中，随着中国社会的深刻变革和国际交流的加强，新闻伦理也在不断适应新的社会环境和技术发展。21世纪以来，随着互联网和数字媒体的兴起，中国的新闻伦理面临新的挑战和机遇。新的传播方式和传播环境要求新闻伦理不断更新观念，处理好新技术与传统伦理之间的关系，确保新闻传播既符合时代潮流，又不失其传统的道德责任和社会功能。

（二）涵盖的范围

新闻伦理所涵盖的范围并不局限于记者的职业道德和工作环境。事实上，无论是编辑、记者，还是其他新闻从业人员，在新闻报道中展现的价值观念、道德行为均与他们所服务的新闻机构的价值取向、道德准则和伦理标准密切相关。在大多数情况下，这两者之间存在着一致性。换言之，新闻机构的价值观、道德任务和伦理标准往往也反映在其下属的编辑、记者及其他工作人员身上。这种一致性在多数情况下是显而易见的。因此，将这些方面综合起来进行研究，是科学合理的方法，尽管其可能会存在某种程度的偏颇。从某种角度来看，社会对新闻传媒的期望与对新闻传播者的要求既存在从属关系，又呈现出竞争与合作的复杂关系。因此，在新闻道德伦理领域内，新闻媒体的价值导向、道德功能以及伦理规范构成了重要组成部分。

在新闻传播过程中，还需区分新闻受众与新闻传播者的伦理行为及道德准则。这些行为与准则并不属于新闻伦理的核心领域。例如，新闻机构的经济行为遵循的伦理规范，应划归于经济道德领域，而与新闻伦理无直接关联；同理，记者在个人生活中的道德实践，如其在家庭环境中的行为，应被视为家庭伦理的一部分，而非新闻伦理的范畴。

（三）新闻伦理的内容

第一，分析新闻道德和政治、社会公德之间的关系，以及与新闻机构和社会道德之间的关系。新闻道德与政治和社会公德之间存在着复杂的关系。新闻媒体在传递信息时，不仅是信息的传播者，也是社会价值观和道德标准的塑造者。在政治层面，新闻道德要求记者保持独立性，公正地报道事实，避免政治偏见。在社会公德层面，新闻道德强调尊重个人隐私、维护社会公共利益和促进社会正义，即新闻机构在报道新闻时需要平衡不同的社会责任和道德义务。

第二，阐明传媒遵守新闻道德的重要性应注意新闻道德调节的作用。新闻媒体作为公共信息的主要传播渠道，其报道的准确性和公正性直接影响着公众对社会事件的理解和判断，遵守新闻道德能够提高新闻的可信度，有助于构建健康的公共讨论空间，促进社会的和谐发展。

第三，指明可能对新闻道德产生破坏作用的报道与传播行为。破坏新闻道德与传播的行为多种多样，常见的有四种：一是虚假报道。发布未经核实或故意歪曲的信息。例如，一个新闻机构可能基于未经证实的消息源发布关于某个公众人物的不实报道，导致对公众人物的错误理解和不公正的评判。二是有意忽略或减少对某些重要事件的报道，以传达特定的观点或议程。例如，一个新闻机构可能只报道某个政治事件的一个方面，而忽略其他关键信息，从而误导观众。三是恶意揣测。在报道中加入个人偏见和不负责任的推测。例如，在报道某个未解决的案件时，媒体可能基于未经证实的信息对涉案者进行不公正定性。四是点击诱饵。使用夸张或误导性的标题来吸引观众点击，而内容与标题不符。例如，一个关于名人的文章可能有一个激进的标题，但实际内容与标题几乎无关。

第四，论述新闻道德的行为和如何防止道德上的不端。为了防止道德上的不端行为，新闻机构需要建立一套有效的新闻道德规范，并通过内部培训、监督和评估机制来确保这些规范得到执行。同时，记者个人应具备良好的职业道德意识，自觉遵守行业规范，对自己的报道负责。

第五，探讨对新闻道德评价的原则、方法和应该关注的问题，研究对新闻道德评价的方法和意义。新闻道德评价是对媒体和新闻从业者在信息采集、处理、发布过程中所遵循道德准则的一种评估，关乎新闻行业的诚信、公信力以及对社会责任的承担，评价的原则主要围绕真实性、公正性、客观性和对社会责任的关注。在评价方法上，通常比较多元化，包括内部审核、同行评审、公众反馈以及专业媒体监督组织的评价。内部审核主要是新闻机构自我监督，确保报道遵守行业标准和道德规范。同行评审则是由新闻行业内的其他专业人士进行评价，他们的专业知识和经验能够提供深入的评估。公众反馈是通过读者、观众的意见反馈来评价新闻道德，反映社会大众对新闻质量和道德的看法。专业媒体监督组织从宏观的角度对新闻道德进行评价，涉及法律、道德和行业规范等方面。新闻道德的评价具有重要的意义：首先，它有助于提升新闻报道的质量和可信度，这对维护公众的知情权和社会的透明度很重要。其次，通过评价可以鼓励新闻从业者自觉遵守道德规范，促进整个新闻行业的健康发展。最后，新闻道德评价能促进公众对媒体的监督，增强媒体对社会责任的自觉性。

第六，探索表现新闻道德的方法，论述记者是如何遵循新闻道德动机的，以及通过达到善恶程度的方法，把握新闻活动中调整人类相互关系的良好准则。表现新闻道德的方法是多方面的，关键在于如何使记者内化这些道德准则，并在其日常的新闻工作中自然地体现出来。记者遵循新闻道德的动机通常源自对其职业责任的深刻理解和对社会公共利益的坚定承诺。这种动机不仅驱使他们坚守真实、公正、客观的新闻报道原则，还激发他们持有对报道内容的深度思考和负责任的态度。在新闻活动中，记者通过对事实的严谨核查、对信息源的细致甄别以及对报道角度的公正选择，体现了新闻道德的核心要求。他们在报道中要尽量避免个人偏见的影响，努力展现事件的全貌，保证信息的准确性和完整性。记者还需在报道中考虑社会影响，如避免造成不必要的恐慌或误导、保护弱势群体的权益，以及尊重个人隐私等。在处理善恶问题时，记者通常会通过道德和伦理的权衡来把握新闻活动中的良好准则。在报道敏感或有争议的话题时，记者需要考虑到报道的社会责任和潜在的道德影响。例如，在报道犯罪或悲剧事件时，记者要报道事实，并考虑对受害者及其家属的影响，避免造成不必要的伤害。

二、新闻传播伦理范畴

（一）新闻伦理

在当前的学术领域，针对新闻规范与伦理学的深入探讨已渐渐演化为一个独立的学科领域，被命名为"新闻伦理学"。这一领域不仅构成了伦理学的一个分支，也成为其核心要素。在新闻传播业的演进中，新闻伦理学应运而生并持续进化。从广义上来理解，新闻伦理学涵盖了所有新闻领域的伦理道德行为，扮演着调节社会各个层面关系的角色。新闻伦理学在社会伦理与道德领域中占据着举足轻重的地位，对媒体传播者和受众群体均产生深远影响，主要是指导和调整传播者和受众群体的行为准则和道德规范。

新闻伦理作为一套规范与约束体系，囊括了新闻道德的精髓，并且与新闻道德紧密相连、相互影响。在实际操作层面，新闻伦理与新闻道德共享许多共性和特质，存在众多交集之处。从功能角度考量，二者均旨在调控新闻传播的秩序，并致力于维护社会稳定，透过各种规范、条例和原则来实现这一目标。然而，二者并非可等量齐观，而是存在显著差异。新闻伦理与新闻道德在表现形式、强制力、适用范畴等方面各异。值得注意的是，新闻伦理不仅包括新闻道德，还涵盖新闻传播活动中的全部伦理关系。新闻伦理的要旨宽泛与抽象，属于非正式规定。相较之下，新闻法则具备确定的强制性，主要针对那些触犯法律底线的人群。

新闻伦理的演进历史悠久，其根源可追溯至早期的传播伦理，逐渐演化成现代新闻领域的伦理规范。这些规范不仅包括国际层面的伦理准则，还特别涵盖了中国新闻界的伦理实践。随着时间的推移，新闻伦理的构架日趋完善，与时代的发展紧密相连，适应性也逐渐增强。在新闻传播的历史长河中，例如古代新闻传播伦理，已建立起严格的信息传输与公文处理体系。

进入现代，西方世界的新闻传播机制兴起，并伴随着"黄色新闻"的出现，对社会产生了不容忽视的负面效应。在此背景下，"扒粪运动"应运而生，其旨在通过新闻伦理的视角，对大众媒体的不当行为施加制约。1943年，世界上首个职业组织针对新闻界制定了《记者道德法》，这一标准对当时的社会伦理秩序造成了显著影响。

随着新中国的成立，我国开启了全面的伦理构建进程，出台了诸多法律与条例，如《中国新闻工作者职业道德准则》和《加强新闻队伍职业道德建设、禁止有偿新闻的通知》等，这标志着我国伦理建设进入了新的发展阶段。这些变革不断推动着新闻伦理建设的完善，逐渐获得了公众的广泛关注。综上所述，新闻伦理正逐步走向成熟，与当代社会的发展紧密相连。

（二）新闻道德

"道德"这一术语或概念，是指对那些被公认为社会上具有重大意义的习俗的遵循或违背，植根于个体间以及个体与社会的相互作用中。在此背景下，新闻道德作为新闻伦理的一个分支，对新闻传播伦理事业产生了深远影响，也对社会的道德风貌持续施加影响。新闻道德在实际新闻操作中表现为一种标准化的准则，其功能在于调整个人与人、个人与社会的互动关系。它与新闻的合理性原则相似，致力于调节人际及社会关系。新闻道德的形态和内容随着社会的不断进步而演变，其显著的特点是缺乏强制力，更多体现为一种自我约束的"责任感"。新闻道德通过道德训诲、交流互动及影响塑造等手段对传播者施加影响，主要强调内心的感知与道德情感的觉醒。对于新闻传播行业从业者而言，新闻道德主义得以通过"新闻专业主义"体现，作为新闻传播活动中的关键"监督者"，应当承担起高度的责任与使命，坚持正确的舆论导向，保持清正廉洁的作风，主动维护新闻传播秩序的健康发展。

在新闻领域，道德规范的内化是很重要的。新闻媒体在执行信息传播职能时，必须内化并遵循这些道德准则，使之成为其核心信仰，从而发挥其最大的效能。在社会主义框架下，新闻道德的构建基于道德原则，同时考虑到社会主义国家的具体国情，形成了符合人民利益的道德传播标准。其中，"全心全意为人民服务"和"实事求是"等原则，是这一体系的核心。

（三）新闻传播伦理法规

在全球范围内，法律以其强制性质著称，且大部分法律条文也扮演着道德规范的角色。法律作为一种不容置疑的社会规范，广泛地体现并保障了统治阶级的利益。具体而言，法律制定了一系列规范条例以维护这些利益。特别地，"新闻法"作为国家在新闻传播过程中施行的一系列法规，调整了多元的社会关系，这些法律规范由国家机构制定并强制实施，体现了国家权力的运作机制。就狭义而言，"新闻法"由国家政府针对新闻传播领域专门制定，确立了该领域的法律规范。比较新闻传播伦理法规与新闻道德，前者的显著特点在于其强制性。新闻传播活动中的各种关系调节与协调，依赖于法律规定的这些法规。然而，我国目前尚未形成一套完整的、专门针对新闻传播的法律体系。现行规范多数以规则和纲要的形式存在，如《中国新闻工作者职业道德准则》，这些规范通常采用道德引导和舆论引导的手段来实施。

新闻传播伦理的规则与新闻宣传的伦理道德紧密相连，两者相互影响。在构建新闻传播的法律规范时，新闻伦理的标准扮演着关键的指导角色。实施新闻传播的伦理规范加速了新闻传播法律规范的建立，而且对法律规范中存在的不足之处，提供了必要的补充与完善。

在新闻传播领域，法律规范对伦理规范产生显著的反馈作用。新闻传播的法律规范，以其强制性质，确保伦理规范得到有效保障与维护。法律的约束力将部分伦理规范内容转化为新闻传播中的法定义务与责任，并促进其实践的落实。特别是在遇到伦理规范无法独立解决的边界问题时，法律规范的规范化处理显得尤为关键。因此，新闻传播法律规范不仅是伦理规范的重要组成部分，而且在维护新闻传播过程中的伦理和谐与稳定方面发挥着不可或缺的作用。

第二节　新闻传播的伦理流派

一、休谟法则

大卫·休谟（David Hume，1711—1776）是18世纪苏格兰启蒙运动中重要的哲学家之一，他在历史、哲学、经济学和政治理论等方面都有深远的影响。休谟的思想主要体现在他对人类理性、知识论、伦理学和宗教批判的贡献上。休谟出生于苏格兰的爱丁堡，来自一个法律世家。尽管早期接受了良好的教育，但休谟并未选择继续他的法律学习，而是转向哲学和文学的研究。休谟的哲学思想深受约翰·洛克和乔治·贝克莱等人的影响，但他也提出了许多独特的观点，对经验主义的倡导突出，强调所有知识源自感官经验。休谟的主要著作包括《人性论》《道德、政治和文学随笔》《英国史》等。在《人性论》中，休谟试图建立一个基于经验和观察的心理学原理体系，探讨人类理性、情感和道德，基于此提出"休谟法则"。休谟法则指从"是"（事实）无法逻辑地直接推导出"应该"（价值）。换句话说，事实判断（描述性陈述）和价值判断（规范性陈述）之间存在一种逻辑上的断裂。休谟认为，很多哲学家和道德家错误地从事实性的陈述中推导出规范性的结论，这是一种逻辑上的错误。这个观点反映了休谟作为一名经验主义者的哲学立场。他认为所有知识源自感官经验，而价值判断属于主观感受的范畴，不能直接由客观事实推导出来。通过提出这一法则，休谟挑战了道德哲学的某些传统观点，特别是那些试图将道德原则建立在自然法则或理性基础上的观点。尽管休谟法则在哲学界占据重要地位，但也受到了一些批评。批评者认为，休谟过于简化了事实和价值之间的关系，忽视了某些事实性陈述可能对道德判断有重要影响的情况。此外，一些哲学家如伊曼纽尔·康德（Immanuel Kant）试图克服这种事实与价值之间的分裂，通过不同的方法将道德原则建立在更坚实的基础上。

将"休谟法则"应用于新闻传播活动中，涉及对事实与价值、道德与伦理的深刻理解与分辨。新闻传播者在传播信息时，必须严格区分这两个层面。他们有责任准确无误地报道事实，在呈现这些事实时，应遵循伦理道德的原则。例如，报道一个事件时，传播者需要客观地展示事实，避免在无意识中引入个人的价值判断或偏见，以确保信息的中立性和公正性。与此同时，遵循休谟法则意味着新闻传播者在处理敏感或有争议的话题时，需要特别小心，以确保不仅事实准确，而且在道德和伦理上不做出违背社会规范的表述。如果传播的内容违反了伦理秩序，如通过曲解事实来支持某一道德观点，就会被视为"不应该"的行为。从媒体人自身的角度出发，努力使传播的内容符合道德规范，达到"合德性"的要求，是他们职业责任的一部分，不仅包括传递真实的信息，还包括在报道中表现出对被报道对象的尊重，遵守社会伦理和道德规范。简言之，新闻传播者应当致力于促进知识的传递，并在其职业行为中彰显道德责任感，做到"应该"之事，这样他们不仅传递了信息，还为维护和促进社会的道德和伦理标准作出了贡献。

二、中庸之道

亚里士多德（Aristotle，前384—前322）是古希腊的哲学家，是西方哲学史上重要的人物。作为柏拉图的学生和亚历山大大帝的老师，亚里士多德对科学、哲学等多个领域的发展产生了深远的影响。亚里士多德出生于马其顿的斯塔基拉，他的父亲是马其顿国王的御医。早年，他被送到柏拉图的学园（Academy）学习，成为柏拉图的学生。在那里，他接触到当时的哲学、科学和数学等知识。亚里士多德的哲学涵盖了逻辑学、形而上学、伦理学、政治哲学、自然哲学等领域。他的思想在很多方面与他的老师柏拉图相反，特别是在形而上学和伦理学上。公元前4世纪，亚里士多德提出了"中庸之道"（Doctrine of the Mean）的概念，这一概念在他的伦理学思想中占据核心地位。亚里士多德的中庸之道是对道德和美德的深刻探讨，旨在寻找两个极端之间的平衡点，从而实现道德完善。

亚里士多德的中庸之道不是简单的平均或者中间状态，而是一种适度与恰当的行为和情感模式。在他看来，每一种美德都位于两个缺陷的中间地带。例如，勇敢是在胆小（过少）和鲁莽（过多）之间的美德，节制是在放纵（过多）和厌食（过少）之间的美德，这种中间状态是相对的，依赖于具体情境和个人的特定情况。亚里士多德强调，美德的实践是有关个人选择和行动的艺术，它要求个体在不同情况下做出恰当的选择和反应。亚里士多德进一步论述了中庸之道与个人的幸福（eudaimonia）之间的联系。在他的理念中，幸福是人生的最高目标，是通过实践理性和美德而达成的一种活动状态。中庸之道是达到这种幸福状态的关键。它要求个体不仅要理性地判断情境和行动的适当性，也要通过不断实践和习惯养成，来培养和维持这些美德。此外，亚里士多德的中庸之道还体现了他的实用主义和现实主义观点。他认为，理想的道德标准应该符合人类的实际情况和生活经验。因此，中庸之道并不是一成不变的规则，而是需要个体在实践中不断探索和调整的动态过程。①

将亚里士多德的"中庸之道"理念运用于新闻传播领域，某种程度上提供了指导价值。以往，新闻报道的方式往往呈现出一种相对固定和僵化的态势，很少关注基层民众的生活和声音。然而，随着时代的演进，新闻界在"走基层、转作风、改文风"的活动推动下，逐渐转变报道的方式和内容，以更好地适应社会发展的需要。这体现了对传统新闻报道方式的深刻反思和积极调整，从而显著地提升了报道的时效性和贴近性。新闻不再是党和国家政策的单向宣传工具，而是变得包容和多元化，更加关注和反映群众的真实心声与意见，实际上是对"中庸之道"原则的一种实际应用，即在坚持正确政治方向的同时，注重

---

① 亚里士多德. 形而上学 [M]. 北京：中国人民大学出版社，2023：332.

听取和传递民众的声音，力求达到一种平衡和和谐。通过这样的平衡，新闻传播增强了政策的普及和理解，拉近了党和人民之间的距离，促进了社会的和谐与稳定。新闻成为连接政府和民众的桥梁，而非单向的信息传输渠道，不仅获得了卓越的效果，而且增强了新闻的影响力和公信力，使新闻真实、全面和具有吸引力。

三、绝对命令

伊曼努尔·康德（Immanuel Kant，1724—1804）是德国启蒙时代重要的哲学家，他的思想在西方哲学史上占据举足轻重的地位。康德出生于普鲁士的哥尼斯堡，在那里度过了他的一生，深入研究哲学、科学和数学。康德的哲学是对启蒙时代理性主义和经验主义的综合与超越。他试图在纯粹理性与经验之间找到一种平衡，这在他的主要作品《纯粹理性批判》中得到了充分展示。在这部作品中，康德提出了著名的"康德哲学革命"，他认为我们不能直接认识事物本身，只能认识事物对我们感官的表象，颠覆了当时的认识论，并为后来的现象学和存在主义等哲学思潮奠定了基础。[①]

在伦理学方面，康德同样作出了重要贡献。他在《实践理性批判》中提出了"绝对命令"的概念，又称为"定言命令"。此概念认定道德行为本质上是一种无条件且绝对正确的指令。康德的观点强调，个体行为应遵循这样的准则："要这样行动，永远使你的意志准则能够同时成为普遍规律的原则。"[②]

在解读"定言命令"时，可以认为，若某个行为对一个人来说是正当的，则对所有人亦应如此。这一理论强调了道德、责任与良心的重要性，并认为道德自律具有普遍的社会适用性。因此，在新闻传播领域，这一原则具有特别的意义。根据康德的理论，新闻媒体在获取及传播信息的过程中，绝不能采用不道德或不正当的方法。使用不正当手段获取的信息若被传播，这种行为是绝对不可容忍的。

在进行新闻报道时，新闻传播者必须保持信息的客观性和真实性，不得出于任何理由进行误导或虚假报道。此外，新闻传播者个人的自律尤为关键，这

---

① 康德．纯粹理性批判 [M]．蓝公武，译．北京：商务印书馆，1982：104.

② 康德．实践理性批判 [M]．南昌：江西教育出版社，2014：77.

是因为新闻传播不仅仅是信息的传达过程，更是道德和责任的体现。康德的"定言命令"在这里提供了一个道德指南，确保了新闻媒体在其职业行为中保持道德的一致性和社会责任感。

"隐性访问"亦称作"暗访"或"秘密采访"，是指在采访对象毫不知情的情况下，采访者隐藏其真实的目的及意图而进行的采访。在康德所提出的"绝对命令"哲学观念下，对"隐性访问"的使用存在显著的道德矛盾。按照"绝对命令"的道德标准，利用欺骗性手段进行报道是不被允许的，因而"隐性访问"的实施必须慎重。仅在法律框架和道德准则双重允许的前提下，对"隐性访问"的运用才可能被视为适当。这种采访方式应当仅局限于特定的情景和某些特殊的环境中。例如，在涉及公共利益的重大事件报道时，这种方法或许可以考虑。然而，在采用"隐性访问"时，与政府相关部门的紧密合作也是必不可少的，可避免其被滥用或误用。

四、功利主义原则

在伦理学领域，道德上正确的选择通常与实现最大利益的决策相吻合，而非仅仅追求利益。该决策过程涉及对正确与错误的标准的辨析，在考虑行动的趋利避害方面，幸福被视为人类的终极目标，所有行动应以其对防止痛苦和促进快乐的贡献程度为衡量标准。

特别是在新闻传播领域，功利主义原则的应用尤为关键。新闻传播者在报道过程中必须审慎评估每一种潜在的结果，深思熟虑其选择的传播方式是否会对大众产生积极影响，目标应是选择并传播那些能够为尽可能多的人带来益处的信息，确保结果的最大化利益。然而，"功利主义原则"的实践并非总是易于实施。在某些紧迫的情境下，决策者可能缺乏足够的时间和资源来准确计算出最有利的后果，此时做出的决策可能并非最佳选择，因此可能无法达到理想中的功利主义标准。这在某种程度上说明，虽然功利主义提供了一个有价值的道德评估框架，但在实际应用中，需要考虑到实际情境和决策者的限制。因此，在新闻传播中，尽管追求最大化利益是理想的目标，但在实际操作中必须考虑到现实情境的复杂性和决策者的局限性，新闻传播者在迅速行动的同时，要有对道德和社会责任的深刻认识，以确保自身选择和行为能够在可能的范围内，最大化地增进公共福祉。

五、无知之幕

约翰·罗尔斯（John Rawls，1921—2002）是20世纪政治哲学家。罗尔斯出生于美国马里兰州的巴尔的摩，其哲学思想主要关注于政治哲学和伦理学领域，尤其是关于正义和公平的理论。罗尔斯的教育背景丰富，他曾就读于普林斯顿大学，获得哲学博士学位，并在许多著名学府任教，包括麻省理工学院和哈佛大学。他的学术生涯主要集中在对正义理论的研究上，他的思想受到许多哲学家的影响，包括康德和卢梭。罗尔斯最著名的作品是1971年出版的《正义论》。在这本书中，他提出了一个关于社会正义的全新理论，这一理论后来被称为"正义作为公平"。他的理论试图回答这样一个问题：一个理想的社会应该如何构建，以确保公正和平等？

他提出了"无知之幕"的概念，这是一个思想实验，用于确定一个公正社会的基本原则。在这个假想的原初状态下，个人不知道自己在社会中的地位和能力的情况下选择原则。这种设置意在保证决策过程的公正性，因为决策者不会受到个人利益的影响。根据罗尔斯的理论，社会正义应该基于两个基本原则：一是每个人都应该有尽可能广泛的基本自由，只要这些自由与他人的自由相容；二是社会和经济的不平等应当被安排得使最少受惠的成员获得最大的好处，并且所有人应该有平等的机会。罗尔斯的这些观点在当时引发了广泛的讨论，对后来的政治哲学、伦理学、法学以及公共政策产生了深远的影响。他对公正的理解不局限于分配正义，而且强调机会的平等和尊重个体权利。[①] 在罗尔斯的哲学体系中，公正不仅是一种社会理想，也是个人道德决策的指南。他的工作强调了道德和理性在政治决策中的重要性，提供了一个框架，旨在指导如何在一个多元化且经常存在不平等的现代社会中实现公正和平等。罗尔斯在其后的作品中继续发展和修改他的理论，包括《政治自由主义》等著作。他的理论不仅为理解和解决现代社会的伦理和政治问题提供了工具，而且激发了新一代学者对正义、平等和自由的深入思考。

将罗尔斯的"无知之幕"理论应用于新闻传播活动，意味着在报道过程中需要努力消除对采访对象的一切偏见和差异，以实现平等和公正的新闻报道。在这种框架下，新闻传播者应当致力于保护弱势群体的利益，在进行新闻报道

---

① 罗尔斯.道德哲学史讲义 [M].张国清，译.上海：上海三联书店，2003：355.

时，不能为了满足某些受众的需求或媒体的利益，而忽视或侵害到其他群体的权益。记者和媒体应该超越普遍的受众喜好，关注那些经常被忽略或边缘化的声音，确保他们的故事和观点也能得到公正呈现。在新闻报道中，记者的行为和决策也应该遵循"无知之幕"的原则。记者在处理新闻事件时，应避免无休止地纠缠那些陷入新闻风波的采访对象，尤其是在这种纠缠可能对他们造成额外伤害的情况下，追求事实的真相，尊重和保护个体的尊严。此外，应用"无知之幕"原则需要在内部实施公正的政策和实践，包括在编辑决策、报道重点的选择、采访对象的多样性等方面确保平等和公正，而新闻机构应该致力于创造一个多元化的工作环境，其中不同背景的员工均能够发表自己的声音，确保不同观点和故事能被公平对待。

六、人文主义

人文主义作为一种将人的福祉和尊严置于首位的理念，强调对人类的深切关怀、慈悲与尊重。这一原则起源于西方文艺复兴时期，是资产阶级对抗封建教会统治的思想体系。在新闻传播领域，秉持人文主义的精神意味着传媒从业者必须怀有深厚的慈爱之心。基督教教义中的"兼爱"，即"以对自己的同情心去对待他人"，在这一原则下得到了体现，真正的爱是无条件且不受歧视的，它涉及向他人提供无私的帮助。亚当·斯密曾指出："与其认为仁慈是社会存在的基础，不如说正义是这一基础。虽然没有仁慈之心，社会也可以在一种不愉快的状态下存在，但是不义行为的盛行必定会彻底摧毁它。"[①]因此，坚守人文主义原则，意味着要持续维护一颗仁慈的心。

在现代社会的新闻传播活动中，应当始终坚持人文主义的理念，"人文关怀"已成为新闻报道的关键原则，其中人的价值和感受同样重要。特别是在报道灾难性新闻时，记者应当特别关注"人本主义"的原则。例如，在地震发生时，面对受伤者，应优先保证其获得救治，而非为了新闻报道阻碍救援。在这种情况下，报道的优先级不应高于生命的价值。媒体工作者应关注人的情感和感受，将对人的关爱置于新闻报道的核心。

将"人文精神"的元素融入新闻报道，对促进新闻的广泛传播和提高其品

---

① 斯密.道德情操论[M].胡乃波，译.北京：华龄出版社，2018：98.

质极为有益。在当前致力于建设和谐社会的大环境下，秉持"以人为本"的报道原则，对培育和弘扬社会主义精神文明具有重要的积极意义。其中，充满"人文关怀"的新闻内容更易于获得观众群体的认同和青睐。唯有在人文精神与"美"的和谐统一中，新闻报道才能真正赢得大众的广泛认可。

第三节　新闻传播的伦理和谐

一、伦理和谐的准则

（一）真实

新闻的多样性和变化性无疑是显著的，然而，其真实性是一个重要的前提。从事新闻工作，归根结底是处理真实性的问题。尽管新闻学领域技巧多样，但核心仍旧是一个问题。一旦确立这一原则，值得信赖的报刊就能显现。新闻真实性的维护是新闻传播过程的关键所在，其核心任务是对所报道事件的真实情况进行如实反映。新闻的真实性不仅构成了新闻宣传伦理的根基，也是其核心支柱。这种真实性被视作新闻本质的重要特征，缺乏或失去真实性的新闻，其伦理和谐度便如同无源之水、无本之木，失去了其根本的支撑。

在新闻传播领域，真实性的追求是维持伦理和谐的核心要素，包括对"微观真实"和"宏观真实"的坚守，并且在具体和总体传播层面上均确保真实性的重要性。从具体层面而言，新闻的真实性要求遵循事实的确凿性，即报道的内容必须是基于真实发生的事件；新闻传播中的关键要素——"5W1H"，都应当反映事实。此外，引用的数据和资料、所反映的情况以及相关细节也必须是真实可靠的。不仅如此，报道中涉及的人物思想和内心活动也需真实无误。从宏观层面而言，总体真实性是指新闻在广泛、宏观上的真实反映。具体真实性与总体真实性之间存在辩证统一的关系，正如整体与部分之间的关系那样。在每一个部分忠实地反映真实情况的基础上，新闻传播应当追求多层次、多角度的真实展现，意味着新闻报道应避免作出武断结论，应随着事实的发展进行跟进报道，以保证整体报道的真实性。

（二）客观

在新闻传播的伦理领域中，客观原则被视为维持伦理和谐的关键标准。19世纪的西方见证了这一理念的广泛影响，要求新闻报道忠实于事实，并且对事件进行全面描述，强调以事实为基础，致力于实现主观和客观的和谐统一，力求在观点、立场和方针上达到公正与中立的状态。

新闻报道的客观性是一项关键原则，要求传播者保持其不偏倚的特性。新闻报道不能因记者个人情感而产生偏颇，必须对新闻事件进行真实、客观的报道。在陈述相关事实时，记者应保持客观和冷静的态度，对新闻事件做出平衡且公正的报道。此外，记者在报道时应避免以个人主观观念为先导，不应戴存在偏见的有色眼镜，避免涉及个人利益，专注于事实的客观陈述，不做主观性判断，以免影响报道的客观性。

（三）公正

在新闻媒介的伦理框架中，公正性的原则占据重要的位置。公正原则强调赋予每个报道主体同等的发言权利，确保新闻传播的过程既公正又中立。媒体必须清醒地认识到自己在社会中的角色和肩负的责任，坚持无论报道的对象是谁，都应维护公正性，以此确保新闻自由的权益能被所有受众平等地享有。在实践中，要求用平等的视角去报道，保证报道的平衡性、全面性和不带偏见。罗尔斯曾提出公正和正义是构筑道德能力的基石，正义不仅仅是一个道德理论的框架，更体现为一种道德情感。在新闻传播领域，媒体应持有清廉和正直的态度，确保对报道对象的公平性和公正性，面对任何一方都应坚持不偏不倚的报道原则。特别是在报道弱势群体时，更应体现出社会正义的追求，进行准确、平衡且无偏见的报道。尊重是一种崇高的美德，是内在修养的体现。在新闻传播的过程中，每一类报道对象都应享有同等的公正报道权利。媒体应以同情心对待弱者，利用其作为一个平等的传播平台的能力，为大众发声，维护公正，保护公众利益。这种做法体现了新闻传播的道德标准，而且彰显了社会责任感和对弱势群体的深切关怀。总之，新闻媒介在传播信息时，应时刻铭记公正性的重要性，确保其报道行为能够促进社会正义的实现，保障每个人的基本权利和尊严。

（四）自律和他律

在新闻伦理的传播领域中，"他律"主要表现为法治的应用，即利用法律手段来施加控制。相反，"自律"涉及德治，即依赖道德修养来实现自我约束。为了确保新闻传播的伦理和谐，"他律"的存在是不可或缺的。具体而言，国家需要针对现实情况制定相应规则，并通过法律法规的实施来进行导向和控制。与此同时，行业内部的自律也显得很重要。对于新闻传播者而言，这意味着他们必须拥有强烈的社会责任心和使命感，以社会公共利益为行动指导，既不损害民众利益，又不违背道德准则。此外，新闻传播所涉及的内容需符合社会道德观念和规范，以确保信息传递的正确性和正当性。

二、伦理和谐的重要性

（一）宏观层面

1. 国家的和谐和平

作为公共舆论的关键渠道，新闻媒体承担着极为重要的社会责任。在我国，新闻机构不仅是信息的传播者，还是党和政府政策的"喉舌"，其行动和报道需严格遵循政治指导原则。新闻媒介必须积极地维护全体国民的集体利益，并坚定地奉行无产阶级的新闻理念，确保国家的安全和稳定得到保障。

国家的稳固与社会的和谐依赖于一个坚实、平衡的媒体生态。在这种背景下，新闻媒体在保护国家安全、促进民族团结以及维持社会稳定等方面发挥着重要的作用。在新闻报道中，政治的正确性不容忽视，必须与党和国家的政策保持一致，对国家不利的信息不应被传播，而对所有涉及政治、经济和军事的敏感信息，高度的保密意识和严格的审查制度是必要的。

维护国家安全、民族团结以及国家秘密，对于新闻传播者来说，不仅是法律责任，也是不可推卸的道德义务。因此，新闻传播者个人必须始终保持清醒的头脑和高度的警觉性，确保在任何情况下都能够遵守这些原则和要求。

2. 伦理和谐与社会

在当代新媒体的背景下，伦理和谐尤为关键，因为它对道德体系的构建具有决定性的作用。随着媒体技术的进步，人们所处的信息环境发生了显著变化,他们接触到的信息种类广泛,面临着诸如网络谣言、网络寻租等伦理挑战。伦理和谐不仅是社会稳定的基石,而且对维护社会秩序起着重要作用。媒体在其传播过程中,应致力于推广正面的内容,利用其影响力稳固社会秩序,并确保不触犯道德、法律和社会规范的底线。此外,诸如封建迷信、邪教歪理、不实消息、暴力和淫秽色情等内容对社会造成的负面影响不容忽视,应当被有效防范和抵制,避免这类消极信息的传播。

谣言之所以产生,其根源在于缺乏事实基础,以及通过编造和假设等手段在社会公共秩序中传播不实信息,从而扰乱了公共秩序。奥尔波特提出:谣言=(事件)重要性 ×(事件)模糊度。这为我们理解谣言提供了一个有效的框架。[①]根据此公式,一个事件的重要性与其不确定性成正比,而这正是谣言产生的潜在根源。谣言通常以其不确定性的特点进行传播,并倾向于产生负面影响,破坏社会生活的和谐及秩序。在谣言传播过程中,某些个体可能会从中获利,但这种行为对社会整体产生了负面影响。

(二)微观层面

1. 伦理和谐与个人

在社会的广阔舞台上,每个人都扮演着重要的角色,其中个体与社会的相互作用和影响尤为关键。社会的和谐与稳定构成了人类生存与发展的平台,个人与伦理的和谐关系同样不可或缺。在一个和谐稳定的伦理环境中,个体能够充分行使并享受其固有的人格权利。在法律领域,"著作权"也被称作"版权",这一术语是指法律赋予原创作者、法人或其他组织的一种权利,涵盖了艺术作品的创造者、法人和其他组织依法所享有的人身权利和知识产权。法律明确规定,禁止非法侵犯其他公民或其所持作品的著作权。"名誉权利"也是个人人格权利的一种体现,它赋予公民、法人或组织以一定的社会道德价值来展示其自身的人格。

在现代社会中,名誉权和隐私权的保护被视为维护社会公正和个人尊严的基石。每个公民及法人组织都享有其名誉不受无端侵犯的权利,这一点在法律中得到了明确规定。尊重名誉的权利被法律明文保障,对于任何人和法人实体

① 奥尔波特.谣言心理学[M].刘水平等,译.沈阳:辽宁教育出版社,2003:55.

而言，这是一项基本权利。在此背景下，"侮辱"和"诽谤性隐私"等行为被视为对他人名誉权益的严重违法侵害，因此被严格禁止。

隐私权是个人基本人格权利的重要组成部分，每个公民和法人都有权保护自己的隐私不受非法干预、公开曝光或被利用。《世界人权宣言》（1948年）对此予以重申，强调个人的私生活、家庭和私人住宅等领域不应受到任何形式的非法侵犯，并保护个人的荣誉不受恶意攻击。同时，《宪法》规定，公民的人身自由、身体完整性和人格尊严均不得受到非法侵犯。然而，在当今中国，某些情感类电视节目中侵犯隐私的行为日益增多，呈现出令人忧虑的发展趋势。从表面来看，节目中的参与者似乎是在分享他们的个人经历，但实际上这种节目内容往往涉及对他人隐私的消费。

在新媒体时代的新闻报道领域，智能手机作为报道工具的应用，正在对传统新闻采访方式构成挑战。以往，智能手机多用于秘密摄影，通常被视为偷拍行为；而如今，它演变成公民记者的重要工具。智能手机所营造的私人采访环境，甚至在某种程度上重塑了采访者与受访者之间的互动关系，这代表了隐私权与公共权力之间的微妙较量。

作为国家新时代的核心力量，人民依法享有全面的知情权。因此，知情权继续作为基本的公民权利发挥着重要作用。确保政府部门信息的公开与透明，有效保障中国公民的合法知情权，成为维护这一权利的关键环节。值得注意的是，我国早在2007年9月就颁布了《中华人民共和国政府信息公开条例》，旨在确保全国人民的合法知情权得到全面实现。

2. 媒体对弱势群体的关注

当代社会，媒体肩负着支持弱势群体的重要责任，因此报道时应避免冷漠和无情的态度，深入考虑其对社会的积极影响。通过提供一个公平公正的平台，媒体使弱势群体得以发声，这符合新闻伦理和道德的行为。媒体的社会职责之一是逐步改变弱势群体的不利地位。

以《新闻联播》为例，考虑是否应播放诸如超市购物车撞击老人等具有冲击性的画面，触及了媒介伦理的核心问题。对于观众而言，这类画面震撼人心，具有一定的教育意义，并能有效吸引其关注。然而，对于受害者家属来说，这样的报道可能意味着心理创伤。新闻传播的目的在于吸引广泛关注，但如果传播范围受限，对受害者家属的心理影响可能相对较小。在网络时代，新闻的二次甚至多次传播会导致广泛影响，这就需要媒体在传播过程中审慎和负责。

归纳起来，在伦理协调与个人权利的实现方面，二者存在密不可分的关联。作为责任感强烈的公民，我们有义务遵循相关的道德准则，并致力于维护社会的和谐与稳定，这是确保个体基本权益得以充分实现的关键。

在当代新媒体的背景下，众多媒体热点通过新型传播渠道迅速发酵。在这一过程中，新媒体的特点——内容多样性、成本低廉、传播迅速、不受和谐限制被充分利用。因此，在传播实践中，应充分发挥这些新媒介的特性。伦理和谐的重要性在此背景下显得突出，它为广大群体提供了平等的表达平台，推动了社会的持续进步。

三、新闻传播伦理的不和谐

（一）虚假新闻

虚假新闻被定义为那些未能准确且客观地反映事实真相的新闻报道，其产生背后有众多因素。从新闻报道的主体角度分析，追求经济利益、违背新闻业的职业伦理、散布不实信息等因素是导致虚假新闻的重要原因。除此之外，还存在其他多种主观和客观的因素，可能导致非故意的不实报道。在新闻传播过程中，传播者应提高警觉，以降低虚假新闻产生的可能性。虚假新闻对社会造成的危害极其严重，尤其是在当今高度信息化的时代背景下，一旦虚假新闻产生，就会迅速传播开来，传播范围也会相应扩大，从而扰乱社会秩序，并且削弱媒体机构的公信力。因此，新闻传播者必须全面掌握大局，增强新闻工作者的责任感，以确保信息传播的真实性和准确性。

（二）恶性竞争

在当代不断演变的媒体生态中，媒体机构为了保持自身的生存与发展，不可避免地卷入了激烈的竞争。虽然适度的竞争可促进媒体的健康发展，实现优势资源的合理分配，但是"恶性竞争"与"良性竞争"截然不同。良性竞争是指新闻媒体基于公平，合理标准而进行的一种竞争。恶性竞争是指新闻媒体在追求经济利益的过程中，置新闻传播的伦理和社会秩序于不顾，采取不正当的方式。这种竞争方式往往忽略媒体的社会责任，过分强调其经济目标，以利益最大化为主导。这种做法不仅对媒体的传播环境造成负面影响，而且可能对社会和个人的利益产生不良后果。

在现代社会中，新闻媒体虽然不可避免地拥有商业属性，但其社会职责仍然占据首要位置。媒体应优先考虑其在社会中的角色和职责，坚持媒体伦理的准则，从国家和集体的利益出发，确保其行为符合社会整体的利益。媒体既是信息的传播者，又是社会文化与价值观的塑造者。因此，其责任远远超过单纯的经济利益追求，需要在商业运作与社会责任之间找到平衡点，以维护社会的长远利益和秩序。

在当前新闻传播领域所面临的伦理挑战中，深入探究和寻找解决策略，以促进伦理的和谐与社会稳定，显得尤为重要。从宏观层面讲，国家的角色在加强对新闻传播的管理方面不可或缺。逐渐制定和实施与新闻传播相关的法律法规，是纠正这些不和谐现象的关键手段。特别是在起草和执行具有针对性和可操作性的规章时，对大众传媒的责任意识和专业水准的提升同样重要。特别是那些从事新闻媒体工作的专业人士，更应加强自身的职业素质，秉持强烈的自律精神，增强正义感与使命感，不断提升个人的品德和道德修养。他们在报纸等媒体中，应坚守专业主义的准则，主动虚心地接受社会各界的监督。当然，他们也应积极融入社会公众，加强对媒体的监督工作。而且，媒体机构需要增强对弱势群体的关注，以促进整个社会的公正和谐。

三、新闻传播效果的特点

新闻传播效果处于传播过程的最后阶段，它是传播过程中诸多要素的集合作用，是受众接收信息后所产生的某种变化。因此，新闻传播的效果具有以下几个方面的特点：

（一）层次性

新闻传播效果的层次性表明新闻信息并不是单一地、立即地产生影响，而是通过一系列逐渐深入的阶段来施加其效力。在初期，层次性表现为吸引受众的注意力。新闻的标题、图片或开头部分起到引起兴趣的作用，使受众开始关注特定的信息。随着受众对新闻内容的不断消化和理解，层次性进入了第二个阶段，即认知的形成。在这一阶段，受众开始理解新闻事件的细节，形成对事件的初步看法。进一步深入，层次性开始影响受众的情感和态度。受众对新闻内容产生情感反应，如同情、愤怒或喜悦，这些情感反应又会影响他们对新闻事件的态度和看法。最终，这种层次性影响可能导致受众行为上的改变。例如，一个关于社会不公的新闻报道可能会激发受众的愤怒情绪，促使他们参与相关的社会活动。

（二）累积性

在现代信息社会，受众每天都会接触大量的新闻和信息。这些信息并非孤立地影响受众，而是在接触和消化过程中逐渐在受众心中积累影响。累积性的一个关键方面是单个新闻事件或报道往往不足以立即或显著地改变受众的态度或行为。相反，是连续不断的信息输入，如对某一议题或事件的重复报道，逐渐塑造和改变了受众的认知和态度。例如，关于环境保护的新闻，一次报道可能不会立即促使受众采取行动，但长期而持续的相关报道会逐步增强受众的环保意识，最终促使他们采取实际行动。同时，累积性意味着新闻传播的效果可能在不同的时间尺度上显现。短期内，新闻的影响可能不太明显；但从长期来看，这种影响可能显著，长期累积的效果对塑造公众意见、社会态度乃至文化价值观都有重要影响。例如，关于公共健康或政治态度的持续报道，虽然每次的影响可能微小，但随着时间的积累，会在社会层面产生显著的影响。

（三）恒常性

新闻传播效果的恒常性是指新闻传播一旦产生了影响，这种影响往往具有相当的持久性和稳定性。当受众接受了某些新闻信息后，他们的认知、态度甚至行为模式均可能发生改变。这种改变一旦形成，就会以某种方式在受众心中扎根，随后逐渐固化，形成一种心理惯性。心理惯性意味着受众在后续接收信息时，会倾向于寻找与已有观点和态度相符合的信息，同时抵制与之相悖的信息，使新闻传播的影响具有一定的稳定性和持续性。例如，对某个政治事件的初步看法一旦形成，受众往往会关注并支持这一看法的信息，而忽视或抵制反对这一看法的信息。这种现象在社会心理学中被称为"确认偏误"。此外，新闻传播的恒常性与社会环境和文化背景有关。在特定的社会文化环境中，一些新闻话题与受众的价值观、信仰和生活方式紧密相连，可能会长期占据公众的注意力。

（四）内隐性

在新闻传播过程中，信息的接收和处理是一个深层次的心理活动。受众在接触新闻时，其心理活动远不止于表面的阅读或观看，而是涉及对信息的深入处理，包括理解、解释、评价和内化。该过程通常是无形的，受众甚至可能并不会完全意识到这些心理活动的发生。因此，新闻传播的效果往往隐藏在受众的内心反应中，不易被直接观察和量化。与此同时，新闻传播的内隐效果也体现在其长期性和微妙性上。一则新闻报道可能在短期内看似未引起显著反应，但随着时间的推移，其深层次的影响就会逐渐显现。例如，持续的新闻报道可能潜移默化地影响受众的价值观和行为准则，进而在日后的某个时刻，通过受众的某种行为或决策表现出来。

四、新闻传播效果的影响因素

（一）传播者

在探索新闻传播效果的诸多影响因素中，传播实体扮演着重要的角色。通常情况下，这一角色由新闻行业的发起者、新闻传播活动的策划者以及新闻媒介的管理者共同担当。

1.新闻行业的发起者

新闻行业的发起者主要是新闻体系与政策的制定者。这些体系和政策在引领新闻传播效果方面发挥着核心作用。若新闻体系及政策存在偏差，实现广泛且有效的新闻传播成效便会困难重重。此外，发起者的权威性也是影响新闻传播成效的关键要素。

2.新闻传播活动的策划者

新闻传播活动的策划者包括媒介的总编辑、台长，以及一线采编工作人员等新闻传播的直接执行者。他们的工作效率与品质直接决定了新闻传播的效果。

3. 新闻媒介的管理者

新闻媒介的管理者包括广告发布人员、发行团队等。这些角色对新闻传播效果的影响尽管是间接的，却不容忽视。通常，新闻媒介管理者的活动能够为媒体机构提供必要的物质支持。例如，提供给新闻工作者的优厚待遇以及先进的传播设备都是实现优质传播效果的必要条件。

（二）受传者

在新闻传播领域，"受传者"扮演着对传播效果进行权威性评估的关键角色，他们对新闻传播成效的多维影响是不可忽视的。可以主要从以下几个方面详细剖析这种影响：

第一，受传者的个体差异，如个人属性和特质，是决定传播效果多样性的一个重要因素。第二，受传者的需求异质性同样会导致传播效果的不同。这两个方面强调了个人特征和需求在传播过程中的核心地位。第三，受传者在接收信息时的选择性关注、理解力以及记忆能力对传播效果有着显著影响。第四，受众的参与度对新闻传播的成效有着直接影响。受众积极参与新闻传播活动，可以显著提高传播的效果。

（三）传播媒介

媒介是新闻能进行传播的载体，其对新闻传播效果的影响主要表现在以下两个方面：

第一，媒介本身的固有属性对信息传递效果有着深刻影响。例如，电视、报纸、广播、网络以及手机等不同媒体各自展现出独有的特征，这些特征导致即便是相同的"新闻事件"，其传播效果也会出现明显差异。

第二，传输信道的质量是决定传播成效的关键因素。例如，电视新闻播出时遭遇干扰，画面充斥着雪花般的干扰点，或者某条新闻在印刷过程中出现重影，那么即便新闻内容丰富、展示技巧精湛，也无法有效地触及受众，从而影响其获取信息的能力。

（四）传播内容

在新闻传播领域，内容的选择和构成无疑是影响传播成效的关键元素。事实上，传播者与信息接收者之间的互动主要是通过所选择的传播内容来完成的。由此可见，传播者在决策传播内容时，必须严格遵守新闻传播的价值准则，以确保传播的效果。

（五）社会环境

社会环境中的多个要素对新闻传播效果有着显著影响，其中特别值得关注的是经济、政治和文化三个方面：

首先，经济环境的作用不容忽视。新闻传播需要在内容选择和理念表达上与社会经济能力保持一致，同时要贴近人民的实际经济状况。缺乏这种适应性，新闻传播的成效便会受损。因此，经济环境成为塑造新闻传播成效的一个重要因素。其次，政治环境对新闻传播的影响同样重要。鉴于新闻传播的意识形态特性，以及新闻媒介作为社会舆论的工具，政治环境对新闻传播的成效有着深远影响。良好的传播效果往往要求一个相对开放和民主的政治氛围。最后，文化环境是一个关键因素。每个国家和地区都有其独特的文化传统、习俗和宗教信仰。新闻传播若想获得成功，必须与当地的文化环境相协调。也就是说，文化环境在很大程度上影响着新闻传播的效果。

第五章 融媒体时代新闻传播的主流业务

第一节 新闻采访

一、新闻采访的概念与特点

（一）新闻采访的概念

新闻采访作为新闻报道的核心过程，可以从狭义和广义两个层面来理解。

在狭义层面，新闻采访是指新闻工作者通过面对面的问答形式，从新闻源头搜集信息的活动。这种采访方式是新闻制作过程中不可或缺的一部分，涉及与新闻事件相关的人物直接对话，以获取第一手的事实资料、观点和见解。在进行狭义的新闻采访时，新闻工作者通常会提前准备一系列问题，这些问题旨在揭示新闻事件的本质、背景、影响或相关人物的态度和意见。在采访过程中，新闻工作者需要具备敏锐的洞察力和良好的沟通技巧，以确保能够准确、全面地收集信息。狭义的新闻采访不仅仅是一种信息搜集的技术手段，更是一种艺术，采访者需要在保持客观中立的同时，展现出同情和理解，以便更好地与采访对象进行沟通，并鼓励他们分享信息。此外，有效的采访需要新闻工作者有与事件相关的背景知识，以便提出有深度和相关性的问题，从而揭示新闻事件的更多维度。

在广义层面，新闻采访是一种包罗万象的活动，远远超过单纯的问答式交流，涉及新闻工作者对客观事物的深入探索、全面调查和细致研究，旨在获取关于特定事件或现象的全面信息和深刻理解。广义的新闻采访通常包括多种方法和技巧，除了传统的个人访谈，还包括对相关文献的研究、现场观察、专家访谈、参与式报道、使用问卷或调查工具等。这些方法使新闻工作者能够从不同角度和层面理解事件，从而做出报道。例如，通过现场观察，记者可以亲身体验事件的现场氛围，获取第一手的信息；而通过专家访谈，记者可以深入了解事件背后的专业知识或行业观点。此外，在广义的新闻采访中，新闻工作者需要具备批判性思维，甄别不同信息来源的可靠性，以确保报道的真实性和公正性。同时，新闻工作者需要具备良好的伦理意识，懂得尊重采访对象的权利和隐私，以确保报道不会对社会造成不必要的负面影响。总的来说，新闻采访是全部新闻工作顺利开展的前提，是每个新闻工作者必须掌握的基本功。采访的过程是对原始、散乱的事实进行搜集、整理、分析、综合的过程，采访为新闻记者写好新闻报道奠定了扎实的基础。

（二）新闻采访的特点

1. 政策性

新闻采访的政策性是其重要特点之一，这主要表现在新闻报道的内容和方向上。在大多数国家，特别是在政治体制高度集中的国家，新闻报道通常被视为宣传政府或执政党的路线、方针和政策的基本任务。新闻记者要具备较强的政策观念，在新闻采访过程中需要不断地考虑如何将政府或执政党的政策融入报道，以确保报道内容与政策保持一致。

2. 新闻性

新闻性主要是指新闻所围绕的内容必须是新近发生或新近被发现的重要事实，强调了新闻的时效性和关联性，能够确保所报道的内容对公众具有即时的重要性和吸引力。新闻性的核心在于"新"，即新闻必须提供最新的信息和观点，这样才能确保新闻内容对接收信息的受众保持高度的相关性和吸引力。无论是新发生的事件、新出现的趋势、新变化的情况，还是新出现的观点和见解，都是记者在采访时关注的焦点。

3. 时效性

新闻采访的一个核心特征是时效性，其直接关系新闻报道的及时性和影响力。新闻本身具有强烈的时效性，因此新闻采访要求极高的速度和效率。在重大新闻事件发生后，记者必须快速响应，迅速到达现场，即刻收集信息、撰写报道，并且迅速发布，以确保新闻内容的及时更新，进而将新闻内容迅速而准确地传达给公众。

4. 公开性

新闻采访的结果大多数是为了向公众公开传播而制作的，因此新闻工作者在采访过程中需要不断考虑到其最终的公开性。虽然有一小部分新闻内容可能以"内参"形式供特定的领导层参阅，但绝大多数采访成果将被写成报道，以供公众阅读和了解。因此，记者在进行采访时必须明确内部信息和对外发布信息的界限，保持高度的责任感和敏感度，以确保所报道的信息准确、客观，避免误导公众。记者需要考虑到信息公开时可能带来的社会影响，包括对受访者和相关人士的影响，以确保新闻的公正性和对社会责任的尊重。

5. 全局性

全局性是新闻采访的一个核心特点，它强调新闻报道应超越局部或个别事件的视角，从宏观、全面的角度审视和呈现信息。在新闻传播领域，面向公众和社会的责任要求记者在采访过程中不仅关注即时的事件细节，而且考虑事件在更大范围内的影响和意义，包括评估事件的社会、政治、经济和文化影响，以及其对不同群体和社会整体的长远影响。在分析是非曲直、利弊得失时，记者需要将这些因素置于整个社会和历史的背景中加以考量，以确保报道不仅准确，而且深刻、全面。此外，全局性要求记者在报道时能够联结相关的社会背景、历史脉络和可能的未来趋势，从而为公众提供一个全面的理解框架。

6. 广泛性

新闻采访的广泛性表现在信息来源、报道内容和受众覆盖等多个方面。广泛性要求新闻工作者在采访过程中广泛搜集信息，包括来自不同领域和层次的信息、多种形式和角度的信息。新闻工作者通过面对面访谈、电话访问、网络调查等多种途径收集资料，从而确保报道内容的全面性和深度。此外，新闻采访的广泛性还体现在对不同观点和意见的汇集上。新闻工作者需要兼收并蓄，考虑到来自不同群体、不同背景的声音，做出客观报道。这种广泛性的采访方式有助于形成全面的新闻视角，为公众提供丰富、多元化的信息来源，同时能促进新闻报道的公正性和真实性。

7. 连续性

新闻采访的连续性是指在报道某一事件或议题时，新闻工作者应持续、深入地进行跟踪报道，这不仅包括对单一事件的持续关注，还包括对相关事件或话题的连续报道。连续性要求新闻工作者在第一次报道某个事件后，继续关注该事件的最新进展和相关动态，揭示事件背后的复杂性、变化的情况，以及可能的长期影响。例如，在重大突发事件发生后，初期报道可能只涉及基本事实和立即反应，但随着时间的推移，深入报道可以探讨原因、后果、相关政策的变化和社会反响等多个方面。

二、新闻采访的要素和原则

（一）新闻采访的要素

1. 采访目的

通常来说，新闻采访的主要目的是收集和传播新闻事实，这是新闻工作的核心。首先，新闻采访的目的在于揭示事实。在新闻报道中，真实性是最基本的要求，新闻工作者通过采访，努力获取直接、真实的信息，无论是来自事件现场的第一手资料，还是来自权威专家的深度分析，对事实的追求，不仅包括事件发生的具体细节，还包括事件背后的各种因素和影响。其次，新闻采访旨在提供全面的视角。除了基本事实，新闻工作者还会通过采访不同的信息源，尝试从多个角度来解读事件，这有助于构建一个立体的事件画面，使公众能够从不同的方面理解事件，并形成自己的看法。同时，新闻采访有助于分析和解释新闻事件。通过对事件的深入探究，新闻工作者可以揭示其深层次的意义和潜在的影响，向公众传达事件的表面信息，提供对事件深入理解的可能性。再次，新闻采访是构建公众对话的一个重要渠道。通过报道不同群体的意见和反映，新闻可以促进社会各界之间的交流和理解，在处理社会矛盾、塑造公共舆论、推动社会进步等方面扮演着关键角色。最后，新闻采访承担着教育公众的责任。新闻通过向公众提供有关政策、法律、经济、文化等方面的信息，可以丰富公众的知识，增强公众的意识，促进公众的社会参与。

2. 采访对象

采访对象是信息和观点的来源，为新闻报道提供了必要的事实基础和深度背景，直接影响新闻的质量和可信度。常见的采访对象是直接涉及新闻事件的人物，包括事件的目击者、参与者、受害者或其他直接相关的个人。这些人物能提供第一手的信息和个人见证，对重建事件的经过和理解事件的背景很重要。在突发事件报道中，这类采访对象尤为关键，因为他们的见证可以为公众提供及时和准确的信息。专家和权威人士也是重要的采访对象，他们可能是学者、行业专家、政策制定者或有经验的评论员，通常对特定领域有深入了解，能够提供专业的分析和见解。在处理复杂的议题（如经济政策、科学发现或国际关系）时，专家的意见能够帮助公众更好地理解问题的各个方面。同时，公共人物，如政治家、名人和社会活动家，经常成为新闻采访的对象。由于这类人物的影响力和公众身份，他们的言论和行动常常具有新闻价值。采访这类人物，可以揭示公共政策的动态、社会趋势或公众关注的问题。此外，普通民众是不可忽视的采访对象，他们的观点和经历可以反映社会的多样性和普遍性问题。在报道社会问题、文化现象或趋势时，普通民众的见解能够提供独特的视角和深度的社会洞察。值得注意的是，新闻采访对象的选择应基于新闻的目的和性质。有效的采访对象不仅应提供相关和准确的信息，还应具备可信度和代表性。新闻工作者在选择采访对象时，需要考虑其背景、知识水平、见解的独特性以及对事件的影响。

3. 采访主体

在新闻传播领域，采访主体一般是指专业化的新闻记者，他们在新闻组织内承担着新闻报道的撰写和采集职责。新闻记者根据工作性质的不同，可划分为外勤记者和内勤记者两大类。外勤记者通常是指那些直接在现场进行新闻采集和报道撰写的人员；内勤记者多是指那些负责编辑和发布新闻内容的工作人员。在日常语境中，提及"记者"时，通常是指从事外勤工作的新闻工作者。

第一，根据所专注的新闻媒介领域，记者可分为多个类别，涵盖了从不同视角对新闻进行报道的多种方式。具体分类包括文本新闻记者、摄影记者、广播记者、电视记者以及网络记者等，每种类别的记者在其专业领域内进行深入的新闻采访和报道工作。

第二，基于报道内容的不同，记者可分为政治记者、经济记者、文化记者、科学教育记者、文艺记者、体育记者以及军事记者等。

第三，从地理位置角度出发，记者包括本地记者、地方记者和驻外记者。

此外，还有多功能记者和专业记者、特约记者和特派记者等。在中国的历史中，记者曾被称为"访员""访事""通信员"等。

（二）新闻采访的原则

1. 真实性原则

在新闻采访领域，新闻工作者要严格遵循真实性原则。这一原则强调，新闻工作者在采访中应致力于以客观、真实的方式记录新闻事实。遵守此原则，新闻工作者在采访实践中需要关注以下几个方面：

第一，新闻工作者在执行采访任务时，必须坚持客观性。这意味着在观察和倾听时，应尽量避免个人主观判断的影响。记者的个人看法可能导致选择性报道或歪曲事实，这将严重损害新闻的真实性。因此，维持客观立场，不偏不倚地记录事件，是保证新闻真实性的首要条件。

第二，当采访新闻人物时，与采访对象的真诚互动很重要。新闻工作者应当真实、客观地传达采访对象的观点，避免对其言论进行断章取义或曲解。在采访过程中，新闻记者不应引导采访按照预设的方向发表观点，而是应鼓励采访对象自由地表达自己对某一议题的看法。

第三，面对事件性新闻的采访，新闻工作者应利用照相机、摄影机等工具，准确记录事件的发生及其进展的细节。鉴于新闻事件的复杂性，新闻工作者常面临对表面信息与深层真相的辨识的挑战。因此，记者需要具备敏锐的辨识能力，通过深入调查，挖掘事件的真实面貌。

2. 党性原则

新闻采访中严格遵循党性原则是指在采访和报道过程中，新闻工作者在报道新闻时，必须确保内容符合党的宣传要求，加强党的理论、路线、政策的传播，正确解读党的主张和意图。新闻工作者在采访过程中要有意识地维护党的形象和权威，突出党的成就和积极形象，传播正能量，为维护社会稳定和国家统一作出贡献。新闻工作者要有高度的政治敏锐性和责任感，恰当处理与党的政策和指导思想相关的内容，避免传播可能会引起政治动荡或社会不稳定的信息。

3. 竞争性原则

随着网络媒体的迅猛发展，新闻机构之间为抢夺信息源、争取观众注意力的竞争越发激烈。特别是在重大新闻事件发生时，各大报社、电台和电视台的记者们会争先恐后地赶往现场，努力第一个报道事件。这种竞争不限于事件报道，还包括对社会热点人物的采访。在这种激烈的竞争环境中，记者为了在采访业务上取得优势，必须遵循特定的原则。

首先，时效性在新闻采访中很重要。记者需要快速响应，尽可能第一时间抵达新闻现场。这不仅是为了抢占报道先机，也是为了捕捉事件最新的发展动态，以确保所报道的内容是最新的、最有价值的。其次，创造性采访是应对竞争的重要策略。面对同一新闻事件或热点人物，如何从独特的角度进行采访，提供与众不同的视角和深度解析，成为区分不同媒体报道的关键。创造性采访要求记者在传统的采访方法上进行创新，例如通过多角度报道、深度访谈或结合不同的媒介形式（视频、音频、文字等）来呈现新闻内容。

面对日益加剧的媒体竞争，新闻工作者需要不断提升自身的专业素养和技能，以适应快速变化的新闻环境，包括提高新闻敏感性、掌握先进的报道技术、培养独特的新闻观察角度，以及深化对社会现象的理解能力。

4. 法律底线原则

在新闻采访活动中，严格遵守法律底线是新闻工作者的基本原则和首要职责。法律底线原则的核心在于确保新闻采访活动不触犯法律法规，保护采访对象的合法权益，维护新闻行业的诚信和公正。在贯彻法律底线原则时，新闻工作者应特别关注以下两个关键点：

一方面，新闻记者在采访过程中必须充分尊重并保护采访对象的各项权利，包括隐私权和名誉权。隐私权的保护意味着在没有得到充分授权的情况下，记者不能侵入个人的私人空间或披露个人的敏感信息。保护名誉权要求新闻记者在报道中避免发布可能损害采访对象名誉的不实信息。侵犯这些权利的行为不仅会违反职业道德，还可能招致法律的制裁。因此，记者在进行采访时，必须深入了解并严格遵守相关法律法规，确保自己的行为不越过法律的界限。

另一方面，新闻记者在采访过程中绝不能为谋取非法利益而滥用采访权。例如，制造或传播虚假新闻、利用采访机会进行敲诈勒索等行为，严重违反了新闻行业的伦理规范，也是明确的法律犯罪行为，一经查实，必会受到法律的严厉惩处。记者在采访过程中应始终坚持新闻真实性，避免参与或制造虚假新闻，以确保自己的行为和报道符合法律法规和新闻道德。

三、新闻采访的流程与方法

（一）新闻采访的流程

1.访前准备

在新闻采访的初始阶段，访前准备工作是关键的。简而言之，这个准备阶段涉及采访者在实际接触采访对象之前，应尽最大努力收集采访对象的相关信息，深入了解其背景。这样的准备能够使记者在采访现场发挥得更加出色。事实上，记者通常在采访开始之前才有机会见到采访对象，因此很难与之产生任何前期互动。如何迅速而自然地切入话题，如何准确把握采访对象的兴趣点，以及如何创建一个相互信任且轻松的对话环境，常常是记者面临的挑战。一位出色的采访者擅长获取采访对象的各种相关信息，对其性格、兴趣爱好、过往经历等全面掌握，能够在正式采访时精准找到切入点，从而从采访对象感兴趣的主题入手。

此外，访前准备可以帮助采访者明确采访的轮廓，如确定采访的主题和核心目标。采访者需要对整个采访过程有全面规划，以确保在实际采访中能够灵活提问。访前准备是厘清思路、制定有效策略的最佳时机，可以有效应对突发情况。

2.走进新闻现场

在新闻采访过程中，记者提出的问题及其提问方式起着决定性的作用。采访本质上是一个由提问和回答构成的互动过程，其中提问环节是采访的核心。在进行采访之前，记者应经过充分的准备，确保采访目标明确、思路清晰，从而在新闻现场能够有效捕捉关键信息。记者的采访风格各有特点，但共同的目标是揭示新闻的真相。某些记者偏好直截了当的提问方式，在轻松的开场后迅速切入核心议题。而另一些记者擅长采用渐进式的策略，通过巧妙而连贯的提问逐步引导采访对象，使其无法回避关键问题，从而给出详尽的答案。

在实际采访中，不论采取何种风格，记者都应展现出对真相不懈追寻的能力和决心。在这一过程中，记者需要具备坚强的意志力和敏锐的洞察力，以便准确地捕捉新闻的核心要点，并深入探索具有深度的新闻素材。依赖采访对象的单方面陈述是不够的，记者必须通过持续且深入的提问来揭露新闻的真实面貌。追问不仅仅是一项采访技能，更体现了记者对揭示新闻真相的坚定承诺和责任感。

当新闻记者面对难以接近的采访对象时，虽然采访难度有所增加，但正是在这种情境中，记者才有机会提升自己的专业技能和能力。而关键之一在于提问的艺术，需要记者进行深刻的思考和精心的设计，以确保能够引导采访对象提供关键的信息。记者在提问过程中所展现的技巧和素质，直接影响着采访的成效，并最终决定着新闻作品的整体质量。需要指出的是，采访中的提问是一种沟通活动，这种提问具有针对性，旨在向相关人士或知情人士提出问题。因此，在采访过程中，记者应采用委婉的提问方式，学会尊重对方。无论是对普通人还是对地位显赫的名人进行采访，记者都应保持尊重的态度。此外，采访时的提问应避免直接触及个人隐私，除非确有必要且得到了采访对象的同意，这样才能获得他们的理解和配合。例如，王志的人物访谈节目之所以获得成功，在很大程度上归功于他对待所有采访对象持一视同仁的态度。

记者踏入新闻现场时，除了必须擅长提问外，还需要培养敏锐的观察力。观察不仅能够为记者揭示新的信息和视角，而且往往能为他们带来超出预期的灵感和体验。通过细致观察，记者有可能会对原本的采访计划作出调整，从而获得新的思路和创意。在常规的事件报道中，记者到达现场时通常会错过事件发生的关键时刻，只能在所谓的"第二现场"进行采访。尽管如此，第二现场依然保留着事件发展的痕迹和影响，如现场留下的物品、环境的变化、目击者的反应等，都是重要的新闻线索。记者通过对这些细节的深入观察和生动描绘，能够有效地传达给受众一种身临其境的感觉。

这种观察的重要性体现在两个方面：一方面，它强调了记者的"现场存在感"，即使是在事件发生之后，记者通过观察仍能够"复现"事件的场景；另一方面，这些观察所得的痕迹往往与采访对象对事件的叙述相呼应，使得事件的再现真实和生动。通过这种方式，记者能够从多个角度重构和呈现事件，为读者提供全面、深入的新闻报道。在新闻采访中，观察的力量不容忽视，它能够丰富报道的内容，增强报道的真实性和感染力。

（二）新闻采访的方法

1. 电话采访

记者通过电话与采访对象沟通，从而收集新闻信息的做法被称为"电话采访"。在新闻行业，时效性是一个很重要的因素，而电话采访因其迅速性在新闻采访中被广泛运用。电话采访的一个主要应用场景是对突发事件进行现场报道。此方法使记者能够在事件发生后立即联系相关人员，迅速获取第一手资料。这种采访方式克服了物理距离和时间的限制，极大地提高了新闻工作的效率，帮助记者抢占了时机，有效地满足了新闻报道的时效性需求。通过电话采访，记者能够及时了解和报道国内外对重大事件的不同反应，广泛探索社会关注的焦点问题。这种采访方式还允许记者对之前报道的新闻事件进行持续跟踪，以及直接向新闻相关人士核实事件的具体情况。

2. 网上采访

随着互联网的快速发展，记者的采访方式也得到了拓展，涵盖网络采访的领域。网络提供了即时通信工具，使记者能够与一个或多个采访对象进行实时交流，无论是文字、音频还是图像都可以在网络上传输，这彻底突破了时间和空间的限制。此外，记者可以利用网络进行文件传输和实时连线报道等，使采访效率大幅提高。然而，网上采访引发了对信息真实性的担忧，因此记者在进行网上采访时必须谨慎对待信息的可信度。

3. 现场采访

现场采访是新闻报道中的一种重要方法，指的是记者亲临新闻事件发生地，对相关采访对象进行面对面的采访。在进行现场采访时，记者需要灵活运用提问和观察这两种主要方式，以获取翔实的新闻信息。

（1）提问

提问是一种常见而直接的信息获取方式。它包括记者口头提出问题，采访对象回答问题的过程，通常采用一问一答的形式。通过提问，记者可以主动引导采访对象谈论事件的发生、发展过程，以及可能的影响和后果。此外，提问可以用来了解采访对象的思想、观点和态度。尽管提问是一种方便获取信息的方式，但记者必须谨慎使用，因为它容易受到采访对象主观性的影响，可能导致信息的真实性受到质疑。因此在采访中，提问通常与其他信息获取渠道相结合，以确保新闻报道的准确性和全面性。

（2）观察

观察是另一种关键的信息渠道。通过仔细观察新闻事件现场，记者可以发现重要的细节信息，获取深入报道的线索。观察有助于记者辨别真实与虚假，减少人为因素对新闻事实的干扰。

4. 书面采访

书面采访又称为文字采访，是指在记者与采访对象无法面对面交谈的情况下，采用书面提问并获得书面答复的一种采访方法。这种方法在以下几种情况下具有特殊的适用性：

第一，采访对象需要提供大量的资料。

第二，采访对象没有时间接受记者的面对面采访。

第三，采访对象在外地，记者没有办法前往，但又必须进行采访。

书面采访能够给采访对象以充分的考虑时间，为记者提供翔实的资料信息；能够突破时空界限，就同一主题在同一时间采访不同地区、不同国家的许多人，从而获取全方面的信息。有时候，书面采访还是一种很好的补充采访的方法，能够帮助记者向采访对象核实信息。

5. 体验式采访

体验式采访是一种独特的新闻报道方法，其中记者扮演着双重角色——既是采访者，又是事件的参与者。在体验式采访中，记者可以直接融入新闻场景，亲身体验和观察新闻事件的发生，或者深入了解采访对象的生活和职业环境。与传统的采访方法相比，体验式采访的独特之处在于强调记者的双重身份，参与式的采访过程以及对新闻内容深刻的体验，能够真实、深入地记录新闻信息，帮助记者获取第一手资料。体验式采访的应用场景多种多样，主要包括以下几个方面：第一，体验式采访可以深入描绘普通人的情感世界、日常生活和新鲜事物；第二，体验式采访能揭露和解读重大的历史事件；第三，体验式采访适用于对特定采访对象的深入了解；第四，体验式采访能探讨和分析社会问题及现象。

值得注意的是，体验式采访可以细分为两种类型：第一，显性体验式采访是一种采访策略，记者在与采访对象的互动过程中，会明确揭示自己的身份和阐明采访的目的，广泛适用于各种情境，但其局限性在于采访对象意识到对方的记者身份时，可能会展现出一定程度的表演性质。在这种情况下，采访对象可能出于特定目的，刻意隐藏或扭曲事实，这极大地影响了采访内容的真实性。第二，隐性体验式采访亦称作"暗访"，是一种独特的新闻获取方式，记者在不透露自己的身份和采访目的的前提下，通过扮演某种社会角色来获取新闻事实。这种方法主要应用于特定情境：为确保所得信息的真实性而避免对象伪装或造假，为撰写批判性报道而揭露不端行为；为获得真实资料而深入犯罪团伙内部；等等。此外，采用隐性体验式采访可减少对象的紧张感，从而获得其配合的态度。通过这种方式，记者能够获取一手的、真实的信息。隐性体验式采访作为一种特殊的报道手段，在伦理和法律层面存在广泛争议，并伴随着一定的风险。因此，近年来，新闻管理机构对此类采访方式的限制趋于严格。对于记者而言，如果决定采取这种采访手段，就必须在采访前进行周密的计划，以确保安全和效果。在采访过程中，记者需要保持勇敢而谨慎的态度，并在采访后对整个过程进行及时的回顾和总结，以提升采访质量并遵守道德及法律。

第二节　新闻编辑

一、新闻编辑的概念

新闻编辑的概念涉及一系列专业的编辑流程，其核心目的是确保新闻内容的准确性、可靠性和适合公众消费。在新闻编辑过程中，编辑人员主要负责审查、修订、组织和最终确定新闻报道的内容和形式，以适应特定的媒体平台和目标受众。新闻编辑工作的主要职责是确保报道的信息准确无误，内容完整，且符合新闻伦理和法律规范，包括核查事实、调整语言表达、优化文章结构、确保信息的中立性和公正性，以及考虑文化敏感性等方面；同时，需确保新闻内容与目标受众的兴趣和需求相符，考虑新闻的时效性和重要性。新闻编辑是一项对新闻文本的文字进行处理的工作，更是一项涉及判断力、责任感、伦理道德和专业技能的综合性工作。编辑的工作影响着新闻报道的质量和可信度，还对公众的信息接收和社会观念形成有着重要影响。因此，新闻编辑是新闻行业中关键的一环，是连接新闻制作与公众接受之间的桥梁。

二、新闻编辑的任务

（一）把关任务

新闻编辑作为新闻报道过程中的核心环节，肩负着重要的监督任务。新闻编辑工作应确保新闻报道的准确性和可靠性，指导公众舆论朝着正向发展。在执行这一监督职责时，编辑需遵循如下关键原则：

第一，编辑在审核阶段必须严格筛选内容，拒绝传播虚假、质量低劣或错误的信息。与此同时，编辑应努力为真实、优质和正确的新闻提供通道。

第二，在根据新闻编辑的指导原则、报道策略和客观环境来审查稿件或节目时，编辑应特别谨慎。在此过程中，编辑应最大限度地避免根据个人偏好滥用选择权，选择错误可能导致误导公众舆论。因此，编辑在审阅和挑选稿件或节目时，必须超越个人喜好，以客观和专业的标准为依据。

第三，编辑的工作要求具备高度的细致性和谨慎性，尤其是在时间压力下工作的编辑。对于那些在新闻报道即将进入报纸印刷、广播电视播出或网站发布的最后关头负责的编辑和总编辑来说，审核决策必须做到谨慎，任何疏忽都可能导致严重的后果。因此，新闻编辑在执行监督任务时必须精益求精，郑重其事。

（二）策划任务

新闻编辑在决策层面扮演着重要角色，其中包括对新闻制作全过程中的宏观问题进行深思熟虑的评估和行动规划。这一任务使其直接影响新闻机构的创立或改革方向，影响新闻产品的整体质量。通常，新闻编辑的策划工作涵盖了多个方面：参与制定新闻机构的编辑政策，拟订具体的新闻报道方案，对新闻报道的内容、数量、重要性和报道手法的策划与实时调整，等等。

新闻编辑的策划工作可按其层级不同划分为三类：首先是战略层面的策划，关乎新闻机构的整体规划；其次是战术层面的策划，涉及长期或大范围的报道规划；最后是战役层面的策划，着眼于短期或小范围的报道规划。在这三个层级的策划中，战略策划为战术和战役策划提供指导，后两者的实施是战略策划实现的基础，这三种策划相互依存、相互促进，共同构成一个协调一致的策划体系。

（三）加工任务

新闻编辑在处理稿件的过程中承担着加工任务，但这里的加工远远超出一般所理解的技术性简单工作，而是一种涵盖专业性和创新性的劳动。加工任务不单是对文本、声音或图像的修饰和润色，更包括制定标题、编排版面或布局页面，以及构建节目单元等。在新闻编辑的整个工作流程中，编辑的角色实际上是在进行一种形式的再创作。

新闻编辑的加工任务可以从以下两个层面进行考量：

在被动层面，新闻编辑在加工处理信息时，必须谨慎，既不能随意改变原作者所表达的意图，也不能改动原稿的风格，更为重要的是，编辑绝不能主观臆断地篡改或捏造事实。

在主动层面，编辑通过其对新闻内容的加工处理，旨在提升报道的思想深度、指导性和艺术表现力，因此充分挖掘新闻信息中蕴含的新闻价值，需要编辑发挥自身潜能，对稿件进行再创造，选择恰当而有效的方法突出稿件中精彩的部分，从而使稿件易于被受众接受，并在发布后产生显著的影响力。

（四）发言任务

在新闻传播领域，媒体扮演着及时表达观点的关键角色。"发言"是指对现实世界中各类问题的态度和立场的阐释，以及进行客观的评价与分析，目的在于引领受众判断对错、明晰方向。这一职责是新闻机构不可或缺的一部分。新闻媒体的此类发言主要通过新闻编辑完成，因而有效发言成为新闻编辑工作的一个核心任务。

新闻编辑的表达形式多样，包括直接发言（如通过撰写各类评论文章来表达立场）、间接发言（如利用读者来信、问答环节、工作访谈、以作者名义发表的言论、节目解说等多种形式来表达观点），以及含蓄发言（如通过文章标题的长短、字体大小、排列顺序、位置高低等来强调新闻的重要性和优先级）。此外，还有显性发言、长篇幅发言和短篇幅发言等方式。新闻编辑在选择表达方式时，应考虑到新闻内容的特性、所涉及问题的性质以及具体情况，灵活运用各种发言方式。无论采用何种形式，新闻编辑都必须基于客观事实，坚持实事求是的原则，并注重说服力与感染力，在保证受众愿意接受的同时，对其产生积极的影响和教育作用。

（五）组织任务

1. 宏观型组织

在新闻编辑领域，"宏观型组织"是指对广泛且持续时间较长的新闻事件的编辑和报道。面对这类规模庞大的新闻报道项目，编辑的职责是在深入调研的基础上，依据党和国家的核心任务指导，结合媒体自身的专业分工，制订详尽的报道方案或建议。这一过程涉及多方面资源的整合和动员，以确保计划的有效执行。宏观新闻报道的组织通常采取多种形式，如连续报道、集中报道、系列报道等，以增强报道的连贯性和深度，具体由总编辑和编辑部主任负责，要保证报道内容的质量和深度，考量报道的广泛性和影响力，确保其符合既定的政策方向和媒体策略。

2. 中观型组织

在新闻传播领域，中观型组织的概念主要涵盖报纸的特定版面、网站的特定页面、广播电视的特定节目单元，以及一整日的报纸版面、网站的特定频道或广播电视的指定时段等。对这一层次新闻内容的管理和呈现，编辑的任务远远超过对单一报道或一系列报道的简单聚合。相反，编辑需要对这些内容进行综合性的策划和布局。这种编辑过程要求对新闻材料进行分类处理，注重整体内容的构成和平衡。编辑工作包括对新闻稿件或报道的有序排列，对版面（无论是纸质还是数字媒体的页面或广播电视节目的版块）的精心设计，以体现媒体的独特风格和理念。

3. 微观型组织

在新闻报道领域，微观型组织是指对一系列新闻稿件的精细化编排与整合。虽然仅涉及有限数量的稿件，但要求编辑在整合过程中，严格考虑各个稿件或报道之间的相互关联性，以便形成具有共性特征的新闻组合。微观型组织主要采用三种形式：首先，编辑可能会在一个统一的新闻标题下，汇聚多篇稿件或报道进行一次性的刊发或播出，使得单个标题下的内容丰富、多元。其次，编辑可以围绕一篇到两篇核心稿件或报道，辅以相关的评论、图片和资料，提供全面和深入的视角，使核心内容得到深化。最后，设立专栏，即将几篇具有共同特性的稿件或报道在一个固定版块中呈现，这种做法在报纸版面、网站页面或广播电视节目中形成一种规律性的结构，有利于吸引并保持读者、观众的注意力。

三、新闻编辑的方针政策

（一）锁定目标群众

锁定目标群众是指明确并理解新闻内容的目标受众。新闻内容的有效传播依赖于对受众群体的准确识别和深入理解，包括解受众的年龄、性别、教育背景、文化背景和兴趣爱好等。通过深入分析目标群众的特性和需求，新闻编辑可以有效地定制内容，以吸引和维持其兴趣。例如，年轻受众可能偏好动态和互动性强的新闻形式，如社交媒体和视频平台；而年长受众可能倾向于传统的报纸和电视新闻。

（二）锁定传播内容

锁定传播内容涉及选择哪些事件和信息作为报道的内容。编辑在此过程中需要评估信息的新闻价值，包括时效性、重要性、影响力和公众兴趣等。在中国的新闻实践中，这一政策尤为重要，因为它直接关系公众对媒体和信息的信任度，以及媒体对社会价值观和社会风气的引导作用。

（三）锁定传播风格

锁定传播风格是指确定和维护一致的报道风格和声调。新闻风格不仅反映了媒体的品牌形象，还影响着受众对新闻内容的接受和理解。风格的选择包括语言的使用（如正式或非正式）、报道的角度（如客观报道或评论性报道）以及视觉呈现（如图片、图表和颜色的使用）。保持一致的风格有助于构建受众对新闻机构的信任和忠诚度。此外，新闻风格应适应不同平台的特点，如印刷媒体、电视、网络和社交媒体各有不同的表现形式和受众预期。

（四）锁定传播品质

锁定传播品质主要是指如何对新闻内容进行报道。对于新闻事件，传播媒介不只是把它原汁原味地摆在那里就可以，而是要进行一系列加工，也就是要做到把它以最佳的方式呈现给读者。例如，在国家重大成就和重要节日的报道中，新闻编辑通过准确、客观的展现事实，有效地传达正面能量和社会主义核心价值观。在报道中国的科技发展、体育成就、文化遗产保护等方面时，编辑们通过翔实的数据、全面的视角和丰富的细节，向公众传达了国家进步和发展的正面形象，提高了公众对国家发展的认识，增强了国民的自豪感和凝聚力。

四、新闻编辑的流程

（一）新闻策划

作为新闻报道流程中的关键环节，新闻策划是指对报道全过程的细致组织和周密规划，涵盖报道的形式、策略、视角等多个方面，旨在实现及时介入、深度挖掘、高度立意的报道目标。新闻策划的特点通常体现为"战役性"、系列化和专题化，并且穿插于新闻报道的全过程。在此框架下，新闻编辑需要全方位协调，综合把控整个事件的发展线索，精心设计报道的每个环节，并在坚持实事求是的基础上进行深入的调查和研究。

在新闻策划的实践中，编辑通常会聚焦于以下几个关键领域。首先，编辑会密切关注周期性事件的选题和对一些重要事件的持续追踪报道。例如，全国两会的召开、奥运会的举办以及重大历史事件的纪念活动等，都是这类新闻策划的典型对象。其次，新闻策划包括对重大突发事件的后续报道，如矿难、洪灾、地震等紧急事件。在这些事件发生后，新闻传播者需要深入了解事件的起因、过程和结果，并制订详细的报道计划，以确保信息的准确传达和深度剖析。最后，新闻策划涉及对重要事件的连续追踪报道。这是出于对新闻事件复杂性和相关性的考虑，通过系列化报道的形式，使得事件的始末清晰和明确，有助于公众全面地理解和评估事件，对事件背后的深层次原因和可能的长远影响有深入认识。

（二）新闻报道

1.调控报道

在新闻报道领域，面对客观环境的多样性，新闻编辑部门需要认识到这些环境差异，并及时采取适当的调控措施，以优化报道进程，实现最佳报道成效。报道的调控核心涉及两个关键环节：收集并分析反馈信息和据此调整报道策略。报道调整的基础在于对接收到的各方反馈的深入理解和应用，这些反馈包含参与报道的记者、报道对象、相关管理部门和主管单位以及受众群体的意见和建议。

2.组织报道

组织报道涉及编辑部在新闻采访和报道过程中所承担的一系列活动，包括对报道的策划、推动、监控和评估。这要求编辑部全面规划报道的关键内容、重点议题、报道流程、发稿时间表、版面安排与形式及报道团队的配置等方面，从而确保新闻工作的有序进行。在此过程中，编辑部要确定报道的主题范畴和焦点，对报道流程的细致安排和对版面地位的策略性规划。同时，编辑部需要对报道人员的分工和职责进行明确指导，以保障新闻采集、撰写、编辑和传播各环节的协调一致与高效运作。

3.稿件处理

（1）组稿

组稿是指依据既定的选题策划及目标受众群体来编纂稿件。稿件的主要稿源包括诸多新闻机构，尤其是国内领先的通讯社，如新华通讯社和中国新闻社，提供的电讯稿件是重要的素材，媒体机构的新闻记者所撰写的报道和通讯员贡献的稿件也构成了组稿的主要内容。一些技术性较高或专业性较强的新闻事件，往往超越了媒体记者的专业领域，因此通常会邀请外部的特约记者来撰写相关新闻稿件。特约记者凭借其专业知识和经验，在处理这类复杂或专业深度的报道方面发挥着关键作用。另外，针对新闻评论的撰写，通常会邀请行业专家或政府决策层人士提供专业见解。这些由专家或高层管理者撰写的新闻评论文章，丰富了新闻内容的深度和广度，为受众提供了专业和多元化的视角。

（2）选稿

选稿过程是新闻编辑工作的核心部分，涉及从大量潜在报道中筛选出具有重大社会意义和报道价值的新闻稿件。此过程的决策标准基于一系列因素，包括与报道的方针政策相符合、预期的社会效果及影响，以及目标受众的需求和期望。新闻编辑的职业素养发挥关键作用，能够确保所选新闻稿件不仅具有新闻价值，还能够在社会上产生积极影响。如果所选的新闻稿件缺乏社会意义，可能导致公众对新闻机构的信任度降低。因此，新闻编辑在进行选稿时，必须综合考虑多方面因素，如新闻的时效性、重要性、受众兴趣及社会责任感等，以确保所发布的新闻能够有效地服务于公众，提高媒体的可信度和社会影响力。

（3）改稿

为了确保新闻传播的质量，应对报道的新闻稿件进行全面而细致的修改，对新闻内容进行准确性、客观性和完整性的审查，对语言风格、叙述流畅性和逻辑结构进行优化。通过这种深入的编辑工作，提高新闻报道的专业性和可信度，从而更好地服务于公众的信息需求。

4. 新闻标题制作

在新闻稿件处理完成之后，接下来的一个关键步骤是对新闻标题的编辑和制作。新闻标题承担着诸多重要的职能，包括标明事实、提供评价，以及吸引公众的注意力。因此，在新闻编辑过程中，编辑在制作新闻标题时，必须投入相当的精力和创造力，确保标题既准确又引人入胜。

5. 组版

新闻编辑在处理新闻稿件时的终极步骤是组版，这一过程涉及在版面上对各类稿件进行全面布局。新闻编辑的组版工作分为以下两个主要部分：

（1）组编版面内容

在版面内容的组织编排方面，编辑的工作首先集中于头版和关键内容的优先规划。一旦头版设计确定，编辑便转向对其他各版面内容进行细致的策划和安排。这包括合理安排稿件的位置，充分考虑信息量的大小及其价值，留心避免与其他内容的重复。在确立稿件位置之后，编辑需要对稿件进行分类，如将评论、报道、相关资料等非新闻类稿件分门别类地安置，以确保版面的清晰和有序。

（2）设计版面形式

版面形式的设计是一系列精细的工艺过程，包括确定安排顺序、计算篇幅、考虑版面轮廓、明确版式布局，以及审视排版样张。在此过程中，编辑运用多种技巧和工具，如挑选合适的字号和字体、变更栏目样式和标题格式、利用线条和空白，以及安排图片和图案等，以创造出既美观大方又合理得体的版面效果。

第三节　新闻写作

一、新闻写作的概念

新闻写作是一种专门的写作艺术和技巧，旨在以文字形式将新闻事件和信息准确、清晰地传达给公众，其核心在于提供及时、真实、全面的报道，保持内容的客观性和中立性。新闻写作是通过选材、组织、表达和解释事实，将新闻事件转化为对公众有价值的信息。

在新闻写作中，最重要的是确保报道的准确性，报道的所有事实、数据和引用必须经过严格核实，任何失误都可能损害媒体的可信度和公众对其的信任。新闻写作还强调时效性，即报道必须及时发布，以满足公众对最新信息的需求，使新闻能够对社会和公众产生及时影响。与此同时，在报道一个事件时，需要从多个角度出发，提供多样化的信息和观点，以便读者能够获得全面理解。新闻写作要求语言表达清晰、简练，易于公众理解，复杂和模糊的表达方式会阻碍信息的有效传递。此外，新闻文章通常遵循"倒金字塔"的结构，即将最关键的信息放在文章开头，随后按照重要性依次排列其他细节。

二、新闻写作的原则

（一）用事实说话原则

用事实说话原则强调新闻报道必须基于真实发生的事件和可靠的信息来源。为了遵循这一原则，新闻工作者必须进行彻底的事实核查，确保报道中的每个细节、数据和引述都是准确无误的。此外，用事实说话也要求新闻写作保持客观性，避免带有个人偏见或主观色彩。这种基于事实的写作方式有助于建立新闻媒体的可信度和权威性，也是对公众的负责。

（二）现场实录原则

现场实录原则要求新闻报道尽可能地反映事件的真实情况，就像是在现场一样，包括对事件发生的环境、参与者的行为和语言以及事件的顺序等进行详细的描述。现场实录可以增强报道的生动性和真实感，使读者或观众能够更好地理解和感受到事件的现场氛围。为了实现现场实录，新闻工作者需要具备敏锐的观察力和详尽记录事件细节的能力。

（三）点面结合原则

按照点面结合原则，新闻写作应超越单一事件的表面报道，深入挖掘事件背后的社会、政治、经济或文化因素。例如，当报道一起社会事件时，除了陈述事件发生的具体时间、地点和经过，更重要的是揭示这一事件如何与更大的社会趋势相联系、对社会有什么影响，以及反映了哪些深层次的社会问题或变化。点面结合原则的运用也体现在对事件背景的深入挖掘上，新闻工作者需要通过收集和分析数据、历史记录、专家意见等，构建起一个全面的框架，帮助受众更好地理解事件的全局意义，揭示事件的根源，解释为何某个事件会发生，以及它产生的长远影响。此外，点面结合原则要兼顾不同群体、社会阶层或利益相关者的看法，以及他们之间的互动和冲突，通过展现多样的视角，新闻不仅仅呈现了事件本身，更映射出社会的复杂性和多样性。

（四）精要点击原则

在新闻写作领域，尽管"用事实说话"是一项基本原则，但适时地议论插入也是可取的，如果恰到好处，就能产生"画龙点睛"的效果，使得新闻内容鲜明和突出。需要注意的是，议论应当是精练且简洁的，只有在适当的时机自然流露，才能最大化其效用。

除此之外，新闻写作还应遵守其他重要原则，如正反对比和注重细节。在某些情况下，通过将相反或不同时期的事实并置，记者能够引导读者自行作出比较和思考，从而得出深刻结论。此外，微观聚焦，即从小处着眼，是一种有效的新闻写作方法。记者通过精选具体的新闻事件，能够阐释广泛和深远的主题，从而提升新闻内容的深度，增强其说服力。

三、新闻写作的结构

（一）编年体式结构

编年体式结构严格遵循事件发生的时间序列，系统地梳理并记录事件进程中的关键节点，主要优势在于能够清晰地揭示事件发展的轨迹，突出事实链中的关键环节，从而赋予文本高度的确凿性和可信度。特别是在报道重大或突发性事件时，采用编年体式结构能够实现信息的精确、明朗传达，并确保信息传递的详尽性和效率。

在涵盖时间跨度广阔、问题复杂重重的事件报道中，运用编年体方式需要具备出色的编辑剪辑能力，合理安排信息，以确保既能展现事件发展过程的连贯性，又能突出重要事实。编年体式的报道适用范围广泛，包括重大和突发事件，也适用于跨越长时间范围的事件，甚至适用于小型事件。

需要指出的是，编年体式结构在实际应用中不是孤立存在的，在许多情况下，会与其他报道结构形式结合使用，以实现丰富、多元化的报道效果。

（二）穿插式结构

穿插式结构在新闻写作中的应用是一种将核心事件或主题的叙述与相关内容交织在一起的方法，旨在增强受众对事件或主题的感知和理解，通过引入相关信息，有助于揭示事件或主题的深层含义，传达传播者的观点，加强新闻主题的突出性。穿插式结构的有效运用关键在于主线的明确设定与恰当的插入点选择。在穿插式结构的构建中，主线的设定可能基于新闻事件的发展脉络，或者以当前场景为基础，抑或围绕一个重要的线索进行铺展。换言之，建立主线的方法是多元化的。重要的是，主线不仅起着贯穿和整合材料的作用，使之构成一个紧密相连的整体，而且承担着突出新闻主题的重要职责。

（三）钻石式结构

钻石式结构的新闻写作模式，因其形似钻石的菱形结构而得名。这种结构的特点在于文章的开头和结尾篇幅紧凑，而中间部分扩展，形成文章的主体。这种写作方式源自《华尔街日报》，其独特之处是文章以一个具体的事件、引人深思的引用或一个个人故事作为引子，旨在创造一个富有人文色彩的开场。随后，文章巧妙地从人物与新闻主题的交汇点切入，平稳过渡到新闻的核心议题。在这种结构中，新闻主题被详细且有条理地展开，通过层层深入地分析，逐步揭示新闻主题的各个方面，最终文章回归到人物，但这是在一个更高层次重申了人物的重要性，同时在一个更高层面揭示了人物与新闻主题之间的关联。

（四）倒金字塔式结构

西方新闻写作中普遍采用的倒金字塔式结构，其核心特征在于将最关键和最引人入胜的信息置于文章的开端，即导语部分，后续的信息按照其重要性逐渐递减。这种结构不仅便于记者迅速完成报道的撰写，还便于编辑根据版面的需求进行调整，即从文章末尾开始裁剪，直至文章长度适合版面布局，并确保新闻内容的完整性不受损害。

在实施倒金字塔式结构时，一个重要的方面是对新闻事实的重要性进行恰当的排序。这一过程不单是一个写作技巧的问题，更深层次地涉及新闻价值观的问题。

四、新闻写作的语言要求

（一）准确

新闻语言的根本要求在于其准确性，这一要求主要体现在以下几个方面：

1. 新闻记者必须对涉及的知识领域有全面的了解

鉴于新闻写作覆盖的主题广泛且内容复杂，记者需要具备广泛的知识基础，这是确保所报道新闻得到行内人士认可的关键。如果记者在相关知识方面准备不足，其新闻作品很可能就会出现众多错误和漏洞。正如资深新闻工作者黎信以其经验告诫我们，新闻工作者在报道客观事实时，缺乏必要的知识储备将导致错误和尴尬的局面。

2. 用语要准确

在新闻写作中，用语的准确性是关键的。这一要求涵盖多个方面，以确保所传达的信息既准确又易于受众理解。以下是用语准确性的几个主要方面：

（1）用语要具体

传播学专家施拉姆曾经强调，有效传播的关键之一是将语言维持在一个适合听众的抽象程度，需要时在具体和抽象之间灵活转换。为了使读者或听众能从简单的概念过渡到更抽象的主题，记者需要在具体实例和抽象概念之间巧妙地切换。例如，报道一个复杂的经济问题时，记者可以从一个具体的、人们熟悉的实例开始，逐渐引入抽象的经济理论，这有助于吸引受众的注意力，并在不失深度的情况下增加可读性。记者在描述重要人物或事件时，应尽量避免使用抽象和笼统的语言，努力提供具体、生动的描述。

（2）简洁明了

使用过多的华丽辞藻和形容词会使新闻写作显得矫揉造作，内容空洞，导致信息传递不准确，使新闻偏离客观公正的原则，从而失去其应有的新闻价值。新闻报道应力求平实、精练，以清晰、直接的方式传达信息，从而确保内容的实质性和受众的易理解性。

（3）允许记者合理想象

为了使报道生动和吸引人，记者有时会借助文学想象来增强现场感。然而，对此需要记者谨慎处理，以避免牺牲信息的可靠性和真实性。记者在描述新闻事件时，虽然可以适度运用想象来增强叙述的生动性，但必须确保不会虚构事实或过度夸张。再加上新闻的首要任务是向受众传达客观事实，任何偏离这一核心目的的写作都是不可取的。

3. 要素要准确

新闻的构成涵盖众多碎片化的元素，它们共同构建出一个完整的信息传达体系。在这个过程中，对时间、数量和细节的精确表达尤为关键，因为任何含混不清的描述都可能削弱新闻的传播效果。在新闻报道中，我们经常可以看到诸如"近日"或"日前"等模糊的时间表述，这些表述除非用于涉及敏感时间信息的事件，否则应尽量避免使用。

新华社资深记者孙世恺先生曾强调新闻语言的准确性。他指出，使用这类模糊的时间概念来描述新闻事件，对于有洞察力的读者来说，很容易识别出这是作者在故意模糊事实，以此来掩盖某些细节。他提倡，新闻报道应该遵循精确性的原则，使用明确且具体的时间概念。例如，某一新闻事件发生在"今天"，那么报道中应明确写明"今天"；若事件发生在"昨天"，则应注明"昨天"，严格的时间界定不仅能使信息传递精确，而且能提高新闻的可靠性和可信度。

在新闻报道中，涉及数量的表述往往会采用如"一些""大部分"等模糊的措辞。然而在某些情况下，具体数字的准确性成为报道中的关键要素，承载着新闻的重要信息。数字的精确表达对新闻报道的品质及其赢得公众的信任很重要。因此，记者在采集新闻时，努力追求数字的准确性是必要的。这样做不仅能够提高报道的精确度，还能够向读者传达明确的信息。同时，新闻中涉及事件细节等其他具体信息的精确性不可忽视，对数字与事实细节准确把握的要求，是对新闻专业性的体现，也是确保新闻质量和提高报道可信度的基本准则。

（二）简洁

在新闻写作中，"简洁"被理解为一种能力，能够在结构上凸显最关键的信息，直接触及事件的核心。简洁要求其他辅助内容根据其重要性进行适当排序，同时使用朴实无华、简练的语言来传达深刻的信息。简洁性在新闻报道中能够迅速且高效地传达信息，提升信息传递的效率，同时由于文章篇幅的精简，节省了刊播空间和时间，从而使更多的信息得以发布。然而，需要注意的是，简洁并非单纯简短，其核心在于清晰、准确地表达，避免过分简化导致内容变得晦涩难懂。

新闻语言要求简洁，不仅要求语句紧凑、篇幅短小，还要求言简义丰，即用简洁的语言传达出丰富的信息和思想内容。不少新闻之所以缺乏简洁性，是因为内容详略不当。一方面，某些细节需要详尽描述，另一些应简略陈述或完全省略。另一方面，记者有时试图在单一句子中赋予多重含义，以求达到非凡的表达效果，但这种尝试往往导致表意模糊，甚至可能引起受众的误解。语言的简洁对新闻在语言外观上的品质好坏，以及事件的新闻价值能否在新闻报道中充分实现，发挥着重要的作用。

（三）易读

新闻传播要面对广泛的受众群体，其宗旨在于使受众对新闻事件有所认知和理解。新闻写作的根本"使命"在于确保公众接受新闻内容，真正理解其含义。为实现这一目标，易于阅读和理解的语言变得很重要，要求使用简洁明了、易于理解的表达方式，并紧贴受众的认知水平和接受能力，以缩短新闻作品与受众之间的距离。然而，在简化语言过程中，专业术语或行业特有的表达方式成为一大难题，这些术语通常限于特定的行业、社会阶层或团体。特别是在科技新闻报道领域，由于其固有的科学性和严谨性，编撰过程中不可避免地会涉及专业术语和抽象概念。在此背景下，新闻记者面临着如何在确保报道准确性与易于理解性之间寻找平衡的挑战。在进行新闻编写时，新闻记者必须清楚地认识到，易于理解的表达是建立在准确性的基础之上的。若为了追求通俗易懂而牺牲新闻的准确性和真实性，那将是本末倒置。因此，在处理科技报道的通俗化时，不应牺牲新闻的质量，而应以维护科学性为前提。在此基础上，应融入贴近受众、易于理解的表达方式，这样既能有效传递科学知识，又能实现信息传播的根本目的。

在新闻领域，受众中心论强调新闻作品的易读性是其基本要求，新闻工作者无论是记者撰稿还是编辑加工，都必须深植受众意识，始终牢记新闻内容面向的是广泛受众而非少数人群。阅读率的高低成为衡量新闻报道成功与否的核心标准。在现代传播学领域，对易读性的研究提供了实践中受众意识的理论依据和技术参数。易读性是指文本在阅读和理解上的便捷性，涉及内容本身，也包括信息传递方式的优化，比如平面媒体在版面设计上的考量、电视新闻在镜头剪辑上的技巧。对于新闻写作而言，易读性不仅要求在用词和措辞上追求通俗易懂，还要求在结构和叙述手法等方面下功夫。近年来，中国新闻理论界和实践界都有观点强调，新闻是讲故事的艺术，呼吁记者应用叙事方式来呈现新闻，以增强新闻的吸引力和易读性。

值得强调的是，对新闻易读性的重视和追求，实际上对新闻从业人员提出了更高的专业素养要求。记者和编辑需对相关知识有深入理解和掌握，只有当传播者深刻领悟并运用这些知识时，才能够将新闻信息简明扼要地表达出来，并充分展现新闻事实的深刻价值。

五、新闻写作的语言手段

（一）引语

1. 直接引语

直接引语是新闻报道中的一种引述方式，直接引用了人物的原话，并加上引号，以确保准确无误。使用直接引语在新闻报道中有很多优点，主要体现在以下两个方面：

一方面，当记者采用直接引语时，他们将自己的角色退居幕后，让报道中的人物自己表达观点和情感，这有助于拉近人物与读者之间的距离，使报道更具人情味。直接引语成为新闻报道中的基本构成要素，有时甚至是最重要的要素之一。通过这种方式，读者可以直接听到当事人的声音，更好地理解他们的思想和情感，这有助于增强读者的情感共鸣和新闻报道的亲近感。

另一方面，直接引语是三种引述方式中干预最小的一种，会尽可能地保持信息的原汁原味，符合新闻报道的真实性要求。记者不允许对人物的言辞进行任何改动，因此可以最大限度地减少信息的失真和误解。对于涉及争议的事件，完整提供陈述者的原话可以有效保护记者免受未准确传达发言者意思的指责。这种方式还有助于减少叙述者的介入程度，避免叙述者代言产生主观色彩，确保新闻报道的客观性和真实性。此外，记者有时可以通过引用新闻人物的原话来表达自己的观点。尤其是在解释性报道中，这种引述方式可以让记者客观地传达信息，并隐藏自己的态度。

直接引语具有一种独特的"责任分离功能"，可以用来表示赞成和认同，也可以用来表示反对和质疑。因此，在选择直接引语时，新闻记者需要谨慎把握尺度，只有那些真正能够丰富新闻表达、具有独特话语风格、凸显人物性格等的言辞才应该被引用。

2. 间接引语

间接引语是叙述者对讲话者的言辞通过概括、删减、重组或浓缩的方式来呈现，直接引语着重于将原汁原味呈现出来，而间接引语为叙述者提供了更多干预和创造的机会，以更好地激发读者的兴趣。

在实际运用中，间接引语可以完整复述，可以简要引用，也可以将多人的言辞归纳为一个人的多句言辞，这种灵活性使其可以根据需要进行大意转述，以使叙述更具可读性。此外，通过对口语的必要压缩和修正，间接引语有助于使文本简洁流畅，保持专业性。

与直接引语相比，间接引语的性质更接近复述和描述，因此叙述者可以对讲话者的话语进行概括和修剪。这就为叙述者提供了更多的自由，允许他们在文本中加入自己的声音，使文本更具个性。然而，在新闻报道中，客观性和真实性是很重要的要求。因此，在使用间接引语时，叙述者必须保持客观，避免随意介入或加入主观色彩，以维护新闻报道的可信度。

3. 部分引语

部分引语也称为"断引"，是一种引述人物言辞的方式，但只摘取其中的一部分，可以是一个短语、一个词组，甚至是一个字或词。在使用部分引语时，必须选择人物言辞中最重要的部分，然而判断何为最重要的部分具有很大的主观性。因此在部分引语中，作者会在自己的叙述中构建引述的焦点，以满足自身的表达需求。部分引语的目的在于突出人物言辞中的核心信息，通常是表达强烈情感或偏见的话语，或者具有鲜明个性特征的言辞。实际上，带引号的文本通常被认为具有更大的新闻价值。

需要强调的是，在实际新闻写作中，上述三种引述形式经常相互融合使用，这样可以使报道生动和多样化。然而，必须认识到要巧妙地使用这些引述形式，若处理不当，可能会影响新闻作品对事实信息的传达和情感倾向的表达。

（二）语言情境

语言情境是指作家通过多种语言技巧，构建出一种情感、情绪和氛围的效果，形成读者接收信息时的言语环境。记者运用语言技巧来营造特定的情境，不仅能传递事实，还能触动人的情感，甚至融入记者的主观态度和立场，期望引发读者的共鸣。语言情境是对语言技巧的全面运用，包括词汇的选择、句式的构建、修辞手法的运用等多个方面。如果词句运用不当，有可能会破坏或模糊语言情境，从而影响读者对特定情感氛围的感知。

创造语言情境应该源于事件本身，与事件相一致，而不是刻意制造感情激荡或引人入胜的效果。在特稿和通讯写作中，语言修辞手法变得复杂，因此更加关注语言情境的构建。但这并不意味着简短的新闻报道就不包含语言情境，实际上，许多针对重大事件的报道，由于其迅速的节奏和突出的动词位置，同样能够使读者沉浸在紧张的情境之中。

（三）语句顺序

1. 语序

语序的重要性在语言中表现明显，涵盖多个方面，包括并列词语（包括短语）的排列顺序、多层定语的排列顺序以及多层状语的排列顺序。通过改变语序，可赋予词组或句子以不同的含义。据传，曾国藩早年在战场上鲜有胜绩，只能在年终总结中写下"屡战屡败"的字眼，准备接受皇帝的责罚。然而，他的谋士巧妙地调换了"战"和"败"的次序。这一举措使曾国藩因其不屈不挠的勇气而受到皇帝表扬。这个例子生动地说明了语序对语义的重大影响。

在许多情况下，同一事件可以用多种不同的方式陈述，其中一个关键差异就在于语序。因此，新闻传播者经常需要面对如何选择合适的语序的问题。要解决这个问题，就必须掌握语言规则并明确传播意图。例如，以下是一组句子。

（1）主席台上坐着刚上任的市长。
（2）刚上任的市长坐在主席台上。
（3）刚上任的市长在主席台上坐着。

它们指涉的情境和人物大体相同，但其语义组合都有各自的语义中心和信息结构。在"以言指事"的情形下，对它们的选择可以从三个角度进行。从话语结构的角度，即表示说话人如何选择话题及围绕话题展开语言活动，它的结构形式是"主题—述题"；从心理结构的角度，即表示说话人如何选择话语焦点以突出语义重心，它的结构形式是"预设—焦点"；从信息结构的角度，即表示说话人如何安排已知信息和新信息，它的结构形式是"已知信息—新信息"。据此可以看出：句（1）当中，"主席台"是陈述的主题，是已知信息，是有待引向焦点的预设；相应地，"市长"构成陈述中的新信息，是焦点所在。句（2）当中，"市长"是陈述的主题，是已知信息，是有待引向焦点的预设；

相应地，"主席台上"构成陈述中的新信息，是焦点所在。句（3）当中，"市长"依然是陈述的主题，是已知信息，是有待引向焦点的预设；相应地，"坐着"这一状态构成陈述中的新信息，是焦点所在。由此观之，传达新的信息是句子的重心所在，而新的信息往往被放在句子的后面。对于新闻传播者而言，选择什么样的语序，应该充分考虑要传递给受众什么样的信息，以及庞杂信息群中哪个是最有价值、最需要、最快速传递给受众的。

2. 句序

句子的排列次序在信息传递中起着重要的作用。合理的句序应当准确反映客观事物的发展过程，并凸显事物的新闻价值。为了更好地说明这一点，我们来看一则新闻报道中的句子：

位于重庆沙坪坝区三角碑转盘附近发生了一起枪案。记者现场目击，紧邻事发地点的有沙坪坝区信用联社和新华书店。在不到100米的人行道上，可见几处血迹，刑警正在现场展开调查取证工作。

在这个段落中，第二句和第三句的次序似乎不够合理。记者在抵达事发地点后，首先应该注意到事件的基本情况。一旦提到"记者现场目击"，读者的关注就会集中到记者身上，而不是事件本身。为了改进文本，我们可以将第二句的后半部分"紧邻事发地点的有沙坪坝区信用联社和新华书店"整合到第一句中，如下所示：

位于重庆沙坪坝区三角碑转盘附近发生了一起枪案，紧邻事发地点的有沙坪坝区信用联社和新华书店。记者现场目击，在不到100米的人行道上，可见几处血迹，刑警正在现场展开调查取证工作。

通过这种重新排列，可以更清晰地呈现事件的重要信息。这也凸显了句子的排列次序如何影响信息的传达效果和效率，从而对信息的接收和理解产生了重要影响。

第四节 新闻评论

一、新闻评论的概念

新闻评论是一种重要的新闻媒体形式，代表了社会各界对新近发生的新闻事件所发表的言论的总称。新闻评论在新闻传播领域具有重要的作用，以下对其概念进行详细探讨。第一，新闻评论是一种信息传播形式，旨在对新闻事件进行分析、解释和评价。与传统新闻报道不同，新闻评论不仅仅是对事实的呈现，更强调了事件的深层次意义和背后的因果关系。评论者常常会对事件的背景、影响以及可能的未来发展进行探讨，为受众提供更多的信息和理解。第二，新闻评论是社会对话和互动的一种体现。新闻评论提供了一个公共平台，使不同观点和意见得以表达和交流。通过评论，个体和组织可以参与社会话题的讨论，分享他们的看法，引发广泛讨论和思考。这有助于形成多元化和丰富的舆论环境。第三，新闻评论扮演着监督和批评的角色。新闻评论允许媒体、政府、企业等机构受到公众监督，促使它们对其行为和政策进行审查和改进，评论者可以揭示不公正、不道德或不负责的行为，推动社会变革和改善。第四，新闻评论在一定程度上反映了社会的多元性和复杂性。不同的评论者可能持有不同的政治观点、文化观念和道德价值观，他们的评论反映了这些多样性，并且可以激发公众对重要问题的思考，有助于公众更好地理解社会现实。

二、新闻评论的价值

（一）认识价值

新闻评论的认识价值在于其提供了一种深入理解和分析新闻事件的方式，帮助公众超越表面的报道，探索事件背后的深层含义和广泛的社会背景。

第一，新闻评论使得信息接收者能够从广阔的视角来看待事件，而不是仅仅停留在表面的报道。评论员通常会在报道中加入历史背景、相关数据、专家意见等元素，这增加了报道的深度，也使得读者能够从多个角度来看待一个问题。例如，一则关于国际冲突的新闻，通过评论员的深入分析，读者不仅了解到冲突的最新动态，还了解到冲突的历史根源、各方的立场和可能的影响。

第二，新闻评论通过联系不同的事件，揭示它们之间的内在联系。其帮助人们理解个别事件并非孤立存在，而是与更大的社会、政治、经济背景相互关联。通过对一系列相关新闻事件的评论分析，可以揭示出某一社会问题的普遍性和复杂性，使读者对这一问题有深刻认识。

第三，新闻评论促进了公众对复杂现象的批判性思维。通过阅读不同的观点和分析，公众被鼓励去质疑、思考，并形成自己的看法，从而不仅是信息的被动接受者，也是积极的参与者。

（二）引导价值

第一，引导人们的思想。新闻评论通过提供深入而专业的分析和观点，对公众的思维方式和价值观念产生了重要影响。这些评论不仅仅是对新闻事件的报道，更是对事件背后深层次原因和可能影响的探讨。通过这种方式，新闻评论帮助公众跳出日常生活的狭隘视角，从广阔的角度看待和理解社会现象，激发人们的思考，促使公众对重要的社会问题进行深入理解，并做出合理判断。

第二，引导人们的行为。良好的新闻评论不仅停留在思想层面，还能激发公众参与社会事务，提高他们的公民责任感和社会参与度。通过揭示问题、提出解决方案或呼吁行动，鼓励人们不仅仅是被动地接收信息，更应积极参与社会变革和进步，参与公共讨论、社会运动，或是在日常生活中做出符合社会责任感的选择。例如，环保相关的评论可能鼓励人们采取环保的生活方式，政治评论则可能激发人们参与投票和公民活动。

第三，引导社会舆论。在当今信息爆炸的时代，不同的声音和观点充斥在公众视野中，新闻评论在这样的环境下起到平衡和调节的作用。新闻评论通过提供多元化的视角和深度分析，帮助公众在众多声音中形成更加全面和均衡的认识，对促进公正和多元化的社会对话、构建健康和谐的舆论环境具有重要意义。

（三）协调价值

第一，协调社会舆论的"度"。新闻评论在传递信息的同时，承担着平衡和调节社会舆论的重要任务。在多元化的舆论环境中，新闻评论通过提供专业、深入地分析，有助于引导公众进行理性和全面的讨论。新闻评论起着一种过滤器的作用，能够帮助公众筛选出中肯和客观的信息，减少极端和偏激言论的影响。

第二，协调社会各阶层的利益。社会是由不同群体和阶层构成的，每个群体都有自己的需求和利益。新闻评论通过对社会事件的深入分析，能够揭示不同社会群体背后的需求和利益，有助于公众理解不同群体的立场和观点。这种深入的分析和讨论有助于找到共同点和差异，促进社会各阶层之间的理解和沟通。

第三，协调党和政府的工作。新闻评论在反映民意和促进政府透明度方面发挥着重要的作用。它不仅提供了一个平台，让公众的声音能够被听到，而且通过深入分析和评论，帮助政府更好地理解公众的需求和期望。这种反馈对政府制定和调整政策很重要，可以帮助政府做出合理和有效的决策，确保政策更好地服务于民众的利益。此外，新闻评论能够促进政府的自我审视和改进，增强政府的责任感和公信力。

（四）表态价值

第一，代表个人表态。新闻评论作为个人表态的载体，允许评论员表达其个人观点和理解。个人观点往往是对新闻事件的深入分析和独到见解，体现了作者的思考、价值观和判断力。个人表态不仅丰富了公共话语，而且促进了多元思想的交流与碰撞，有助于提升公众对复杂社会问题的理解，揭示问题的本质，引发公众的思考和讨论。

第二，代表新闻媒体表态。作为一个媒体机构，其发布的评论往往反映了该机构的价值观念和编辑方针，有助于塑造媒体的公信力和权威性，影响着公众对特定问题的看法。通过新闻评论，媒体不仅传递信息，还参与公共议题的形成和解决过程，扮演着舆论引导者的角色。此外，媒体通过评论表达对社会现象的关注和立场，有时可能成为推动社会改革和进步的力量。

第三，代表党和政府表态。新闻评论在某些情况下代表了政党或政府的官方立场。通常用于阐述政策、法律或政治动态，向公众解释政府的决策和行动。通过新闻评论，政府或政党可以与公众沟通，解释其政策的意图、目的和预期效果。同时，新闻评论是政府倾听民意和回应公众关切的途径之一。政府或政党通过新闻评论表达立场，有助于增强政策的透明度和公众的理解，从而提高政策的接受度和有效性。

三、新闻评论的体裁特征

（一）新闻性

新闻评论是指新闻的相关评论。新闻性是新闻评论选择、处理内容的基本依据，也是新闻评论与一般政论文的分水岭。一般来说，其新闻性主要表现在以下几个方面：

1. 强烈的时效性

（1）时间

新闻评论一个显著的特点是对时间敏感性的强调。这种特点主要源于一个基本认识：只有在新闻事件发生后不久进行的评论，才能保持其相关性和影响力。因为随着时间的推移，新闻事件会渐渐失去焦点，对其进行评论的意义也会降低。此外，存在一种心理现象——"先入为主"，表明在信息接收过程中，最先接触到的信息往往对人们的观点形成有着决定性的影响。因此，在竞争激烈的信息传播领域，把握住时效性往往等同于掌握了话语的主导权和先发优势。从实际操作的角度来看，新闻机构深知及时发表评论的重要性。他们通常会在报道新闻事件的同时附上评论，以此确保在舆论场中占据有利位置。相对地，忽视了评论时效性的媒体，将不可避免地失去在话语权竞争中的先机。可以断言，对时间的精准把握，在新闻评论领域是不可或缺的一环。

（2）时机

新闻评论在塑造社会影响方面扮演着关键角色，其实质性效果依赖于媒体能否精准把握时效性。这里所说的"时机"，是指事件进程中的决定性时刻，关乎事态的演变和变革的关键阶段。若在此关键时刻发表见解，往往能够给公众带来深远的启发，从而直接塑造其思维模式和行为方式，甚至可能引导事件的发展向着积极的一面倾斜。相对地，忽略这一时效性的评论，无论其重要性如何，无论其内容多么切中时弊，亦可能被公众视作无关紧要的"耳旁风"。

2. 评论对象的特定性

每一则新闻评论针对的是实际存在于社会中的特定对象，这些评论紧密相关于特定的时间、地点和情境。当这些条件不存在时，普遍存在的事项往往会失去被分析和讨论的基础，因为它们缺乏特定的背景或情境。因此，新闻评论的产生和有效性，依赖于其所处的具体环境和条件。

3. 直接的针对性

直接的针对性的含义涵盖了对问题核心及公共疑虑的直接对应。在新闻评论领域，评论者可选择围绕特定的新闻事实、事件、趋势或议题进行深入探讨。关键在于，所选主题需引起广泛受众的极大关注和兴趣。因此，撰写新闻评论时，明确的目标对象、事件焦点和预期效果很重要。遵循这一准则，文章方能实现精准投掷，达到既定目的。在此过程中必须重视"所以"，以确保评论的针对性和有效性。

（二）政论性

首先，论证过程作为核心策略很重要。新闻评论的本质并非仅限于展示作者的观点，而是要利用具体的事实和数据来支撑这些观点，以此来说服他人，并对公众舆论产生影响。单纯的观点陈述，若缺乏有力的事实支持，将无法有效说服读者，从而无法保障评论的传播效力。其次，明确阐述对事物的看法。新闻评论无论是要表达一个简短的观点还是要长篇大论，都要阐明评论者自己的观点，表明自己的立场态度。评论者的评论不能只限于事件的表层，而是要透过现象看到事件的本质。最后，政论性新闻评论需重视思想、政治和伦理维度的深入分析与讨论。这种深层次的分析和论述，区别于其他类型的论说文，是政论文的显著特点。通过这种方式，新闻评论与其受众之间能够产生共鸣，有效地扮演引导舆论和作为政治媒介的角色。

四、新闻评论的要素

（一）论点

根据在新闻评论中的地位，论点通常可以分为总论点和分论点两类。

1. 总论点

总论点是新闻评论的核心观点，是整篇评论文章的主导思想。通常在文章的开始部分明确提出，为读者提供一个清晰的观点或主张。总论点像是文章的指南针，指导整篇文章的方向和重点，帮助读者理解评论员想要传达的主要信息和立场。一个有效的总论点通常具有明确性、可辨性和相关性，不应该是一个简单的事实陈述，而是一个可以引发讨论和思考的观点。

2. 分论点

分论点是支撑总论点的次级观点或论据，在文章中逐一展开，用以加强和具体化总论点。分论点的作用是深化和具体化总论点的讨论，通过提供具体的例子、证据或分析来支持总论点。良好的分论点应该清晰、有逻辑性，并且紧密关联总论点。每个分论点都应该是对总论点的一个具体展开，而不是偏离主题的独立观点。

总论点和分论点之间应该有清晰的逻辑联系。分论点的设置是加深和扩展总论点，它们相互支持，共同构建出有说服力的论证。在撰写新闻评论时，应该首先明确总论点，然后围绕这一总论点设计合适的分论点。这样做可以确保文章的逻辑严密和主题集中。良好的新闻评论应该在总论点和分论点之间保持平衡。总论点提供方向，而分论点提供深度和证据支持，二者缺一不可。

（二）论据

在新闻评论中，论据的有效性通常由其本质决定，主要可划分为两类：事实性论据和理论性论据。事实性论据涉及运用确凿的、具体的事实资料来支持或阐释某个观点。事实性论据是对现实世界的客观事物进行真实的描述或归纳，因其直接反映现实的属性，故具备强大的说服力。"事实胜于雄辩"，正是基于此理。事实性论据通常包括典型事例和概括性事实。理论性论据，此类论据主要是指基于人类经验并经实际验证的理论和知识。例如，人们广泛认可的自然和社会运作规律，或社会习俗中普遍接受的思想、观点和准则。运用理论性论据来进行论证，实际上是利用已被验证的结论或已知的知识成果来支持新提出的见解或观点，辅助解析和处理尚未解决的问题。

在选取论据时，有两个关键方面需要特别注意：

一是必须谨慎选择能够有力支持观点的材料作为论据。这些材料应具备典型性和充分性的特征。这一要求可以从三个层面来体现：首先，所选材料本身必须具备足够的品质，能够有力证明和解释所提出的论点。其次，所有选用的材料在汇总后，应能够为所要支持的论点提供充足有力的支持。最后，所选材料与论点之间的逻辑关联必须符合客观事物的规律和逻辑关系。

二是应当优先选择那些被广泛认知且易于受众理解的材料作为论据。论据的主要功能在于证明观点，然而，如果这些论据未能得到广泛认可，那么它们的论证作用将受到质疑。实际上，论据是评论的核心，对评论的可读性、可听性以及可视性都具有重要影响。因此，在精心构建论点时，务必经过精细的论据收集、评估和筛选过程。

（三）论证

根据不同的分类标准，可以将论证分为多种类型。下面仅对直接论证和间接论证、演绎论证和归纳论证进行简要阐述。

1. 直接论证和间接论证

直接论证和间接论证是按论点和论据的关系划分的两种论证方式。直接论证是用论据对自己的论点进行直接证实，即直接通过事实说明评论人的想法和见解。与直接论证相对应，间接论证或者通过否定对立的论点证明和说明自己论点的正确性，或者通过证明与错误论点相反的情况是正确的而达到推翻错误论点的目的。

2. 演绎论证和归纳论证

演绎论证和归纳论证是两种基于逻辑推理方式的分层论证方法。演绎论证采用演绎逻辑进行推理，其过程源于已被广泛认可或证实的命题，随后通过特定的推理程序，用以证明和解释尚未达成共识的论点。与之不同，归纳论证是依赖归纳逻辑进行推理的方法，通常通过多角度、多侧面的考察，运用归纳逻辑得出一种"普遍共识"。与演绎论证相对，归纳论证表现为一种由特殊到一般的论证过程。

论证的实施涉及多种方法，这些方法旨在有效组织论点和论据。确保论证的方法与论点相契合，并运用相应的推理方式，是成功论证的关键。具体而言，论证方法主要包括以下几个方面：

（1）例证法

例证法是常见的论证方法之一。它通过具体的案例来支持论点，可以选择典型的具体案例作为论据，也可以综合多个案例，突出它们的共同特点，以证明一个具有普遍意义的论点。

（2）对比法

对比法侧重于将两种完全不同的事物或者同类事物在不同条件下进行比较和论证，以凸显它们的差异。通过比较，可以更好地揭示事物的本质，从而深入地阐明道理。

（3）喻证法

喻证法是一种形象的论证方法，它使用形象的比喻来支持观点。通过将抽象的道理解释为人们容易理解的事物或道理，可以降低抽象概念的难度，使道理更容易理解。这种方法通常会给人留下深刻的印象，有助于加深对论点的理解。

（4）引证法

引证法涉及使用已经被实践证明的理论、原则和道理来支持特定的论点。它主要依赖于理论性的论据。在使用引证法时，必须确保引用准确、合适，并且引用的材料必须具有深刻的内涵。

（5）类比法

比较是一种有效的论证方法，它通过比较相似事物之间的共同点来支持论点。在类比法中，重点在于寻找相似事物之间的共通之处，这一过程既具备论证的功能，也属于一种推理形式。运用类比法时，必须确保所选的类比恰当，并且类比关系清晰明了。

（6）归谬法

从本质上说，归谬法是一种特殊的论证方法，其本质是一种假设论证。归谬法的核心思想是先承认对方的观点是正确的，再按照逻辑进行引申，直至得出不符合事实或违反公理的荒谬结论，从而反驳对方的论点。这种方法的关键在于合理的引申过程，通过逻辑的推理揭示出对方观点的荒谬之处。

（7）假设法

假设法是一种推理方法，在推理过程中，先假设一种相反或相似的情况，再通过对这种情况进行否定或肯定，来证明或反驳所要论述的观点。假设法不受现实限制，侧重于推理过程，因此可以使文章的论证充分、全面和有说服力。

（8）反证法

反证法是一种通过否定对立面来证实论点的方法，或通过证实自己的论点来否定对立论点的方法。有时候，某些观点难以找到直接的正面例证，或者正面材料不足以支持论点，这时就需要运用反证法。反证法可以增强评论的论证力，加大反驳的力度，使论证更加明确，也能够赋予文章以起伏有致的特点。然而，运用反证法需要注意两点：自己的论点必须经得起推敲；需要平衡好正反双方论证的关系，既要深入分析对立论点的弊端，又要清晰地展示自己论点的合理性和正当性。另外，反证法只有在直接对立、非此即彼的情况下，才能得到有效运用。

第六章　融媒体时代新闻传播的全新技术

第一节　数据分析技术

从技术角度来看，大数据与云计算之间存在着密不可分的关联，就如同一枚硬币的正反面一般。

新闻界作为数据的重要应用领域，在整个新闻传播过程中产生了各种类型的数据。这些数据主要源自自然环境，包括用户的浏览轨迹、内容评论与转发、用户上传的内容，以及来自用户各种媒介终端传感器的数据等。这些数据数量巨大且具有复杂的组成，无法用统一的结构来描述，因此被归类为"非结构化数据"。通常情况下，传统的数据库无法有效利用这些非结构化数据。然而，近年来，从海量非结构化数据中提取知识和有用信息的技术得到了快速发展。这些技术都可以归属于大数据技术的范畴，其中包括图像视频智能分析、自然语言处理、模式识别和机器学习等。通过这些技术，可以实现对数据的深度挖掘，从而创造出有价值的成果。

显而易见，由于大数据的特性，无法依赖单一计算机进行处理。相反，必须采用分布式计算架构，并依托云计算的分布式处理、分布式数据库、云存储以及虚拟化技术等基础设施。

一、大数据的概念

大数据是一个涵盖广泛领域的概念，是指在一定时间内收集到的庞大且复杂的数据集合。这些数据集合通常包含结构化数据（如数据库中的表格数据）和非结构化数据（如文本、图像和视频），并其规模远远超出了传统数据库管理系统可以轻松处理的范围。

　　大数据的概念最早可以追溯至 20 世纪初，但它在近年来才得到广泛关注和应用。其中，一些关键事件和人物对大数据的发展产生了重要影响。一位重要的提出者是美国统计学家约翰·图基（John Tukey），他在 1977 年的一篇论文中首次提出了 "Exploratory Data Analysis"（探索型数据分析）的概念，强调了数据的可视化和探索，这可以看作大数据概念的雏形。大数据概念的爆发性增长和广泛应用可以追溯至 21 世纪初。Google 的工程师提出了 MapReduce 和 Google 文件系统（GFS）的概念，这两项技术在处理大规模数据时起到了关键作用。它们的成功吸引了学术界和工业界的注意，成为大数据处理的重要基石。Doug Cutting 是一个开源社区的活跃成员，他开发了 Hadoop 框架——一个用于分布式存储和处理大规模数据的工具。Hadoop 的出现是大数据处理的一个重要里程碑。2005 年，奥赛罗·埃斯皮诺萨（O'Reilly Media 公司的创始人之一）在一篇文章中首次提出了 "Web 2.0" 这一概念，强调了互联网应用中用户生成的数据和云计算的重要性，标志着大数据概念在互联网领域的兴起。互联网公司（如 Facebook、Twitter 和 LinkedIn 等）开始大规模收集和分析用户数据，以改进其产品和服务。这些公司的成功案例引发了其他行业对大数据的兴趣，推动了大数据的广泛应用。

　　大数据的概念不仅涉及数据的规模，还涉及数据的多样性和速度。数据可以有各种来源，包括社交媒体、传感器、日志文件、图像和文本等。这些数据类型的多样性使处理大数据变得更加复杂。随后，大数据概念逐渐渗透各个领域，包括商业、科学、医疗、社交媒体等。大数据的快速发展得益于计算能力的提升、存储成本的降低，以及数据采集技术的改进。今天，大数据已经成为许多组织和企业的关键资产，用于支持决策制定、洞察发现和创新应用。

二、大数据的特点

（一）数据量大

　　大数据最显著的特点就是数据量巨大，远远超过了传统数据库的处理能力。其数据量之大主要体现在以下几个方面：

1. *海量数据源*

大数据的来源广泛，包括社交媒体、传感器、移动设备、互联网应用、企业系统等。数据源每天都在不断产生新的数据，形成持续不断的数据流。例如，社交媒体上的用户生成的内容、移动设备产生的位置数据、传感器记录的环境信息等都贡献了大量数据。

2. 数据多样性

大数据不仅数量庞大，而且具有多样性。它可以是结构化数据、半结构化数据或非结构化数据。结构化数据是按照固定格式组织的数据，如数据库中的表格数据。半结构化数据具有一定的组织结构，但不符合传统数据库的规范，如 XML 文件。非结构化数据没有明确的组织结构，如文本、图像和音频文件。大数据的多样性使数据管理和分析变得复杂。

3. 高速数据生成

大数据具有高速生成的特点，这意味着数据源在持续不断地产生新数据。这种高速数据生成的速度可能是传统数据库处理速度的数倍甚至更多倍。例如，社交媒体上的实时更新、物联网设备的实时传感数据、金融市场的高频交易数据等都是高速生成的大数据示例。

4. 长时间保存

大数据通常需要长时间保存，以便进行历史数据分析、趋势预测和合规性监管。大数据存储方案需要考虑数据的持久性和可扩展性，传统的数据存储方法可能无法满足大数据的长期存储需求。

（二）数据精准

1. 高精度采集

大数据的采集过程通常是高精度的。传感器和仪器的数据采集通常是数字化的，减少了数据误差。例如，气象站的温度传感器可以以小数点后几位的精度测量温度。这种高精度的数据采集有助于确保数据的准确性。

2. 数据清洗和质量控制

在进行大数据分析之前，通常需要进行数据清洗和质量控制，包括检测和修复数据中的错误、缺失值或异常值。数据清洗过程有助于确保分析基于高质量的数据，从而提高决策的准确性。

3. 实时数据更新

大数据往往以实时或接近实时的方式更新，数据的时效性非常高，可以及时反映事件和趋势的变化。例如，在金融领域，股票价格和交易数据以毫秒级的频率更新，为高频交易和决策提供了及时的信息。

（三）数据复杂

1. 多维数据

大数据通常包含多维数据，即数据具有多个维度或属性。这些维度之间可能存在复杂的关联关系，需要通过多维分析方法来理解。例如，销售数据包括产品、地区、时间等多个维度，销售人员需要在这些维度上进行分析以了解销售趋势。

2. 高度关联性

大数据中的数据点之间可能存在高度关联性，这意味着一个数据点的变化可能影响其他数据点，导致复杂的数据关联关系。例如，在社交网络中，用户之间的互动和信息传播可以形成复杂的关系网络。

3. 多模态数据

大数据包含多种类型的数据，如文本、图像、音频和视频，这些多模态数据需要采用不同的分析方法和工具来处理。例如，文本数据可以通过自然语言处理技术进行分析，而图像数据需要通过图像处理和计算机视觉技术进行分析。

4. 高维度数据

大数据具有高维度的特征空间，这增加了数据分析的复杂性。高维度数据通常需要通过降维技术来可视化和理解，以便发现隐藏在数据中的模式和信息。

三、大数据对新闻的变革

与传统的新闻报道技术不同，大数据的应用对新闻生产过程产生了深刻的影响，而融媒体时代的新闻编辑工作贯穿整个生产流程。因此，深入了解大数据技术所带来的革命性变化很重要。

（一）数据驱动新闻

大数据已经深刻影响新闻生产的各个环节。从信息采集到新闻编辑，从内容监控到用户反馈，大数据无处不在。而大数据对新闻生产的深刻改变表现为一种特殊的新闻形式，即数据新闻。数据新闻，又称为数据驱动新闻，是一种基于数据分析的新闻报道方式。具体而言，它包括数据的搜集、筛选和深度分析，以创作新闻内容。通过揭示数据中的关联性和模式，以及运用多样化、互动性的可视化手段，数据新闻有助于公众更好地理解当前事件及其潜在影响。这种报道方式是伴随着大数据时代崛起的一种全新新闻实践。

数据新闻的兴起可以追溯至 20 世纪 60 年代，它在菲利浦·迈耶（Philip Meyer）的精确新闻未查到的基础上逐渐发展而来。数据新闻是一种新闻报道方式，它采用社会科学的研究方法来搜集资料、核实事实，并进行新闻报道。而随着大数据技术的不断发展，媒体可以从庞大的相关数据中发现规律和趋势，从而使新闻报道不再局限于孤立的具体事件。相反，它能够深入宏观的情境中，揭示和解释新闻事件的深层含义，为公众提供对社会解释和预测。

在数据新闻领域的国际实践已有相当长时间的历史，一些国际知名媒体如英国的《卫报》《泰晤士报》、美国的《纽约时报》《华盛顿邮报》《洛杉矶时报》等，早早就投入了相关业务，并建立了专业的数据新闻制作团队和强大的数据支持体系。

目前，国内一些媒体已经建立起自己的数据新闻品牌，为数据新闻的发展贡献了一份力量。例如，新华网的"数据新闻"、新浪的"图解天下"、搜狐的"数字之道"、政见 CN Politics 的"读图识政治"、《京华时报》的"京华图解"、《华商报》的"数之道"、《中国日报》的"FEEDING CHINA"以及《钱江晚报》的"图视绘"，它们通过多种方式积极探索数据新闻报道，为国内数据新闻的发展树立了典范。

数据新闻制作涵盖了大规模数据的采集、整理，以及后续的编程工作。数据新闻涉及社会科学研究方法、计算机数据处理、平面设计、交互设计以及网络编程等多个学科领域的知识和技能。数据新闻的核心是通过数据来反映新闻事件，从而使新闻具有说服力和可视化效果。与传统新闻相比，数据新闻更加注重数据在新闻制作中的应用，这使得新闻生产的各个环节都受到了大数据技术的影响。因此，深入研究数据新闻的制作过程可以帮助我们更好地理解大数据给新闻生产所带来的革新和变革。

1.选题策划

选题策划可以从多种渠道找到新闻线索，或者通过对历史数据的再加工洞悉新闻的潜在价值。

2.数据搜集

获取数据是进行数据新闻报道的首要前提。随着信息公开度的提高，如今我们可以利用各种工具从互联网上免费获取大量公开数据。然而，不同来源的数据具有各自独特的特点。例如，可以使用搜索引擎来检索特定格式的文档，或者访问专业数据库（如艾瑞网的"数据报告"频道，数据来源包括艾瑞咨询、百度数据研究中心、易观国际等专业机构），这些数据通常是结构化的，涵盖网络游戏、网络视频、网络广告等领域的相关数据，并定期发布数据排行，为数据采集提供了有力的参考依据。然而，通过论坛或社交媒体获取的数据往往是非结构化的文本数据。因此，在选择数据来源时，必须根据具体选题来确定最合适者。此外，需要根据数据的复杂程度来决定是采用人工收集还是机器自动获取的方式。

3.数据加工

结构化数据和非结构化数据在数据处理方面存在显著差异。当前，受到技术限制的影响，处理非结构化数据通常需要将其转换为文本形式，然后利用各种技术手段，如文本信息提取、文本分类、文本聚类等，对文本数据进行深度挖掘和分析。相比之下，结构化数据的处理相对简单，只需对数据进行清洗，然后分析数据之间的逻辑关系即可。数据清洗包括以下主要步骤：首先，消除不必要的干扰数据；其次，删除不准确的数据或由人为误差引起的数据；再次，将数据转化为统一的格式；最后，对数据进行计算和完备性测试等操作。

制作数据新闻虽然以数据为基础，但在处理结构化或非结构化数据时，需要在加工阶段多次筛选数据，以便围绕新闻核心观点发现数据之间的明显或潜在相关性。此过程还包括挖掘相关数值的深层次关联，以及在整合多方数据的基础上进行深入的事件报道和分析。

4. 数据可视化

在数据可视化的过程中，必须巧妙地融合数据和新闻元素，精心选择适当的展示方式，并借助计算机和艺术领域的数据可视化技术，将那些复杂、抽象、乏味的数据内容转变成生动、具体、易理解的新闻报道。特别强调的是，数据可视化不仅仅是通过图形呈现数据，更是通过最佳方式来叙述新闻故事，因此必须将经过可视化处理的数据有机地嵌入到具体的情境之中，以构建一个引人入胜的故事情节。

一旦数据新闻发布，即可在主要媒体平台上收集与新闻报道相关的数据，随后对用户的情感倾向和兴趣进行分类标注，深入分析读者的情感倾向和兴趣偏好，总结相关建议与舆论趋势。此外，这些数据可作为未来选题策划的基础信息。

（二）基于算法的自动选编

过去，新闻的选编主要依赖编辑的手动工作。然而，大数据技术的发展已经推动新闻选编走向自动化。基于算法的新闻选编是一种通过预设程序实现新闻自动选择和编辑的方法。在这一领域中，具有较早影响且较为显著的是谷歌新闻。2001 年，谷歌工程师克里希纳·巴拉特（Krishna Bharat）开发了名为"StoryRank"的算法，用于新闻的推荐排序。这一算法本质上是一个 Web 新闻聚合器，它不需要人工干预，可自动更新首页新闻并进行推荐。在国内，一家处于领先地位的算法推荐新闻平台是《今日头条》。《今日头条》采用的算法原理基于同一内容在群体中的投票得分，从而实现了根据用户的不同兴趣推荐不同文章的目标。

在选择论据时，有两个关键要点需要注意。首先，应该选择能够有效证明观点的材料作为论据，这些材料必须具备典型性和充分性。这一要求主要体现在三个方面：第一，所选材料本身必须具备证明和解释论点的潜力；第二，所选材料的综合性必须充分支持论点；第三，所选材料与论点之间的逻辑联系必须符合客观事物的规律。其次，应该选择那些被广泛认可且易于受众理解的材料作为论据。论据的主要作用是证明观点，如果这些论据没有获得广泛认可，它们将难以发挥其作用。论据是评论的核心，对评论的可读性和可理解性有着重大影响。因此，在精心构思论点前，应当先精心收集、评估和筛选论据。

（三）基于算法的新闻写作

编辑的写作已经成为更高级别的人工智能所需要的工作，主要涉及内容的改写和重组。2012 年，美国 Narrative Science 公司声称已经研发出了一种具备新闻写作功能的软件，该软件能够自动创作新闻故事。不仅如此，2014 年 3 月，《洛杉矶时报》借助其机器人写手，首次发布了地震消息，开创了新闻媒体领域的先河。2014 年 6 月 30 日，美联社在其博客平台上发表了一篇名为《季度营收报道方面的一大飞跃》的文章，宣布从当年 7 月开始，在公司季度财务新闻报道领域将全面采用机器写作新闻。这一决策标志着新闻产业拥抱自动化写作技术。2015 年 9 月 10 日，腾讯发布了一篇标题为《8 月 CPI 同比上涨 2.0% 创 12 个月新高》的报道，该报道是由腾讯财经开发的新闻写作机器人 Dreamwriter 创作的，它引用了国家统计局的数据，并汇总了专家的分析观点。

机器写作的出现给新闻从业人员，特别是记者和编辑，带来了显著的影响。然而，目前的观察表明，并非所有新闻类型都适合由机器创作。结合现有行业实践的经验，适用于机器或算法创作的新闻通常是基于各种数据和图表的引用与分析，呈现出特定的文体和风格。这类新闻的核心内容源自对数据的引用、解释和分析，呈现出明显的"数据处理"特征。然而，关于具体撰写哪个主题、采用什么角度、关注哪些要点的决策等仍需要记者或编辑以输入程序指令的方式进行。因此，在这个意义上，机器新闻并不能完全摆脱人工干预。它不具备完全替代人工写作的能力，主要适用于特定风格的新闻创作。

各家媒体机构均表明，采用机器新闻写作的初衷在于解放人力资源，从而使其能够专注于富有挑战性、创造性和想象力的新闻策划，以及新闻源的拓展等高附加值工作。因此，当前的观点认为，引入机器新闻写作并不代表编辑职位的淘汰。

第二节　数据存储技术

新闻编辑的工作在当前融媒体环境下，已经不再局限于传统媒体时代信息的简单收集和存储。如今，新闻编辑必须以信息为基础进行有序整理和深入挖掘，以适应海量信息的存储、检索和传输等复杂管理需求。这些技术要求构成了支撑新闻整合的重要基础。在传统媒体时代，数据管理相对简单，主要侧重于信息的简单收集和存储。然而，在融合媒体环境下，媒体不仅采集了更加多样化的信息资源，还制作了多种类型的产品。这导致媒体数据量急剧增加，同时伴随着以用户为导向的生产需求。因此，媒体数据管理技术需要执行多个环节的任务，包括内容采集、创建、传递、分析等。这些任务中包括数据自动分类、聚类、关联分析、摘要、排重和相似搜索等复杂功能，数据管理技术的发展为智能化和个性化的新闻整合处理提供了坚实基础。

一、云技术的概念

云技术（Cloud Technology）是一项革命性的信息技术，它在过去的几十年里改变了我们的生活方式、商业模式和计算方式。云技术主要包括云计算和云存储，它们的出现和发展对现代社会和企业产生了深远的影响。云技术的概念可以追溯至 20 世纪 60 年代末，但在正式提出并广泛应用的过程中，有一个重要的推动者，那就是印度裔教授克里斯蒂安·克莱顿·切诺柏（Christos Christodoulou），通常被称为克里斯·切诺柏。他是计算机科学领域里一位杰出的科学家和教育家，也是云计算的先驱之一。克里斯·切诺柏于 20 世纪 80 年代末 90 年代初开始研究分布式计算系统，他的研究兴趣涵盖了大规模计算、网络通信和分布式数据库等领域。在这一过程中，他提出了一些关于如何有效地管理和分发计算资源的重要思想。这些思想后来成为云计算的理论基础。云技术的核心概念是将计算资源、存储资源和应用程序服务提供给用户，就像将水从自来水管道中提供给用户一样。这种服务模式是通过互联网实现的，用户可以根据需要访问云服务，而无须担心具体的物理设备或服务器。这种模式的好处是用户可以根据需求弹性地扩展或缩减计算资源，而不需要购买和维护昂贵的硬件设备。云计算（Cloud Computing）是云技术的一个重要组成部分，是一种基于互联网的计算模型。它通过云服务提供商提供计算资源，包括服务器、存储、数据库、网络、分析等，以便用户按需使用这些资源。云计算通常分为以下三个主要服务模型：

（一）基础设施即服务（Infrastructure as a Service，IaaS）

在这种模型下，云服务提供商提供虚拟化的计算资源，用户可以自由配置操作系统、应用程序和存储，并灵活地管理基础设施，而不必关心硬件的维护和更新。

（二）平台即服务（Platform as a Service，PaaS）

在这种模型下，云服务提供商提供了一个开发和运行应用程序的平台，包括操作系统、开发工具、数据库管理和托管环境。开发人员可以专注于应用程序的开发，而无须担心底层基础设施。

（三）软件即服务（Software as a Service，SaaS）

在这种模型下，云服务提供商提供完全托管的应用程序，用户可以通过互联网直接访问这些应用程序，而无须安装或维护任何软件。常见的 SaaS 应用包括电子邮件、办公套件和客户关系管理等。

（四）云存储（Cloud Storage）

云存储是另一个云技术的关键组成部分。它允许用户将数据存储在远程服务器上，而不是本地计算机或设备上。云存储提供了高可用性、可伸缩性和数据冗余等功能，使用户能够安全地存储和访问其数据。常见的云存储服务提供商包括亚马逊云存储（Amazon S3）、谷歌云存储（Google Cloud Storage）和微软 Azure Blob 存储。

云技术的发展对个人用户、企业和政府机构产生了深远的影响。个人用户可以通过云存储轻松地备份和分享文件，访问各种在线应用程序和服务。企业可以通过云计算和云存储降低 IT 成本，提高灵活性，并加速应用程序的开发和部署。政府机构可以利用云技术提供更好的公共服务，包括电子政务服务和健康信息管理。

二、云计算系统的特点

云计算系统是一种创新的计算模型，具有多种显著的特点。这些特点使其成为一种强大的计算工具，能够满足不同用户和组织的需求。以下是云计算系统的主要特点：

（一）资源共享

资源共享是云计算系统的核心特点之一。在传统的计算模型下，每个组织或用户通常需要拥有和维护自己的硬件和软件基础设施。这意味着资源利用率低下，因为这些资源在大多数时间内可能处于闲置状态。云计算通过在云服务提供商的数据中心中集中托管计算资源，实现了资源的共享和多租户模式。资源共享的好处：第一，资源利用率高。多个用户可以共享相同的物理服务器和存储设备，使这些资源能够被更充分地利用，这降低了资源浪费和成本。第二，经济效益。用户无须购买昂贵的硬件设备，而是按需租用云服务，从而降低了资本支出。第三，灵活性。用户可以根据需要快速扩展或缩减计算资源，而无须等待新硬件的购买和部署。第四，节省管理成本。云服务提供商负责维护和管理硬件设备、网络和数据中心，用户可以将精力集中在应用程序开发和业务运营上。

（二）虚拟化

虚拟化是云计算系统的另一个关键特点。它允许物理计算资源（如服务器、存储和网络）被抽象为虚拟资源，虚拟资源可以被多个用户和应用程序共享。虚拟化技术通常包括以下几个方面：一是服务器虚拟化。通过使用虚拟机监控程序（VMM）或称为 Hypervisor 来创建多个虚拟机（VMs），每个 VM 可以运行独立的操作系统和应用程序，使得多个用户可以在同一台物理服务器上共享计算资源，而不会相互干扰。二是存储虚拟化。将多个物理存储设备抽象成一个虚拟存储池，用户可以根据需要动态分配存储空间，而无须关心具体的存储硬件。三是网络虚拟化。允许多个虚拟网络共享相同的物理网络基础设施，从而实现逻辑隔离和流量管理。虚拟化技术为云计算提供了灵活性和隔离性，允许用户在虚拟环境中创建和管理资源，而不必考虑底层的硬件配置。

（三）按需分配

云计算系统的第三个显著特点是按需分配。用户可以根据其实际需求动态分配计算资源，而不必提前购买或预留。按需分配具有多个方面的好处：第一，弹性伸缩。用户可以根据流量和工作负载的变化自动扩展或缩减计算资源，以应对需求的波动，在高峰时期提供更多的资源，在低峰时期降低成本。第二，节省成本。用户只需支付实际使用的资源，即可避免不必要的资源浪费，这种模式通常以每分钟或每小时计费，使成本更具可控性。第三，快速部署。用户可以快速启动新的虚拟机或应用程序实例，而无须等待硬件采购和配置。第四，提高效率。按需分配可以帮助用户更好地利用计算资源，提高业务运营效率。

（四）可扩展性

考虑到使用者需求会不断发生变化，云计算系统一般采取的是模块化设计，并提供特定软硬件的专项接口，以便使用者扩展该层设备。也有一些接口允许云与云对接，方便用户在云间"穿梭"，进行数据交流。模块化的设置是从用户需求角度考量的，能够更大程度地整合资源。

云计算架构通常是高度可扩展的，云计算系统可以轻松地添加更多的计算和存储资源，以满足不断增长的需求，对处理大规模工作负载和应对突发流量非常重要。可扩展性是通过云服务提供商的数据中心架构来实现的，通常采用分布式计算和存储技术，允许云计算系统自动调整资源，以满足用户的需求。无论是个人用户还是大型企业，都可以根据需求随时增加或减少计算资源，而无须担心硬件扩展和维护的复杂性。

三、云的部署与云编辑部的打造

根据云计算的程度开放性，云计算被划分为三种主要范畴，即公有云、私有云和混合云。

公有云是由云服务提供商在互联网上构建并提供的一种云计算服务模式。在这一模式下，使用者有权将其数据存储在云服务提供商的服务器上，并且通常以网络服务的形式来获取服务商提供的各种应用程序。

私有云有时被称为专有云，它是部署在使用者自身的服务器、网络和其他硬件软件设施之上的云服务。在私有云模式下，使用者拥有对云环境中所有要素的完全控制权。此外，使用者可以根据需要设置访问权限和监控云端数据的获取和使用情况，以确保安全性和合规性。

混合云并非一种独立模式，而是一种灵活的数据存储选择策略。它旨在满足使用者的个性化需求，允许根据特定需求，将数据分割并存储于公有云及私有云之中。

在传统媒体的数字化改革过程中，全媒体技术平台已成为关键因素。它们纷纷利用云技术构建集成的媒体创作与管理平台，通常被戏称为"云编辑部"。然而，在当前情况下，出于对数据安全与保密性的高度关注，大多数媒体机构的云编辑部门依然倚重于内部的"私有云"系统。

当企业采纳公共云计算服务时，其信息资源会被迁移至云服务提供商的系统中。此举要求用户对数据的安全性和隐私保护水平进行精细化管理。同时，对云服务供应商的稳定性和可靠性进行周密评估，并制订详尽的紧急应对方案，也是必要步骤。虽然从一般角度来看，私有云在安全性方面优于公有云，但构建私有云的媒体机构同样需要精心布局访问控制和入侵防护措施，并采取措施防止内部数据泄露。

在当今的媒体领域，报纸和广播行业由于所需资源（如文字、音频、图片）相对较少，这些资源占用的存储空间远小于视频内容，因此在一定时期内，私有云平台足以支撑其运营需求。然而，对于电视媒体行业而言，情况截然不同。随着观众对即时节目观看需求的激增，私有云的能力逐渐不足以应对这种增长。无论是报纸、广播还是电视媒体，面对内容资源的持续增长和用户需求的日益多样化，仅依赖私有云难以满足大容量、高性能存储的需求，更不用说实时采集、编辑和播放等关键业务流程了。因此，未来媒体编辑部门的转型将主要依赖于一种混合云模式，即"私有云"与"公有云"的协同运作。

第三节　定位服务技术

一、LBS 的概念

LBS（Location Based Service，移动位置服务）是一项基于移动终端用户的位置信息的服务，它通过电信移动运营商的网络（如 GSM 网、CDMA 网）来获取用户的经纬度坐标，从而实现各种与位置相关的业务。

（一）LBS 的发展历程

LBS 并不是一项新技术，其发展历程可以追溯至 20 世纪 70 年代。当时，美国联邦通信委员会（FCC）颁布了基础 911 服务规范，要求移动电话运营商能够提供紧急呼叫定位服务，以便在紧急情况下迅速定位呼叫者的位置。然而，真正意义上的 LBS 定义最早源于 1994 年，当时美国哥伦比亚大学的学者 Bil N. Schilit 和 Marvin M. Theimer 提出了概念 AMS（Active Map Services）。这一概念最接近现代 LBS 服务所包含的范畴，为 LBS 的商业应用模式框架奠定了基础。

Schilit 提出的 AMS 概念强调了将用户位置的变化及时更新反映在地图中，以实现与用户位置相关的服务。AMS 不仅仅关注位置信息的获取，更着重于将这些信息整合到应用程序中，以满足用户的需求。这一思想为 LBS 的发展提供了重要的指导方向。

（二）LBS 的关键概念

为了更好地理解 LBS，需要了解其中涉及的一些关键概念。

1. 位置信息获取

LBS 的核心是获取用户的位置信息，这通常通过全球定位系统（GPS）、基站三角测量、Wi-Fi 定位、蓝牙信标等技术来实现。这些技术能够提供不同精度的位置数据，以满足各种应用的需求。

2. 地理信息系统（GIS）

GIS 是 LBS 的关键组成部分，用于存储、管理和分析地理数据。通过 GIS，可以将位置信息与地图、地理特征和其他数据集成，以支持各种 LBS 应用。

3. 位置感知服务

这是 LBS 的一部分，涉及识别用户的位置，并将其与其他信息结合起来。这包括提供附近的商家、交通状况、天气信息等。

4. 个性化服务

LBS 不仅提供位置信息，还允许根据用户的兴趣、喜好和行为提供个性化服务。这种个性化有助于提高用户体验和满足他们的需求。

（三）LBS 的商业应用

LBS 的商业应用领域非常广泛，包括但不限于以下几个方面：

1. 导航和地图服务

这是 LBS 常见的应用之一。导航应用可以根据用户的位置提供路线规划、实时交通信息、POI（兴趣点）搜索等功能。知名的导航应用如 Google Maps 和 Waze 就是基于 LBS 技术构建的。

2. 社交媒体和分享服务

社交媒体平台和分享应用通常使用 LBS 来允许用户分享其当前位置、查看朋友的位置，以及发现附近的活动和地点。例如，Foursquare 和 Instagram 就使用了 LBS 来增强用户体验。

3. 广告和营销

LBS 可以用于定向广告和促销活动，根据用户的位置提供相关的广告内容。这种定向广告可以提高广告的效率和用户的参与度。

4. 物流和运输

物流和运输行业使用 LBS 来跟踪货物的位置、优化交通路线、提高运输效率，以及提供实时信息，对物流公司和消费者都具有重要意义。

5. 紧急服务和安全

LBS 在紧急情况下发挥了关键作用，如 911 紧急呼叫定位服务。此外，LBS 还用于监测和报告灾害、危险区域和犯罪状况。

LBS 是一项广泛应用于各个领域的技术，它已经改变了我们的生活方式、工作方式和商业模式。随着技术的不断创新，LBS 将继续为我们带来更多的便利。

二、LBS 服务的新闻实践

LBS 技术对信息穿模模式产生了一定的影响。具体而言，它赋予了信息源以地理位置的指向性，实现了信息的双向流动——既能被动接收，又能主动推送。此外，LBS 技术大幅提升了信息传递的精确度和时效性，使追溯及解析信息源成为可能。在这种背景下，媒体机构积极探索利用 LBS 服务，以期在信息的收集、制作和传播过程中达到更高的效率水平。

（一）基于地理位置的云集

在当代新闻制作领域，信息采集的效率是新闻产品生成的起点，而且其采集速度对新闻的时效性有直接影响。为了提升信息传输的速率，构建媒体专属的公有云平台被认为是一种行之有效的策略。然而，对于地理分布广泛、设有众多分值的大型媒体机构来说，这是一个挑战：机构的云服务器通常不止一台，信息采集人员往往难以辨别是哪一台服务器在提供最快的服务。

在这种背景下，地理位置服务（LBS）技术的应用能够根据信息采集者的地理位置，智能地推荐离他们最近的服务器。举例来说，新华社在新闻采集系统中就已经实施了 LBS 技术。该技术能够在用户操作系统时，基于用户的 IP 地址自动确定其所处的地理区域，并依据不同区域推荐最佳服务器，提高系统选择网络的灵活性和可用性，从而有效提升新闻发布的整体效率。

（二）基于地理位置精准新闻

在当今数字化时代，新闻媒体领域正在经历一场变革。其中"接近性"作为一种核心的新闻价值观念，得益于地理位置服务技术的发展，得到了深化。这一趋势体现在各大新闻平台对新闻内容的地理细分上，他们不断缩小和具体化新闻报道的地域范围，更好地服务于特定地区的受众。国内外众多新闻客户端，如新浪、腾讯、网易等，均在此方向上做出了创新性尝试。以腾讯为典型例证，其新闻服务已涵盖上海、重庆、广东等多个地区，共计 12 个频道。当用户登录腾讯新闻软件时，基于地理位置服务的系统将自动进行定位，并主动推送与用户所在地域相关的新闻内容。这种技术的应用不仅提高了新闻的针对性和时效性，也促进了本土新闻的深度挖掘和传播，从而在保持全球视野的同时，增强了地方性新闻的传播力和影响力。

（三）LBS 和数据结合的新闻

自 2014 年 1 月 25 日起，央视的《晚间新闻》栏目正式引入基于大数据的新闻报道方式。这种变革意味着该节目已经成为国内系统性和持续性地运用大数据技术来优化电视新闻播出模式的先驱。《晚间新闻》通过系列报道如

《"据"说春运》《"据"说春节》《"据"说两会》等，展示了大数据在新闻报道中的应用。

这一系列报道的技术基础得益于百度的位置服务应用——"百度迁徙"。该技术的核心功能主要分为两个方面：一是展现全国人口迁移的区域趋势；二是对热门路线进行深入分析、对涉及迁入迁出的热点省份进行分析、特定城市的人口迁移情况，以及时间序列的动态变化。百度之所以能够开发出"百度迁徙"这一产品，关键在于其近年来对云计算领域的大量投资。百度建立了庞大的数据中心，设计了专用服务器，能够实时、安全地存储和处理数亿甚至数千亿级别的数据。在这些基础设施的支撑下，百度成功构建了云计算平台，打造了处理大规模数据的调度软件。

《晚间新闻》的报道播出后，百度将"百度迁徙"向普通用户开放，使得所有人都可以通过访问专题页面来实时查看全国人口迁移的最新情况。

第四节　其他技术

一、物联网技术

在融媒体时代，新闻传播领域正在经历一场由数字化、网络化和智能化驱动的革命，其中物联网技术应用成为这一变革的关键组成部分。物联网（Internet of Things, IoT）是指通过各种信息传感设备，如射频识别（RFID）、红外感应器、全球定位系统、激光扫描器，以及任何可联网的设备等，将所有物品与互联网连接起来，进行信息交换和通信，以实现智能化识别、定位、追踪、监控和管理的网络。

物联网技术的核心特点包括广泛的连接性、大规模的数据交换、实时性和自动化。这些特点为新闻传播带来了前所未有的可能性。在融媒体时代，物联网技术通过提供大量实时数据和信息，使新闻机构能够快速、准确地获取新闻素材，进而提高报道的质量和效率。此外，物联网技术为新闻传播带来了空间扩展，可以在全球范围内收集和传输信息。

物联网技术在新闻传播中的应用主要表现在以下几个方面：一是增强现实报道。通过物联网设备收集的数据可以用来创建增强现实内容，使得新闻报道生动、直观。二是实时数据采集。物联网设备能够不断采集和传输实时数据，为新闻报道提供即时的事实基础，特别是在报道自然灾害、交通状况等需要实时信息的事件时尤为重要。三是个性化新闻服务。基于用户行为和偏好的数据分析，物联网技术可以帮助新闻机构提供更加个性化的新闻内容，从而吸引和保持观众的注意力。三是互动式新闻体验。物联网技术使得新闻消费者不再是被动接收信息的对象，而是可以通过各种智能设备与新闻内容进行互动，比如通过智能手机或智能手表直接参与新闻事件的讨论。

二、可穿戴设备与虚拟现实技术

在当代技术领域，可穿戴设备代表了一种将穿戴式技术与日常装备智能化相结合的创新。这一领域专注于开发与设计各类可穿戴产品，涵盖从眼镜、手套、手表到服饰乃至鞋履等多种日常用品。此类设备不仅提升了日常生活的便捷性，而且为个人装备引入了更多智能化元素。虚拟现实技术（VR）作为计算机科学的一大分支，为用户呈现了一个由计算机模拟生成的交互式三维环境。该技术利用综合多源信息，创造出一个动态的视觉模拟空间，配合实体行为的系统仿真。通过这种模拟，用户得以完全沉浸在虚拟世界中，体验一种超越现实的交互和感知。

可穿戴技术与虚拟现实系统代表了人工智能的扩展。借助这些可穿戴装置，人们可以精准地获取外部环境与个体自身的信息，并在计算机、网络乃至他人的协助下，有效率地对这些信息进行处理。这不仅促进了信息交流的流畅性，还使得交流无缝。另外，虚拟现实技术通过增强这种个体延伸的真实感，为我们提供了一种全新的体验维度。

根据《新闻编辑部趋势 2015》的报告，新兴的可穿戴技术和价格更加亲民的虚拟现实设备正在激发一种革新：游戏和虚拟现实技术逐渐转变新闻媒体制作故事的模式。实际上，这种通过眼镜、头盔等可穿戴设备实现的互动体验，不仅在工业、地理学和游戏等多个领域得到广泛应用，近年来新闻行业也开始探索如何利用技术，将可穿戴设备与虚拟现实相结合，以创新的方式制作新闻故事。[①]

2010年，作为德国发行量领先的报纸，《南德意志报》利用名为"Junaio"的应用程序，用户通过智能手机就能触发杂志页面中的一系列 AR 体验，包括互动视频、三维图像、配有详细解说的访谈，以及提供答案的纵横字谜等元素。

2013年，美国甘内特集团旗下的媒体产物《得梅因纪事报》通过其网站平台，推出了一项名为《丰收的变化》的深度解释性报道。这一报道独树一帜地融合了虚拟现实技术与互动游戏元素。其核心焦点聚焦于四个地处该地区的家族式农场。《丰收的变化》不仅采用了传统的文字、图片、信息图表和音视频等媒介形式，还创新性地开发了基于虚拟现实技术的农场模拟体验环节。通过佩戴专用头盔设备，观众得以在一个 360 度全景的视角中，仿佛置身于农场之中，游走并参与寻找"线索"的互动游戏。

结合虚拟现实技术与新闻传播，极大地削弱了传统中介角色的必要性，从而直接增强了受众对报道事件的感知深度，不仅令受众能够透彻探索事件的各个细微之处，而且能够多次重温，深化与报道中人物的情感纽带。更重要的是，这种方式赋予了新闻以更强的影响力和说服力。正如 Chris Milk 所阐述："（虚拟现实新闻作品）并不仅仅是日常现实生活片段的简单汇编。在这样的现实场景中，你虽然亲身参与却缺乏自我觉察；而在虚拟现实的沉浸式体验中，你能够察觉到每一分表情的微妙变化、每一次颤动甚至呼吸。"此外，可穿戴技术与虚拟现实技术的结合，正展现出将用户带入故事情境中的巨大潜力，正在逐步重塑新闻的生产与消费模式。

三、人工智能技术

在融媒体时代，新闻传播领域正在经历一场由人工智能技术引领的变革。人工智能（AI）是指由计算机系统执行的任务或功能，这些任务或功能通常需要人工智能来完成，如视觉感知、语言理解、决策和学习等。AI 技术以其高效、精准和自动化的特性，逐渐成为新闻传播领域的重要工具。

---

① 张宸.全球新闻编辑部的九大趋势：世界编辑论坛发布《新闻编辑部趋势 2015》报告[J].新闻与写作，2015（9）：3.

　　人工智能技术是指使计算机和机器展现出类似于人类智能的行为的技术。它包括机器学习（ML）、自然语言处理（NLP）、计算机视觉及智能决策支持系统等。机器学习是 AI 的一个核心领域，它使计算机能够通过学习数据模式来提高任务执行的准确性。自然语言处理使机器能够理解和生成人类语言，而计算机视觉赋予机器以视觉识别功能。AI 技术可以自动化处理大量的数据和信息，提高效率和精度。通过机器学习，AI 能够识别复杂的数据模式，有助于更准确地预测和分析新闻趋势，可以根据用户的偏好和历史行为定制个性化的新闻内容。AI 能够提供实时数据分析，帮助新闻机构快速响应社会动态和受众需求。NLP 技术使得 AI 能够生成、编辑和翻译新闻内容，跨越语言障碍。

　　AI 可以自动生成新闻稿件，尤其是在体育、财经等数据驱动的领域。利用用户数据，AI 可以推送个性化新闻，增强用户体验。AI 技术可以分析大量的社交媒体数据，及时捕捉和分析公众舆论。通过计算机视觉，AI 可以自动标记和分类新闻中的图像和视频内容。AI 可以实现新闻内容的即时翻译，打破语言障碍。新华社推出的"新华智云"平台是 AI 在新闻传播领域应用的典型案例。该平台利用 AI 技术进行大数据分析和处理，能够自动生成新闻报告。最引人注目的是"新华智云"能够制作虚拟新闻主播，这些 AI 主播可以全天候 7×24 小时不间断地播报新闻，其语音和面部表情逼真。除此之外，这个平台还能够进行舆情分析和预测，帮助新闻机构快速准确地把握公众关注的焦点。

第七章　融媒体时代新闻传播的多维策略

第一节　理念之维：重塑传播思维

一、互联网思维

在融媒体时代，互联网思维的出现和发展改变了信息传播的方式，重塑了传播思维本身。互联网思维是指在互联网环境下形成的一种创新思维方式，源于互联网的核心特征，即时性、互动性和去中心化。互联网的即时性使信息传播几乎没有时间延迟，互动性提高了信息接收者的参与度，去中心化打破了信息传播的传统层级结构。在这样的背景下，互联网思维倡导的是一种灵活、开放和用户导向的思维方式。

互联网思维重要的特征之一就是以用户为中心。在传统的传播模式中，信息的生产和分发往往由传播者单方面控制，而接收者的角色相对被动。然而，在互联网思维下，用户的需求和反馈成为决定内容生产和传播方式的关键因素。新闻机构和内容创作者需要紧密关注用户的兴趣、偏好和行为模式，以此来调整和优化他们的内容和服务。互联网思维还强调快速迭代和不断创新。在传统传播中，内容生产和发布往往是一个缓慢和固定的过程。而在互联网环境下，信息更新迅速，新闻机构和内容创作者需要快速响应市场和用户的变化，不断更新和调整他们的内容。开放共享是互联网思维的另一个核心特征。在互联网上，信息和资源的共享变得极为普遍。新闻机构和内容创作者在这样的环境中，不仅要分享自己的内容，还要与其他创作者、平台和用户进行互动与合作。这种开放和共享的态度有助于形成广泛和多元化的信息网络，从而提高内容的传播效率和影响力。在互联网上，大量的用户数据和行为信息被不断生成和收集，对理解用户需求、优化内容策略和评估传播效果很重要。通过对数据的分析和利用，新闻机构和内容创作者可以准确地定位目标受众，有效地进行内容创作和分发。此外，在互联网时代，新闻传播的边界变得越来越模糊。新闻机构不仅要关注自身的新闻内容和传播渠道，还要关注与其他领域的融合和合作。例如，与科技公司的合作可以带来更先进的技术支持，与教育、娱乐等行业的融合可以创造出新的内容形式和传播模式。

在融媒体时代，互联网思维重塑了新闻传播的思维方式，其中一个突出的例子是中国的"人民日报"对社交媒体平台的运用。

"人民日报"作为中国最具影响力的官方媒体，传统上以其纸质报纸和官方网站为主要传播渠道。随着互联网和社交媒体的兴起，它开始逐渐采用互联网思维，特别是在社交媒体平台如微博、微信和抖音（TikTok 的中国版）上的表现突出。第一，以用户为中心是"人民日报"采用互联网思维的重要体现。在传统媒体时代，"人民日报"的内容多由编辑决定；而在融媒体时代，其开始更多地关注用户的反馈和需求。例如，在微博上，通过分析用户评论、点赞和转发的数据，"人民日报"可以及时了解哪些内容更受欢迎、哪些话题更能引起公众关注，从而调整其内容策略。第二，"人民日报"在社交媒体上的快速迭代和创新体现了互联网思维的特征。传统新闻报道通常需要经过较长时间的采编过程，而在社交媒体上，"人民日报"几乎能够实现实时的新闻更新，并且不断尝试新的内容形式，比如在抖音上发布短视频，用更加生动活泼的方式吸引年轻观众。第三，开放共享的理念是"人民日报"互联网思维的重要组成部分。在社交媒体平台上，"人民日报"不仅分享其自产的新闻内容，还积极与网友互动，参与话题讨论，甚至转发用户的内容，这不仅提高了其在社交媒体上的活跃度，而且增强了与用户的联系。第四，数据驱动是"人民日报"采用互联网思维的另一个关键方面。通过对社交媒体上的用户数据进行深入分析，如用户参与度、阅读时间和分享行为，"人民日报"能够精准地定位目标受众，根据数据反馈调整其内容和传播策略。第五，跨界融合是"人民日报"互联网思维的体现。例如，它在新闻报道中涉及政治、经济等传统领域，还广泛涉猎科技、娱乐和生活方式等新领域。此外，它与不同的社交媒体平台和技术公司合作，利用这些平台的技术优势和用户基础，扩大其新闻内容的影响力。综上所述，"人民日报"在社交媒体上的表现是互联网思维重塑传播思维的一个典型案例，它成功地将传统新闻传播与现代互联网文化相结合，为融媒体时代的新闻传播提供了宝贵的经验。

二、个性化思维

在融媒体时代，个性化重塑了传播思维的核心要素。特别是在新闻生产和呈现形式上，个性化思维是对传统新闻传播模式的一种根本性变革，不仅影响新闻内容的创造和发布，还影响新闻如何被呈现给观众。

（一）新闻生产中的个性化思维

在新闻内容的生产过程中，个性化思维主要体现在两个方面：内容的定制化和传播方式的多样化。一方面，内容的定制化意味着新闻机构需要生产出能够反映用户多样化需求的新闻产品，不仅是在话题选择上更加多元，还包括在报道的角度、深度和形式上的多样化。例如，对于年轻用户群体，新闻机构可能会更多地生产视觉效果丰富、形式新颖的新闻内容，如短视频、图文混排等；对于寻求深度分析的用户，新闻机构会提供详细的背景信息、专家评论等内容。另一方面，传播方式的多样化要求新闻机构利用不同的传播渠道和形式来满足用户的不同消费习惯，包括社交媒体、移动应用、在线平台等多种形式。通过这些渠道，新闻机构可以精准地将内容推送给目标用户群体，增强新闻的可达性和吸引力。例如，腾讯新闻利用其大数据分析能力，对用户行为进行深入挖掘，从而为用户提供个性化的新闻推荐。腾讯新闻的算法可以根据用户的阅读历史、点击行为和停留时间等数据，推测用户的兴趣点，并推送相关新闻内容。此外，新华社推出的"媒体大脑"项目，通过人工智能技术支持新闻内容的个性化生产。该项目使用自然语言处理和机器学习算法，不仅能自动生成新闻报道，还可以根据用户的反馈和行为调整内容生产的策略。

（二）新闻呈现中的个性化思维

新闻呈现中的个性化思维主要涉及新闻内容的展示方式、用户互动和内容的个性化推送等方面。首先，新闻呈现的个性化主要体现在内容展示的多样化上。不同于传统媒体时代的单一呈现形式，现代新闻机构采用多种形式来展示新闻，如视频、图表、长图、互动故事等。这不仅可以吸引不同偏好的用户，还能够增强信息的可理解性和吸引力。例如，对于复杂的新闻事件，通过图表和互动故事的形式展示，可以帮助用户更好地理解和消化信息。其次，用户互动是新闻呈现个性化的另一个重要方面。在新闻内容中加入互动元素，如评论、投票、社交媒体分享等，不仅能提升用户的参与度，还能根据用户的反馈进一步优化内容。这种双向互动的模式使新闻传播更加生动和有趣，同时为新闻机构提供了宝贵的用户反馈，有助于其改进未来的内容生产和呈现。最后，内容个性化推送是新闻呈现个性化的核心。通过分析用户的浏览历史、阅读习惯和兴趣偏好，新闻机构可以为用户推送相关和有趣的内容。在中国，许多新闻机构已经开始采用个性化思维来改进新闻的生产和呈现。例如，腾讯新闻利用大数据和算法，为用户推送个性化新闻。用户的每一次点击、阅读和分享都会被记录，这可以帮助腾讯新闻准确地了解用户偏好，从而提供符合用户需求的内容。此外，今日头条作为一个典型的基于算法推荐的新闻平台，通过不断学习用户的阅读行为，向用户精准推送与其兴趣相匹配的新闻内容。

三、服务化思维

在融媒体时代，服务化思维是重塑传播思维的关键因素之一。随着技术的快速发展和用户需求的日益多样化，新闻传播不再仅仅是信息的单向传递，而是转变为一种互动性强、以用户为中心的服务。融媒体环境下的新闻作为一种产品，在向用户提供新闻内容的同时，更应注重提供附加服务，以增强用户体验和满足用户的多元化需求。第一，新闻机构在融媒体时代需要深刻理解"服务"这一核心概念。这不仅包括提供新闻内容的服务，还包括对用户的全面服务。新闻信息服务成为融合新闻的基础，新闻报道和传播的传统职能也应融入更多的用户交互和参与，服务模式的转变要求新闻机构必须树立"用户至上"的理念，将服务意识贯穿新闻生产和传播的全过程。在实践中，新闻机构应摒弃传统的"重产品、轻服务"的思想，更加注重市场和用户需求的研究。用户的需求不再局限于获取信息，更多的是对信息加工、解读和应用服务的需求。因此，新闻机构需要从帮助用户解决问题、满足用户需求出发，进行新闻产品的设计和服务提供。这就要求新闻内容不仅要具有高质量，还要有针对性，能够解决用户的具体问题或满足其特定需求。第二，利用微博、微信等交互平台，新闻机构可以有效地与用户进行沟通和互动，实现新闻内容的即时更新、反馈收集和用户参与，提高用户对新闻内容的认同感和满意度，为新闻机构提供更多的用户数据和反馈，有助于优化新闻内容和服务。第三，融媒体时代的新闻机构应积极探索开展对象化、个性化、延伸性、综合性服务。对象化服务是指根据不同用户群体的特点，提供定制化的新闻内容和服务。个性化服务是指注重每个用户的个性需求，通过精准的数据分析，提供与用户兴趣和习惯相关的新闻内容。延伸性服务是指在传统新闻服务的基础上，提供更多的附加值服务，如专题讨论、用户互动活动等。综合性服务是将不同类型的服务结合起来，形成一个完整的服务体系。在实现产品和服务的增值方面，新闻机构需要不断创新和优化服务方式，提高新闻内容的质量和多样性、优化用户界面和体验、提供便捷和高效的服务方式，以及加强与用户的互动和沟通。通过这些方式，新闻机构不仅能够提高用户的满意度和忠诚度，也能够拓展新的市场和增加收入来源。

第二节　技术之维：拓展报道空间

一、区块链技术

区块链技术作为一种革命性的数字技术，在多个行业中展现出其巨大的潜力和价值。在融媒体时代，区块链技术在拓展报道空间的过程中发挥着重要作用，其具体应用也正日益成为新闻和媒体行业的热点话题。区块链技术的核心概念基于一种去中心化的分布式账本，这种账本由一系列数据块组成，每个数据块通过加密方式与前一个块链接，形成一个不可更改和不可篡改的链。每当新数据被加入，它就会在区块链的网络中被验证和记录。这种结构确保了数据的完整性和透明性，是区块链技术的基石。

在融媒体时代，新闻报道正面临着前所未有的挑战和机遇。信息的快速传播、来源的多样化以及受众的广泛参与，要求媒体行业不断寻找创新的技术解决方案以提升报道的质量和效率。在这一背景下，区块链技术的应用在拓展报道空间方面表现出以下几个关键作用：

第一，提高新闻的可信度和透明度。通过区块链技术，新闻内容的每一次修改、更新都可以被记录和追踪。其不可篡改的特性保证了报道内容的真实性，使得公众可以追溯到每条新闻的原始来源。这在当前充满假新闻和误导信息的环境中尤为重要。

第二，保护知识产权和版权。区块链技术能够有效追踪和管理新闻内容的版权信息。通过区块链，新闻机构可以确保其内容不被未授权使用或复制，从而保护记者和创作者的劳动成果。

第三，促进内容的个性化和定制。利用区块链技术，新闻机构可以有效地管理用户数据，为用户提供个性化的新闻内容。通过对用户阅读习惯和偏好的分析，新闻机构可以推送贴近用户需求的新闻，从而提高用户体验和满意度。

第四，加强新闻金融模式的创新。区块链技术可以被用于开发新的商业模式，如通过加密货币和智能合约来创造新的支付和激励机制，有助于新闻机构探索新的盈利渠道，也能为消费者提供更多选择和便利。随着这一技术的不断成熟和应用，可以预期区块链在未来的新闻行业中将扮演越来越重要的角色。

二、5G 通信技术

5G 通信技术代表了无线通信技术的第五代，是继 4G 之后的新一轮技术革命，是速度的提升，更是智能互联世界的重要基石。5G 的核心优势在于高速度、低延迟和大容量，这些特性使得 5G 在融媒体时代具有重要的作用。

（一）5G 无线关键技术

在 5G 无线技术方面，关键技术包括毫米波通信、大规模 MIMO（Multiple Input Multiple Output）和高密度网络架构。毫米波通信利用 30 GHz 至 300 GHz 的频段，这一高频段提供了更大的带宽和更高的数据传输速度。然而，毫米波的传播距离较短，容易受到物理障碍的影响。大规模 MIMO 技术通过使用大量的发射和接收天线，极大地提高了频谱效率和网络容量。高密度网络架构则通过部署更多的小型基站来增强网络覆盖能力和增加其容量。

（二）5G 网络关键技术

在 5G 网络技术方面，关键技术包括网络切片、边缘计算和软件定义网络

（SDN）。网络切片技术允许运营商在同一物理网络上提供多个虚拟网络，每个网络切片可以根据特定服务或用户群的需求进行优化。边缘计算则将数据处理从中心服务器转移至网络边缘，从而减少延迟和带宽消耗。软件定义网络（SDN）通过将网络控制层与数据转发层分离，提高了网络的灵活性和可管理性。

（三）5G 在融媒体时代的作用和应用

在融媒体时代，5G 通信技术的应用前景广泛。其高速度和低延迟特性使得实时新闻报道和远程采访成为可能。记者可以在世界任何角落实时传送高清视频和音频，为公众提供及时准确的新闻报道。此外，5G 技术支持的高数据传输速度和大容量，使得虚拟现实（VR）和增强现实（AR）在新闻报道中的应用成为可能，为用户提供沉浸式的新闻体验。

当今时代，随着通信技术的迅速发展，中央级主流媒体机构已成为 5G 通信技术在新闻传播领域的关键推动者。从 2021 年起，伴随着 5G 通信服务的日益成熟，包括新华社、人民日报、中央人民广播电视总台在内的众多中央媒体陆续加入了 5G 新闻服务的创造与应用领域。特别值得一提的是，新华社作为在中央级主流媒体中积极应用 5G 技术的典范，近几年已成功推出了多款具有不同主题和定位的 5G 新闻产品。在 2021 年全国两会期间，新华网客户端率先推出了一款 5G 消息模拟体验产品。使用这款产品，用户可以通过手机短信直接观看两会的实时直播，并获取关于两会的最新消息。新华社还推出了一款名为"全民拍"的 5G 消息产品，该产品允许用户通过 5G 技术向政府部门快速反馈问题和沟通需求。这极大地简化了操作流程，提高了效率，有助于加强民众的意见表达、推动社会的协同治理。另外，"中国搜索"公司也利用其在搜索技术方面的优势，开发了结合"5G 消息 +AI+ 搜索"的创新产品——中国搜索 5G 消息。这款产品集成了新闻媒体资源、搜索和直播等多样化功能，可以处理文本、音视频、多媒体卡片等多种媒体信息形式。

在 2022 年北京冬季奥运会期间，中央人民广播电视总台的新媒体领军品牌"央视频"启动了 5G 新闻服务。此项服务利用其 5G 平台为用户即时提供冬奥会的最新资讯。自 2022 年 2 月 4 日起，央视频开始发送首批 5G 新闻。在冬奥会期间，该平台每日向用户发送两条赛事更新，触及大约 85 万移动用户。

这些更新包括多个主题，如"来央视频，看北京冬奥会开幕式！""中国首金！再看亿遍！""来央视频，看谷爱凌冬奥首秀！"等。这些内容不仅涉及赛程查询、奖牌排行、冰雪项目指南和会员活动等信息的查询与互动，而且用户能通过 5G 新闻直接观看赛事直播。央视频的 5G 新闻通过设立"赛程查询""奖牌榜"等互动按钮，充分展示了 5G 时代下，媒体视频服务的高度个性化和互动性特点。

第三节　机制之维：推动融合生产

一、以资源为中心的"中央厨房"制

在当今媒体领域，新闻编辑部门扮演着制作和发布融合新闻的核心角色。尽管如此，传统的编辑机构往往存在着相互独立的局限性，导致其生产的新闻报道形式过于单一。这种情形在数字化和多样化新闻制作需求面前显得力不从心。因此，为了适应数字融合新闻的发展趋势，编辑部的生产机制和新闻采编流程亟须通过创新重塑，以构建一个涵盖信息收集、新闻展示、新闻表达等多个环节协调一致的工作平台。

在这种背景下，"中央厨房"模式应运而生，为融合新闻制作提供了一个统一的应用平台。"中央厨房"模式源于餐饮制造行业，强调通过大规模采购和集中处理食材的方式来降低成本并提升效率。其概念被借鉴到新闻传播行业后，迅速成为推动融合新闻生产的重要机制。在媒体组织的"中央厨房"体系中，一线记者承担着收集"食材"（即新闻信息）的任务，然后将这些"食材"输送至"中央厨房"，由后方的编辑和技术人员加工成多媒体内容，再通过不同的传播渠道发布。这种"中央厨房"机制的核心优势在于能够实现一次性采集、多样化生产和广泛发布的新闻内容。

应该说，融合新闻得以广泛传播，"中央厨房"创立的这套全新的内容生产机制在一定程度上起到了促进作用。从实际运行效果来看，"中央厨房"机制在整合资源、形成合力，以及创新新闻产品和报道方式等方面，有着积极的

作用。与此同时，在编辑部的布局设计上，打破传统编辑部水平纵深、条块分割明晰的结构，形成向电子大屏靠拢集中的开放式布局，突出核心指挥平台的作用，便于编辑部人员的沟通，公开透明的环境让新闻生产效率更高。

"中央厨房"模式构建了一个促进高质量内容生成的共享基础设施，这一模式通过集结各类新闻资源，打造了一个新闻融合发展的协同平台。在这个框架下，"中央厨房"的运作机制适应新闻融合的应用需求，有效地促进了新闻行业的协作和创新。

"中央厨房"的价值在于其打通各渠道之间的障碍，提升信息处理的灵活性，使新闻生产的效率更高。在融合新闻生产中，建设以资源为中心的"中央厨房"，推动了媒体人实现采集员、加工员、技术员、推销员等责任分工；采集员与前线记者联系，及时传递信息并进行内容整合；加工员提供内容定制服务并对新闻信息进行深度挖掘与多元加工；技术人员运用H5、游戏设计制作新闻，能够真正实现融合新闻生产的一体化。这对融合新闻运行机制的创新来说是一种有效的生产模式。

二、以主体为核心的产品经理制

当今时代，自媒体的发展已成为国家层面的战略关注点。中国众多传统媒体机构纷纷展开广泛的转型尝试，涉及多个层面：资本运作，如对外资的收购并购；业务发展，通过与网络科技企业的合作共进；人才培养，特别是通过内部人才孵化等。在这些策略中，"人员层面的内部孵化模式"成为传统媒体依赖的关键环节，是实现融合转型的核心途径。

传统媒体在面对互联网新闻网站的竞争时，虽然拥有成熟的产品架构和稳定的业务流程，但在新闻产品的创新和发展敏感度方面逐渐显示出不足。一些学者指出，传媒组织的架构中缺乏一种关键角色——"产品经理"。这一角色在洞察媒体市场趋势和产品发展方面有着举足轻重的作用。因此，将传统的记者和编辑角色转型升级为产品经理，成为内部人才孵化过程的中心目标，以适应新时代媒体行业的需求和挑战。

关于"产品经理"，这一职位概念最初起源于20世纪美国保洁公司实施的产品管理体系。该体系在企业的营销运作中扮演着重要角色。观察当前市场环境，可以发现"产品经理"角色日益转变为一个集产品布局和战略规划于一身的关键领导者。所谓的产品经理制度，是指在公司内部，产品经理负责全方位地监督产品从构想到市场推出的整个过程，其涵盖市场调研、创新构思、产品开发、测试评估、市场推广及产品迭代等多个环节。这种制度体现了全面的产品管理理念，其中产品经理对产品的商业化过程及最终成果承担全责，构成了其核心职责所在。

随着媒介生态的不断融合与演变，传统新闻产物的市场需求正在逐步减少。在这一背景下，整个新闻传媒行业集中精力于新闻产品的开发与创新，积极探索融合报道和数据新闻等新闻生产模式。行业内部普遍认识到，"产品经理"这一角色迫切需要塑造，以深入分析和评估媒体市场的挑战，审视发展中的不足与局限，同时提出新产品和新业务的实施策略与框架。例如，在浙江日报报业集团的转型过程中，约2000名新媒体专业人士组成了数个以"产品"为中心的专项团队，其中产品经理成为团队的核心，承担着与客户沟通、关注产品发展、进行市场预测、制定产品策略等关键任务，团队成员则共同致力于技术开发、内容创新和整合营销等方面的协作。

在现代企业结构中，"产品经理"的角色超越了传统的职位名称，涵盖更加多元化和深入的工作职责与思维模式。具体来说，这一角色要求在专注于内容创造的同时，扩展其视野至市场发展及用户关系维护。这不仅要深度理解和响应用户需求，还要考量内容创造所带来的市场影响力。

从职能角度来分析，首先，产品经理的工作是基于用户需求的深刻洞察。这意味着他们需要站在用户的立场上思考，通过各种量化工具来准确把握用户需求的实质。其次，产品经理需要具备解决用户问题的能力，核心思想是"直击用户的痛点，从而有效地吸引用户使用产品"。这种需求提炼过程，本质上是为了更好地解决用户面临的挑战。最后，产品经理应具备服务用户的运营思维。优秀的产品应当具有强大的用户黏性。因此，产品经理的工作不限于吸引用户，更关键的是要留住用户，不断提升用户体验。

三、以形态为重心的钻石模型

在现代信息管理领域，道琼斯公司提出的"涟漪"理论深受推崇。该理论比喻新闻事件的发生与抛石入水产生的波纹相似，能够迅速扩散形成影响。这种影响在极短时间内扩散，迅速扩大其覆盖范围。基于此，新闻事件的不断进展、升级及公众持续关注导致新闻采编的工作模式由原先的"一次性"任务转变为一种螺旋式的持续循环和逐步优化过程。在媒体融合的大背景下，新闻制作更为重视资源整合和分层精练。另外，美国传媒专家保罗·布拉德肖（Paul Bradshaw）提出了"钻石模型"（The News Diamond）。这是一种理想的新闻报道模式，其独特之处在于它均衡地结合了速度和深度，适应了各类新闻形态。

保罗·布拉德肖精心构建了一个新闻报道流程模型。该模型根据报道速度和深度的不同需求，将整个过程划分为以下 7 个阶段，即时信息（Alert）、初稿（Draft）、正式报道（Article/Package）、深度分析 / 思考（Analysis/Reflection）、背景情境（Context）、双向互动（Interactivity）以及个性化定制（Customization）。这一"钻石模型"精确捕捉了以互联网技术为核心的综合报道机制的精髓。在紧急新闻事件发生时，记者或编辑能够利用移动电话和无线网络技术，迅速在社交媒体平台上发布第一手的即时信息。随后，记者深入挖掘事件细节，在博客上发布含有某些关键信息或线索的初稿，以吸引读者关注，提高用户黏性，并增强新闻内容在搜索引擎中的排名及影响力。基于这些即时信息和初稿，记者随后会完成一篇完整的新闻报道，通过各种传媒渠道进行发布。这三个阶段主要突出了报道的速度。

而在快速报道之后，记者应当进行深入的分析和反思，以此来提升报道的深度。依托互联网的广阔空间和超链接结构，他们还能提供丰富的背景资料，协助读者更全面地理解新闻事件。媒体与观众之间的互动，可以使新闻传播产生长远的影响，即所谓的"长尾效应"。为此，媒体机构可以通过论坛、留言板、评论等多种渠道收集观众反馈，了解对后续新闻产品改进的需求和建议，通过互动设置，实现用户与新闻产品的互动。最后的"个性化定制"阶段，是新闻产品发展的关键环节。一方面，媒体通过数据分析向观众推荐新闻；另一方面，观众根据自己的阅读偏好定制信息内容。在整个报道过程中，记者在快速反应的同时，逐步接近事件的真相，这不仅发挥了移动互联网的优势，也满足了观众对新闻事件深度理解的需求。

在"钻石模型"中，每个阶段的重要性各不相同。新闻传播的初步阶段由"快讯"和"草稿"构成，此阶段的新闻内容呈现出初级的形态；"报道"环节在"钻石模型"中充当中枢角色，此时新闻已逐渐成形并开始面向广泛的受众群体；然后，"背景"阶段应对了受众对深度阅读的需求，同时对先前阶段的新闻形态进行了补足与精练，而"分析/反思"环节是提升传播效果、激发受众对新闻价值深思的核心节点；最后，"互动"阶段作为新闻制作流程的终点，直接影响受众对新闻制作的评价，以及对新闻传播整体意义的理解。

例如，在光明网"2018 中国青岛上海合作组织峰会"的专题中，大体可以看到一个完整的融合报道流程：①实时直播；②动态新闻不断补充（会议内容的推进）；③专题新闻的深入挖掘（"微动画"特别策划、"上合组织发展新愿景""高端访谈"）；④相关背景、报道的链接和文件（"上合会议背景""引经据典金句频出　习近平这样说上合""媒体聚焦"）；⑤深度分析、解读（"分析评论""解读上合"）；⑥通过小游戏和用户互动，吸引用户参与新闻生产（"拼出你心中的上合"）；⑦除了有网络直播账号，还有客户端、微博、微信，构成新媒体传播矩阵，增强传播效果。

创新融合新闻传播，离不开理念的重塑、技术的推动和机制的改革。融合新闻传播，要树立互联网思维，强化用户思维，强调个性化思维、平台化思维以及服务化思维。运用云技术、大数据技术、人工智能技术等有助于拓展融合新闻报道空间，创新融合新闻形态和报道形式，革新新闻生产模式，提升融合新闻阅读体验。构建协同性、集约性、开放性的生产制作平台，优化媒体组织结构，创新融合新闻生产机制，是促进融合新闻发展的重要保障。

第八章　融媒体时代新闻传播典型案例

第一节　传统电视新闻的线上转型
——以《1818黄金眼》为例

《1818黄金眼》项目自2003年开播以来，作为浙江省首个时长达一小时的直播新闻节目，已然成为该地区电视新闻领域的里程碑。该节目独树一帜地开设了全天候7×24小时的新闻热线，成为浙江地区电视媒体中的独家新闻平台。其持续19年的辉煌，源自深思熟虑的传播策略和不断地自我革新。特别是在2016年，当《1818黄金眼》已步入第12个年头，制作团队敏感地捕捉到短视频媒介的兴起，迅速在抖音、秒拍、西瓜视频等多个平台设立官方账号。通过建立多元化的网络短视频传播途径，利用多年累积的内容生产和分发技能，成功打造了一系列广受欢迎的民生新闻作品。仅用了两年时间，《1818黄金眼》就在各大在线平台崭露头角，频繁出现在微博热搜榜上。截至2021年5月，其微博粉丝数量达到1010万，单一话题最高阅读量突破16.5亿次，抖音平台获赞超1150万次，实现了从地方知名电视节目到网络领军者的跨界转型。

2017年，为扩大其业务范围和市场影响力，《1818黄金眼》推出了其母公司——浙江黄金眼文化传媒有限公司。公司采取公司化经营模式，核心业务包括短视频孵化、账号代运营、电商直播、网红主播培训、品牌全案策划等。2020年，公司迈出新的步伐，成立了MCN（多频道网络）。在资本的支持下，《1818黄金眼》不仅保证了内容输出的质量，还实现了其商业价值的稳定增长。

一、与B站、抖音联合

通过创新的视频编辑技术，观众得以享受全新的观看体验。回溯至2014

年，B站上的网友将《1818黄金眼》的一条报道《天德池丢包记》转化为鬼畜视频，吸引了高达198万次观看。此后，越来越多的内容创作者开始在B站上分享《1818黄金眼》的新闻剪辑，使得这个关注民生问题的新闻节目在B站赢得了广泛的受众群体。2019年，《1818黄金眼》与B站携手打造了《bilibili@黄金眼》，这一合作为电视民生新闻在B站开辟了新的发展道路。

2019年8月，一项新的合作将《1818黄金眼》与抖音联系起来，共同推出了《抖音快新闻》栏目。这一栏目为媒体领域带来了创新和融合的体验。在一期名为《寻年轻力量 见活力松阳》的报道中，麻功佐通过抖音平台分享了关于美丽乡村生活的故事。借助《1818黄金眼》的报道力量，该视频赢得了超过百万的观看量。此外，他的家乡特产——纯天然土蜂蜜，因此获得了市场的持续热销。上述发展不仅展示了新媒体与传统媒体的融合趋势，也反映了现代受众对信息接收方式的多样化需求。

二、与微博、微信联合

通过积极布局官方社交媒体账号，如官方微博，来吸引巨大的在线关注度是现代媒体战略的一个关键部分。特别是《1818黄金眼》这一平台，其官方微博账户已经聚集超过一千万的忠实粉丝群体。该节目及其报道的人物频繁出现在微博的热搜榜单上，比如"小张被浴室门割伤脚"事件就曾引发了广泛的网络讨论，进一步证明了该平台在流量时代的强大影响力。不仅如此，它还成功地将这些网络流量转化为经济收益，开辟了通过新媒体实现商业成功的新途径。

此外，《1818黄金眼》还推出了自己的公众号，每天推送内容，并在新冠疫情防控期间创立了"抗疫求助"平台。这个平台允许民众填写求助信息并上传相关照片，从而获得必要的援助。除此之外，该公众号还设有"我要爆料"专栏和"1717惠生活"小程序，旨在促进与受众的即时互动，深入了解民众的需求。通过这个小程序，民众还能购买到真正优惠且健康的农产品。这不仅提升了节目与受众的互动体验，也展示了新媒体在服务公众和增进社会福祉方面的潜力。

三、实现多元变现

在数字化转型时代背景下，传统新闻传播领域遭遇了重大转型。信息传播的途径、方式及模式均呈现出显著突破。面对此变革，新闻理论与实务亟须创新与改良，以更加精准地满足广大受众的多样化需求。

以《1818黄金眼》为例，其与"识货App""天猫""Babyfirst"等商业实体联手，通过短视频合作模式开辟多元化发展路径。该节目不仅与"天猫""苏宁"等巨头开展PGC（专业生成内容）模式的电商直播，而且与"世纪联华""塘栖枇杷节""衢州助农"等地方品牌合作，开展红人电商直播活动。这一系列举措标志着其获得"淘宝直播PGC机构"资质，成为"百都集团"采购体系的一部分，力图构建多元化的商业变现模式。

2021年5月，嘉兴市南湖新区管委会与黄金眼MCN及嘉兴柯瑞传媒签署战略协议，共同着力打造"南湖直播间"文创项目。该项目旨在利用电商直播平台分享优质商品，通过多元化的商业模式实现变现，进而构筑一个垂直化的发展体系。

此类创新举措在新媒体时代下为新闻传播领域带来了前所未有的机遇与挑战，为传统新闻媒体在数字化时代的转型提供了参考。

第二节　民生新闻节目的创新传播策略研究
——以山东电视台《民生直通车》为例

《民生直通车》这一栏目，自2004年起在山东公共频道首播，迅速崛起为山东省内首屈一指的大型民生新闻节目。其核心宗旨是"为百姓办事，替政府分忧"，通过将百姓的声音、平民视角以及对民生的深切关怀融入其节目理念，赢得了广泛的观众认可和赞誉。AC尼尔森公司的调研数据表明，《民生直通车》在观众中的最高收视率突破了8%，市场份额近30%，成为山东省最具影响力的民生新闻节目。

此栏目于2005年荣获山东省广播电视新闻十佳栏目称号，2007年被评为山东省十佳新闻栏目，并在2008年被授予山东省直机关首届"十佳青年文明号"。《民生直通车》聚焦的新闻内容主要集中在省城，同时辐射至全省及邻近地区。节目内容主要由独立采编团队负责，注重从第一现场报道新闻，强调亲身体验，倾听民众心声，及时反映社会热点，架设民众与政府之间的沟通桥梁，致力于解决民众的困难和问题。节目从每周一至周日的 17：55 准时播出，包括开篇的天气预报版块，整个栏目的时长约 55 分钟。节目中将当日最新的新闻事件，通过主持人独特的表现方式和风格进行呈现，使之生动而富有个性。

在 2017 年这个媒体融合的时代背景下，《民生直通车》这一传统新闻节目，积极拥抱新媒体与传统媒体融合的发展潮流。通过全面改版，该节目不仅保持了其对重大新闻事件的"第一时间，第一现场"的报道特色，还实现了新闻传播速度的显著提升，以及 365 天全天候的覆盖。它专注于关注省内重大新闻事件，并引入了新闻话题设置。在新旧媒体融合的背景下，观众能够通过手机新闻应用程序留言参与话题讨论，表达对新闻事件的观点和意见，从而使《民生直通车》这一民生新闻节目贴近公众，赋予公众更多的话语权，倾听他们的声音。

媒介融合趋势为电视民生新闻节目的发展带来挑战，尽管如此，这并未阻碍这类节目的增长。在新的环境和生态系统面前，许多电视民生新闻节目如《民生直通车》，采取了积极的应对策略。

近年来，由于激烈的竞争和新媒体对传统电视媒体的巨大冲击，山东电视台公共频道的《民生直通车》在保留传统电视媒体的优势基础上，采纳了融媒体策略。这一策略充分利用了新媒体信息传播的及时性、互动性和广泛性等特点，为电视民生新闻栏目提供了新启示。

一、在"齐鲁网"上专门设立《民生直通车》栏目的子页面

齐鲁网作为国务院新闻办公室授权成立的主要新闻网站，由山东广播电视台负责运营。作为山东广播电视台的旗舰网络平台，齐鲁网汇集了山东卫视等18 个广播电视频道的互联网内容，担负着内容发布与管理的双重角色。特别是民生新闻领域，《民生直通车》栏目在该网站上设有专页，汇聚了节目介绍、主持人资料、视频精选及观众互动等多元化精彩内容。

在页面设计方面，齐鲁网的精妙布局值得一提。中心位置被精彩视频占据，作为网站的焦点所在，为观众提供核心视觉体验。而在视频区的正上方，设置了一个检索栏，涵盖"最新更新""最多播放""本周热播""本月热

播"等多个模块。每段视频均配有新闻标题，其文风简练而幽默，有效凸显了要点。

值得一提的是，齐鲁网的信息传播方式，给予了受众更多自主选择权。与传统电视新闻相比，其可以根据个人兴趣、需求和时间安排灵活选择内容，这既减少了观众的被动接受，又适应了互联网时代信息碎片化的传播趋势。网页的右下角设有栏目留言区，这不仅是观众分享身边趣事或困难的空间，还是他们就节目或新闻话题提供反馈、参与互动的平台。

二、创建微信公众平台

《民生直通车》这一微信公众号的运营模式体现了现代媒体融合的趋势。该平台每日定期发布 3 ～ 6 篇文章，其发布时段通常定位于相关电视节目播出前或播出期间。这些文章的标题一般采用反问句或感叹句形式，以此吸引读者的眼球。选题上，文章主要聚焦于当日电视节目中的热门话题，采用文本、图片及动态图像相结合的方式进行呈现。文章通常以"小编"个人的语气开始，并通过新闻当事人的视角进行叙述，篇幅控制在 1000 字以内。

此外，该平台在文章的结尾处附上该栏目的热线电话号码，鼓励读者积极提供有价值的新闻线索。每篇文章还设有专门的评论区，网友可以在此发表评论和感想，参与互动。根据统计数据，每篇推送的阅读量大约保持在 1000 人次，显示出较强的传播效果。

除此之外，《民生直通车》公众号还推出了一系列定制菜单，包括"爆料区""萌宝秀""山东头条"。"爆料区"下设"微爆料""微社区""微游戏"3 个子菜单，旨在激励用户提供新闻线索。"萌宝秀"作为一个微信互动版块，允许用户上传宝宝照片参与微信抽奖，并为其他参与者投票。"山东头条"下设"今日头条""山东新闻""最热视频""手机电视""天气预报"5 个子菜单，提供了一个整合文字、图片和视频的新闻资讯平台，用户可以通过这些菜单浏览新闻、观看热门视频和了解天气信息等。

三、专门设置"微"版块

新媒体的兴起与演变极大地革新了受众与媒介之间的信息交流与互动模式，从而颠覆了此前信息交流渠道的不畅通状态。然而，这一转变并非彻底摒弃了电视媒介固有的信息交流与互动形式。举例来说，传统的热线电话、短信互动、电子邮件发送以及观众来信等方式，依旧在受众与电视节目之间的沟通中扮演着重要角色。尽管如此，这些方法仍有局限性，如反应迟缓、受众反馈未得到有效处理等问题。

当今时代，众多电视节目开始积极探索与新媒体的互动合作，旨在克服传统信息交流方式的不足。这种新型的信息交流机制不仅保证了信息传递的及时性，还提高了其真实性和可信度，从而让受众深刻感受到他们的意见被重视和采纳的成就感。例如，电视节目《民生直通车》在每期节目的尾声特设了"微互动"环节，其中精选 3 位微信用户对当期新闻话题的见解和观点，由主持人现场点评，实现了与观众之间真实而有效地互动。

第三节　塑造时政报道的"亲民面孔"
——以第 19 届江苏省运动会新闻报道为例

一、"新环境"造就"新面孔"

在当今时代，信息的普遍存在与无边界渗透，已深刻影响舆论生态、媒体构架和传播模式，从而给新闻舆论领域带来前所未有的挑战。针对这一转变，要审时度势，采取主动，利用时势，加速推进媒体的融合式发展。这样做的目的是增强主流媒体在传播力、导向力、影响力和公众信任度方面的能力，最终构建线上线下协同发展的格局。特别是在政治新闻报道领域，信息泛滥的"新生态"迫使报道方式不断创新。这种大趋势同样适用于较小规模的环境。

以第 19 届江苏省运动会为例，它不仅仅是一次竞技体育的盛宴，更是一场全民健身的盛大庆典。全民参与性的增强，对新闻报道提出了更高要求。为了打造"每个人都是运动员，每个家庭都是啦啦队，每个角落都是运动场"的氛围，扬州电视台在省运会期间推出了一系列专栏节目，如《我是东道主》《运动达人秀》《省运随手拍》，强调"群众性"和"互动性"，成功赢得了广泛的社会赞誉。这一趋势也对新闻从业者提出了新的要求：无论是开设新节目，还是制作传统节目，都应以贴近民众的方式呈现，而这种方式的核心就是从大众的视角出发。在这个多元媒体的时代，大众视角不仅仅是传统媒体立足之本，更是融合媒体生存的关键。

二、"新面孔"需要"新思维"

在当今融合媒体的时代背景下，传统时政报道领域经历了显著变革，核心之一便是节目与观众间距离的缩短。此变革主要归功于"新面孔"这一概念的引入，它有效地打破了公众对时政报道不可触及的传统观念。然而，在这个多媒体融合的时代，仅仅依赖"新面孔"是不够的，更关键的是内容的丰富性和深度。以扬州电视台在省运会期间推出的《省运时评》为例，该专栏在顶层设计上采用了创新性的"新思维"，通过颠覆性的节目重构，提升了专业性和权威性。

传统的"1+1"访谈模式（一名主播和一名嘉宾）已被"1+1+1"模式所替代，包括一名主播、一名新媒体主播和一名嘉宾。在这种新模式下，主播负责节目的串联和访谈，新媒体主播则专注于网络信息的传播和反馈，同时参与和网友及嘉宾的互动。至于主嘉宾，介绍相关专业知识，对赛事和运动员进行点评，并回应网友提出的问题。这种创新的访谈结构不仅满足了融媒体传播的需求，也促进了传统媒体与新媒体的深度融合。

此外，通过"扬帆"App及其新媒体矩阵开展的"你点题、我报道"活动，结合网友提问与专家点评，实现了深度和专业性评论的宣传目标，同时增强了公众参与感和社会影响力。在融媒体时代，尽管"内容为王"的原则依然坚不可摧，但支撑内容创新的基石在于思维创新。

三、"新思维"支撑"新语态"

在当代信息交流领域，融合媒体展现出显著的优越性。它通过紧密贴合受众的心理和日常生活，实现内容的高效传递。深入分析这种亲近性，可以观察到，融合媒体的语言表达风格是构成这一特性的关键。以第19届江苏省运动会为例，引人注目的环节无疑是开幕式。关于如何有效地预告开幕式，扬州电视台的时政新闻节目采取了创新策略。他们利用融合媒体的"新语态"，制作了一个系列共5集的微视频预告片。微视频在电视和手机平台上同时发布，以开幕式的精彩内容为中心，采用悬念式结构、网络化语言、动画风格的表现手法以及新媒体的制作方式。在电视大屏幕和手机小屏幕上同步推广，达到了巨大的宣传效果。例如，其中一集微视频的具体文稿展现了这种创新性的传播手段。以其中一集微视频为例，具体文稿如下：

【字幕】（动画字幕）三分钟实景呈现瘦西湖。

【男生配音＋字幕】我们都知道，瘦西湖里最有传奇色彩的建筑就是白塔，"一夜造白塔"的故事可谓家喻户晓、妇孺皆知！

【女生配音＋字幕】这跟我们省运会开幕式有半毛钱关系啊？难不成我们在开幕式上也用一个晚上造一座白塔不成？

【男生配音＋字幕】你说对了！不过一个晚上太久，我们只要三分钟！

【女生配音＋字幕】开什么玩笑！三分钟造一座白塔放在舞台中间？

【男生配音＋字幕】错！不是白塔！白塔难度太小！我们造难度最大的五亭桥！还有钓鱼台等。

【女生配音＋字幕】也就是说三分钟在舞台上实景呈现瘦西湖？

【男生配音＋字幕】对！难以置信吧？

【女生配音＋字幕】这得是一项多庞大的工程啊？能不能告诉我这要怎么做到呢？

【男生配音＋字幕】这可不能告诉你，更多精彩当然要关注 9 月 21 日开幕式这一天啦！

【字幕】（动画字幕）9 月 21 日，省运会开幕式我们不见不散！

在对比传统电视预告与时政报道微视频时，显而易见的是后者以其生动的画面和轻松的语言风格脱颖而出。以省运会吉祥物"欢欢"和"乐乐"为代言，男女主播以其口语化展现开幕式的精彩瞬间，其独特个性和风格引发了观众的强烈共感，留下了深刻印象。

众人皆知，在时政新闻领域，为吸引广泛的观众群体，必须在语言表达和情感传递上不断创新。时政报道应当深入挖掘新媒体环境中的潜力，利用讲故事的手法，放大报道细节，以此引发观众的注意和兴趣。时政新闻工作者需依托"新思维"，呈现"新语态"，充分运用多媒体技术和手段，将会议内容、政策信息等官方话语转换为大众易于理解和喜闻乐见的语言。唯有如此，才能深入人心，赢得舆论场上新一轮改革发展的话语主导权。

为了与时俱进，主流媒体必须勇于采纳创新技术、机制和模式，加速其融合发展，从而优化并最大化传播效果。信息革命的成就不仅推动了媒体融合的深入发展，而且对传统时政新闻工作者提出了新要求。这些工作者需要保留传统新闻的精髓，迅速适应时代发展，掌握最新信息技术。他们必须深入理解并熟悉新媒体环境下的专业术语和语言风格，不断拓宽思维视野，提高个人综合能力。同时，他们应准确识别并关注受众的需求和兴趣，以精确有效的方式进行传播，把握媒体变革中的机遇，从而在这一革命性征程中取得成功。

参考文献

[1] 孙艳.融媒体时代电视新闻的传播研究 [M].北京：北京工业大学出版社，2021.

[2] 郭琪.融媒体语境下的新闻传播理论探索 [M].长春：吉林出版集团股份有限公司，2020.

[3] 刘颖慧.融媒体时代的新闻传播创新研究 [M].北京：中国原子能出版社，2021.

[4] 王宏.融媒体实务 [M].北京：中国传媒大学出版社，2020.

[5] 董姝.融媒体视域下新闻传播研究与分析 [M].长春：吉林人民出版社，2018.

[6] 李巧妙.融媒体视域下服务"三农"的电视新闻传播实践研究 [J].传播与版权，2023（18）：4—6.

[7] 钟桂兰.融媒体新闻业务的全域创新与路径重塑 [J].西部广播电视，2023（18）：39—41.

[8] 李靖.H5技术在新闻传播中的应用研究 [J].新闻研究导刊，2023（18）：59—61.

[9] 徐晓磊.融媒体时代电视媒体短视频新闻生产策略探究 [J].新闻研究导刊，2023（18）：127—129.

[10] 卢静.融媒体时代提升新闻传播力的思考 [J].新闻传播，2023（18）：92—94.

[11] 张亦筑.融媒体背景下新闻生产方式创新路径探讨 [J].科学咨询（教育科研），2023（9）：1—3.

[12] 谢蕙.融媒体时代电视新闻编辑转型的必要性及路径 [J]. 传播与版权，2023（17）：5—7.

[13] 尹雨晗.新时代下县级融媒体中心短视频发展的现状、挑战与提升路径 [J]. 中国传媒科技，2023（9）：92—95.

[14] 李瑞蕊.新媒体时代主流媒体新闻传播力提升路径探析 [J]. 中国报业，2023（17）：102—103.

[15] 温建梅.产教融合视域下卓越新闻传播人才培养路径探究：以山西传媒学院新闻传播学院为例 [J]. 传媒，2023（17）：20—22.

[16] 龚梓瑜.融媒体环境下新闻传播的实施路径及创新探究 [J]. 中国地市报人，2023（8）：28—30.

[17] 王娉.融媒体时代文化新闻传播转型策略分析 [J]. 中国地市报人，2023（8）：43—44.

[18] 欧阳志慧.以媒体融合发展提升新闻传播价值 [J]. 中国报业，2023（16）：34—35.

[19] 娄利平.新时代新闻编辑的变化分析 [J]. 中国报业，2023（16）：108—109.

[20] 罗燕.新媒体新闻传播的"社交性"价值研究 [J]. 中国报业，2023（16）：248—249.

[21] 杨崴.融媒体背景下电视新闻传播创新发展研究 [J]. 新闻传播，2023（16）：113—115.

[22] 吴刚.融媒体时代如何做好时政新闻报道 [J]. 采写编，2023（8）：30—32.

[23] 卜俊成.融媒体时代短视频新闻传播优势及发展路径分析 [J]. 中国传媒科技，2023（8）：112—115.

[24] 杜铭.浅析移动互联网对新闻传播格局之影响 [J]. 记者摇篮，2023（8）：18—20.

[25] 智幸花.对新闻采访与写作技巧的创新思考 [J]. 记者摇篮，2023（8）：57—59.

[26] 苗津伟.新闻传播专业核心能力培养路径：基于融媒体视角 [J]. 中国报业，2023（15）：146—147.

[27] 孙霄彤 . 融媒体时代短视频新闻传播路径研究 [J]. 中国报业，2023（15）：170—171.

[28] 柯淋淋 . 融媒体时代下电视新闻短视频创作分析 [J]. 中国报业，2023（15）：246—247.

[29] 刘新 . 主流媒体新闻实践与高等教育深度融合：以《中国新闻传播大讲堂》为例 [J]. 传媒，2023（15）：85—87.

[30] 姚华丽 . 新媒体新闻传播长尾效应 [J]. 新闻传播，2023（15）：118—120.

[31] 陈浩强 . 媒体融合背景下传统主流媒体新闻传播力提升策略探究 [J]. 新闻研究导刊，2023（15）：108—110.

[32] 周燕 . 县级融媒体新闻采编能力的提升 [J]. 西部广播电视，2023（15）：213—215.

[33] 姜培军 . 融媒体背景下晚报新闻的优化路径 [J]. 中国地市报人，2023（7）：113—114.

[34] 王金美阳 . 基于融媒体时代文化新闻传播创新发展研究 [J]. 新楚文化，2023（21）：78—80，96.

[35] 柳禾盛 . 传统媒体新闻报道如何在融媒体时代实现突破 [J]. 传媒论坛，2023（14）：57—59.

[36] 郑燕波 . 融媒体时代社会新闻传播力提升研究 [J]. 中国报业，2023（14）：44—45.

[37] 闫雨昊 . 融媒体时代新闻传播的 VR 研究 [J]. 中国报业，2023（14）：168—169.

[38] 温洮 . 电视媒体创作新闻短视频的思考 [J]. 中国报业，2023（14）：174—175.

[39] 杨阳 . 新媒体时代主流媒体新闻传播力提升策略研究 [J]. 西部广播电视，2023（14）：61—63.

[40] 胡丽平 . 融媒体中心做好新闻传播的策略探究 [J]. 新闻研究导刊，2023（14）：95—97.

[41] 马丽星 . 融媒体时代电视新闻编辑工作创新与融合研究 [J]. 新闻研究导刊，2023（14）：158—160.

[42] 高海宇 . 消费文化视域下主流媒体新闻传播的创新发展 [J]. 新闻传播，2023（14）：31—33.

[43] 孙洁 . 融媒体时代新闻写作的挑战和机遇 [J]. 采写编，2023（7）：35—37.

[44] 郑杰 . 融媒体时代新闻策划创新研究 [J]. 中国报业，2023（13）：78—79.

[45] 张圣龙 . 媒体融合视角下社会新闻编辑策略研究 [J]. 中国报业，2023（13）：82—83.

[46] 王冠鹏 . 短视频在电视新闻传播中的应用与发展 [J]. 中国报业，2023（13）：138—139.

[47] 刘国良，陈亚杰，胡杰 . 融媒体时代机构媒体新闻价值取向重塑 [J]. 青年记者，2023（13）：25—27.

[48] 陈琳 . 论融媒体环境下电视新闻的转型发展 [J]. 新闻研究导刊，2023（13）：128—130.

[49] 刘宏明 . 融媒体语境下法治新闻报道模式创新和新闻传播价值的研究 [J]. 新闻采编，2023（3）：4—8.

[50] 丁旭 . 融媒体下短视频在新闻传播中的妙用与实践 [J]. 公关世界，2023（12）：46—48.

[51] 郭坤林 . 记者的"编辑观点"与编辑的"记者观点"[J]. 媒体融合新观察，2023（3）：72—75.

[52] 赵萍 . 融媒体背景下短视频传播对策研究 [J]. 中国报业，2023（12）：24—25.

[53] 姚晶 . 融媒体生态下新媒体新闻编辑研究 [J]. 中国报业，2023（12）：40—41.

[54] 杨菁菁 . 融媒体中心新闻传播的困境与应对 [J]. 中国报业，2023（12）：50—51.

[55] 张琪珠 . 融媒体背景下短视频新闻传播策略探究 [J]. 西部广播电视，2023（12）：96—98.

[56] 皇建军 . 融媒体时代广播电视新闻宣传的发展策略探析 [J]. 新闻研究导刊，2023（12）：125—127.

[57] 贾英杰. 基于融媒体的新闻编辑自身能力的提升探索 [J]. 采写编，2023（6）：42—44.

[58] 宗超. 融媒体时代如何运用图片做好新闻传播：以系列微纪录片《国家相册》为例 [J]. 中国报业，2023（11）：62—63.

[59] 王宝莉. 融媒体编辑角色定位与能力创新 [J]. 中国报业，2023（11）：172—173.

[60] 高广重. 探析融媒体时代广播电视新闻采编技巧 [J]. 中国报业，2023（11）：193—195.

[61] 柴瑜竞. 县级融媒体传播效果提升研究 [D]. 西安：陕西师范大学，2020.

[62] 余小月. 《人民日报》融合新闻生产研究 [D]. 成都：成都理工大学，2019.

[63] 王九涛. 融媒体时代电视新闻的传播策划 [D]. 济南：山东大学，2017.

[64] 王博. 融媒体电视新闻节目的传播策略 [D]. 上海：上海师范大学，2017.

[65] 刘晔菲. 融媒体环境下新闻伦理失范现象研究 [D]. 苏州：苏州大学，2016.